中国文化在世界书系

张西平〇主编

论中国文化的世界性意义

全国高校国际汉学（中国学）学术研讨会论文集

张西平 李彦姝　主　编
　　　　王广生　副主编

学苑出版社

图书在版编目（CIP）数据

论中国文化的世界性意义：全国高校国际汉学（中国学）学术研讨会论文集 / 张西平, 李彦姝主编. —— 北京：学苑出版社, 2018.9

（中国文化在世界书系 / 张西平主编）

ISBN 978-7-5077-5558-9

Ⅰ.①论… Ⅱ.①张… ②李… Ⅲ.①中华文化–国际学术会议–文集 Ⅳ.①K203-53

中国版本图书馆CIP数据核字(2018)第216333号

出 版 人：孟　白
责任编辑：杨　雷
编　　辑：张敏娜
印制总监：张　翔
出版发行：学苑出版社
社　　址：北京市丰台区南方庄2号院1号楼
邮政编码：100079
网　　址：www.book001.com
电子信箱：xueyuanpress@163.com
联系电话：010-67601101（销售部）、010-67603091（总编室）
印 刷 厂：北京建宏印刷有限公司
开本尺寸：787×1092　1/16
印　　张：20
字　　数：300千字
版　　次：2018年9月第1版
印　　次：2018年9月第1次印刷
定　　价：60.00元

总序

今天的世界秩序和文明理论都是西方在19世纪建立起来的，在此基础上，形成了近代社会科学的各个学科，这些构成了西方话语权的基础。近代以来，西方文化伴随着工业革命的成功成为一种强势文化，强大起来的西方将其成功归于其文化的支撑，在中国近代最流行的就是"现代与传统，东方与西方"的二元对峙。东方走向现代化只有走西方之路，只有批判自己的文化，学习西方文化。这样的一种西方文化优越论一直桎梏着我们对西方文化的认识和对自身文化的认识。这种认识掩盖了一个基本的历史事实，即东方文化不仅是西方文化之根，同时也长期是西方文化发展的重要动力和精神导师，只是到了19世纪西方取得了世界发展的领导权后，他们开始掩盖这一切，将西方文化说成一个自我成圣的伟大文化，甚至将白种人说成一种优于其他人种的种族。西方中心主义开始盛行。

只有打破19世纪以来的西方话语的权威，从历史上揭示出东方文化的价值，以及东方文化对西方文化的抚育和影响，我们才能从根本上走出百年来对西方文化的迷信，走出西方中心主义。

希腊被誉为西方文明之根。如黑格尔所说："欧洲人只要一提到希腊就自然而然地会产生一种家乡之感。"西方哲学家们都将希腊称为欧洲文化的童年。实际上，希腊文化的形成主要是受到埃及文化、亚述文化等东方文化的影响。这点，希腊历史学之父希罗多德在《历史》中说过："埃及人如何来到伯罗奔尼撒半岛，他们做了什么，使得自己成为希腊那一部分的国王，别的作家已经记载过了；我因此不增加什么东西，而是接着提到几点别人没有讨论过的东西。"[1] 他还认为，

---

[1] 希罗多德著，王以铸译《历史》，商务印书馆，1959年，Vl. 55。

希腊的纪念仪式、习俗都是从埃及搬来的。希腊人是从埃及那里学会了"占卜术，并将他在埃及学到的许多东西几乎原封不动地带到了希腊……希腊几乎所有神的名字都来自埃及"①。为何希腊和埃及有如此紧密的关系呢，因为埃及曾经殖民过希腊，这些有着历史学的根据，在希腊悲剧中仍可找到大量的埃及古代语言的残存。实际上，近东的亚述、苏美尔，即古代美索不达米亚的居民创造了世界上最早的辉煌文明。"这一文明对推动人类的进步发挥了巨大的作用。这一地区孕育了许多世界之最：诞生了世界上第一座城市；最早的议会制雏形；最早的国家行政学院；发明了世界上最早的灌溉农业，开展了人类最早的对外贸易，实践了最早的封建租佃制和资本主义生产方式；创造了人类最早的公司形式，最早的职业经理人，最早的股权激励形式；诞生了最早的文字，最早的学校，最早的图书馆；出现了第一次社会改革，第一部法典，第一起法律判例，第一部农人历书，第一部药典；产生了最早的宇宙观，最早的伦理观，最早的人本观，最早的科学知识；流传着最早的史诗与神话，最早的寓言，最早的谚语和格言，最早的爱情诗，最早的《圣经》故事原型；等等。"②

希腊正是从东方的两河流域文明和埃及文明中学习到了文字、文学、艺术、宗教，当然，科学技术也随之才成长起来。希腊从巴比伦学到天文学和数学知识，学到巴比伦人发明的水钟、日晷和把一天分成十二部分的方法，学到巴比伦人观测到的黄道和黄道十二宫图，还学到了埃及的几何学、日历和医学。西方一些严肃的学者完全承认这一点，他们认为所谓的西方文明，即欧美文明"与其说系起源于克里特、希腊、罗马，不如说系起源于近东。因为事实上，雅利安人，并没有创造什么文明，他们的文明系来自巴比伦和埃及"。"希腊文明，为世人所羡，但究其实际，其文明之绝大部分皆系来自近东各城市"，"近东才真正是西方文明的创造者"。为更为清晰地表达东方文化和西方文化的关系，学者们明确地说：巴比伦与亚述文明是西方的祖先，东方是西方文化之根，这才是真实的历史。

只是到了19世纪，西方开始将自己和东方文化分开，将埃及人说成和欧洲人

---

① 转引自贝尔纳《黑色雅典娜：古典文明的亚非之根》，吉林出版集团公司，2011年，第84页。
② 于殿利《巴比伦与亚述文明》，北京师范大学出版社，2013年，第3页。

一样快活、热爱享乐、孩子气地爱吹牛。他们编造出希腊文化本质上是欧洲的，它和腓尼基人以及亚述、苏尔美文化没有任何关系的谎言。在这个意义上，德国哲学家雅斯贝尔斯提出的"轴心说"都是值得怀疑的。然而，文明的起源是古埃及文明、两河流域的古巴比伦文明、古印度文明和古代中国文明，希腊是进入不了这个圈的。四大古文明中早已经实现了文明的突破，希腊文明只是在古巴比伦文明影响下发展起来的。

由于近代以来西方率先走向现代化，在它们强大起来以后，开始慢慢地修改历史，将自己的发展和成就说成是欧洲自身思想发展的结果，与其他文化没有关系。例如欧洲近代进步的起源文艺复兴，但这和东方没有什么关系。

"欧洲并没有从东方汲取什么创造现代科学所不可或缺的东西；另一方面，其借鉴的价值仅仅是因为它被融入了欧洲的理性传统之中，当然，这些理性传统是在（古）希腊创建的。"① 显然，这种说法并不符合历史的实际。希腊的典籍在中世纪后已经很难找到，希腊思想和文化的保存在于阿拉伯的百年译经运动，他们将希腊的文献绝大多数翻译成了阿拉伯文。文艺复兴就是将这些阿拉伯文的希腊文献重新翻译回意大利文等欧洲语言，从中发挥出新的思想。一些欧洲中心论者认为，阿拉伯人并未有多少新的思想，他们只不过是保存下来了希腊的文献。这种傲慢的态度违背了基本的历史。因为阿拉伯学者并不仅仅翻译了希腊的文献，他们也从波斯、印度（以及中国）吸收了大量的医学、数学、哲学、神学、文学和诗歌方面的成就。"然后，他们在犹太科学家和翻译家的帮助下，创造了一种新的知识体系，这不仅仅是对希腊知识的简单整合，也是对希腊思想的批判继承，同时使它们在新的方向上得到进一步的发展。"② 这个过程说明了这样的事实：巴格达处在全球经济的中心，它不仅接受了新的亚洲思想，而且对其重新改造，然后传播到伊斯兰教的西班牙地区。这点，一些西方学者也是承认的，他们说："西方人发现穆斯林所拥有的缜密思维和渊博学识，远远超过了从古罗马那里所获得的……在人类文明的历史上，可能没有人能够比他们（欧洲人）更安于窃用这些

---

① ［英］约翰·霍布森《西方文明的东方起源》，山东画报出版社，2009年，第156页。
② ［英］约翰·霍布森《西方文明的东方起源》，第157页。

外族遗产了，除非是希腊人在公元前6世纪就汲取了这些东方（埃及）文明。"①

文艺复兴和启蒙运动，这是欧洲走向现代化之路的两个重要环节，而这两个西方最重要的文化变革都和东方有着密切的关系。

当来华的耶稣会士将中国经典陆续翻译成欧洲语言，在欧洲各国出版后，在欧洲逐步形成了18世纪的中国热。中国热反映出了中国古代文化对欧洲的影响。"这时中国在世界历史上的影响达到了巅峰。……中国在世界历史和世界地理上都引人注目，其哲学、重农思想受到密切的关注，其经验被视为典范。……世界历史上任何一个时期都没有像启蒙时期这样，使得中国的商业贸易相对而言如此重要，世界知识界对中国兴趣如此之大，中国形象在整个世界上如此有影响。"② 在社会生活层面，当时的欧洲上流社会将喝中国茶、穿中国丝绸的衣服、坐中国轿、建中国庭院、讲中国的故事作为一种风尚。Chinoiserie，这个词汇的出现，反映了法国当时对中国的热情。这"突出地反映了这样一个事实：在相当长的时期中，各个阶层的欧洲人普遍关心和喜爱中国，关心发生在中国的事，喜爱来自中国的事物"③。

来华耶稣会士的关于中国的著作在欧洲的不断出版，特别是柏应理《中国哲学家孔子》的出版，在欧洲思想界产生了深刻的影响。来华耶稣会士的这些介绍儒家思想的著作，所翻译的儒家经典引起了欧洲思想界的高度重视。

德国哲学家莱布尼茨是当时欧洲最关心中国的哲学家，从思想而言，他从孔子的哲学中看到自己自然神论的东方版本。在西方宗教的发展中，斯宾诺莎的自然神论开启了解构基督教人格神的神学基础。传统神学将自然神论视为洪水猛兽，从此斯宾诺莎只能生活在阿姆斯特丹，靠磨眼镜片为生。莱布尼茨通过自然神论来调和孔子与基

---

① ［英］约翰·霍布森《西方文明的东方起源》，第157页。
② ［英］S. A. M. 艾兹赫德著，姜智芹译《世界历史中的中国》，上海世纪出版集团，2009年，第275—276页。Berger, Willy R., *China-Bild und China-Mode im Europa der Aujklärung*, Cologne: Böhlau, 1990. Chen Shouyi, "The Chinese Garden in Eighteenth Century England", *T'ien Hsia Monthly* 2 (1936), pp. 321-339; repr. in Adrian Hsia (ed.), *The Vision of China in the English Literature of the Seventeenth and Eighteenth Centuies*, Hongkong: The Chinese University Press, 1998, pp. 339-357.
③ 许明龙《欧洲18世纪中国热》，山西教育出版社，1999年，第121页；严建强《18世纪中国文化在西欧的传播及其反应》，中国美术学院出版社，2002年。

督教的思想。"在这个意义上,莱布尼茨是当时唯一重要的哲学家,认为中国人拥有一门唯理学说,在某些方面与基督教教义并存。"① 尽管,莱布尼茨的理解有其欧洲自身思想发展的内在逻辑,但他看到孔子学说中非人格神的崇拜是很明确的。②

如果说莱布尼茨从哲学和宗教上论证了孔子学说的合理性,那么伏尔泰则从历史和政治上论证了孔子学说的合理性。卫匡国《中国上古史》《中国哲学家孔子》书中的中国纪年,在欧洲出版后引起了思想界的轰动,中国的这些纪年彻底动摇了中世纪的基督教纪年。③ "《风俗论》是伏尔泰的一部重要著作,在这部著作中,伏尔泰第一次把整个中国文明史纳入世界文化史之中,从而打破了以欧洲史代替世界史的'欧洲中心主义'的史学观,……他说东方民族早在西方民族形成以前就有自己的历史,我们有什么理由不重视东方呢?'当你以哲学家身份去了解这个世界时,你首先把目光朝向东方,东方是一切艺术的摇篮,东方给了西方一切。'"④ 借助中国,借助孔子,启蒙思想家们吹响了摧毁中世纪思想的号角。而伏尔泰这位18世纪启蒙的领袖是穿着孔子的外套出场的,他的书房叫"孔庙",他的笔名是"孔庙大住持"。⑤

我们必须看到,这段历史不仅说明"中国的'遗产'与所有其他文明国家的'遗产'已结合起来,显然纳入了一条正在实现世界合作大同的轨道"⑥,从而彰显出了中国古代文化的世界性意义。同时对我们自身来说,"这段历史又告诉我们:中国的传统并不是完全与近现代社会完全相冲突的,中国宗教和哲学思想并不是与现代思想根本对立的,在我们的传统中,在我们先哲的思想中有许多同希腊文明一样永恒的东西,有许多观念同基督教文明一样具有普世性。只要我们进

---

① 艾田浦著,许钧、钱林森译《中国之欧洲》(上),河南人民出版社,1992年,第437页。
② [德]莱布尼茨《中国近事——为了照亮我们这个时代的历史》,大象出版社,2005年;李文潮编《莱布尼茨与中国》,科学出版社,2002年。
③ 吴莉苇《当诺亚方舟遭遇伏羲神农——启蒙时代欧洲的中国上古史论争》,中国人民大学出版社,2005年。
④ 张西平《中国和欧洲早期宗教与哲学交流史》,东方出版社,2000年,第371页。
⑤ 孟华《伏尔泰与孔子》,张国刚、吴莉苇《欧洲启蒙时期的中国观:一个历史的巡礼与反思》,上海古籍出版社,2006年;张西平《中国和欧洲早期宗教与哲学交流史》,东方出版社,2000年。
⑥ 潘吉星主编《李约瑟文集》,辽宁科学技术出版社,1986年,第54、268页。

行创造性的转化，中国传统哲学的精华定会成为中国现代文化的有机内容。东方在世界体系中也并非无足轻重，在西方走向世界时，东方无论在思想上还是在经济上都起着不可取代的作用"①。所以，揭示出启蒙时期思想的实际发展过程，说明欧洲思想不是一个自我成圣的过程，仅仅回到希腊，西方思想家发展不出来近代的启蒙思想观念。

通过历史说明西方文化和东方文化的历史渊源，破除19世纪以来将西方文化说成自我成圣的神话，解除掉西方文化所披覆的神圣光环，将其还原成一个地域性文化，化解那种将西方文化等同于现代化文化的神话，这是我们走向文化自信的第一步。当然，这个过程不是走向东方中心主义，不是否认西方文化对世界文化的贡献，也不是停止学习优秀西方文化的步伐，而是以一种平等的、实事求是的态度，在与西方文化的交流互鉴中发展中国自己的文化。让我们在与包括西方文化在内的各种文化的交流中丰富自己、完善自己、发展自己。

张西平

北京外国语大学比较文明与人文交流高等研究院院长

《国际汉学》主编，国际儒联副会长

---

① 张西平《中国与欧洲早期宗教与哲学交流史》，东方出版社，2000年，第492页。

目 录

一、国际汉学研究

我和汉学研究 …………………………………………… 阎纯德 （3）
论木村正辞的《文馆词林》写本研究 ………………… 王晓平 （10）
卜弥格与欧洲专业汉学的兴起
　——简论卜弥格与雷慕莎的学术连接 ……………… 张西平 （26）
从高第书目到 Bibliotheca Sinica 2.0
　——兼论数字化与汉学史研究 ……………………… 王国强 （48）
海外汉学家的"个人身份认同"与学术"洞见"和"偏见"
　之间的关联——以周蕾的女性主义观点为考察对象 ………… 张清芳 （58）
日本学者根山彻的《牡丹亭》研究 …………………… 罗小东 （70）
差距、转换与思想的方法：海外汉学家的中国研究对我们的
　启示——以弗朗索瓦·于连的思考路径为例 ……… 葛桂录 （76）

二、典籍外译研究

理解意义与创造意义
　——两部中国典籍外译的不凡意义和影响 ………… 方维规 （87）
《论语》中的"华夷之辨"及译者文化身份研究 …………… 赵　巍 （96）
宇文所安的学术翻译思想
　——以《韩愈和孟郊的诗》为中心 ………………… 魏家海（106）
中西文化的传道者：中文圣经翻译家、教育家施约瑟 ……… 刘　燕（124）
《诗经》西译的演进历程 ………………………………… 左　岩（135）

西方汉学与中国经学的互动
　　——以《论语》"信近于义，言可复也"的英译与诠释为例 … 姜　哲（148）
传教士翻《易》之道
　　——以理雅各英译《周易》为例 …………………………… 熊谊华（157）
中国诗歌中隐喻的法兰西解读
　　——以程抱一和于连为例………………………………………… 海丽玮（166）

三、跨文化研究

论刘若愚的"诗言志"阐释 ………………………… 陈彦辉　张欢欢（177）
程抱一的汉学研究与诗歌创作的关系初探………… 蒋向艳　牛竞凡（186）
民国时期英文《北京导报》（1917—1931）的沉浮与特色 ……… 叶向阳（202）
科举与儒学转变
　　——唐人重《礼记》现象考察 ………………………………… 徐晓峰（222）
"儒家角色伦理学"：由来与实质 ……………………………………… 李玉良（248）
评美国汉学家海陶玮《中国文学中的个人主义》 ………………… 刘丽丽（260）
熊式一两部英文戏剧的上演
　　——得意的《王宝川》与失意的《西厢记》 ………………… 陶欣尤（267）
跨文化视野下郁达夫小说《过去》研究 …………………………… 高　莎（281）
老庄哲学思想在俄国的传播及延伸性思考………………………… 刘国利（288）

附　录

"中国文化的世界性意义高层论坛"会议侧记 …………………………（301）

编后记 ………………………………………………………………………（308）

一 国际汉学研究

GUOJI HANXUE YANJIU

我和汉学研究

北京语言大学　阎纯德

一、结缘汉学

1974年1月19日，我被派往巴黎东方语言文化学院（INALCO）中文系执教，这所欧洲最大的外语学院从1795年创建以来就是法国汉学家的摇篮和大本营。法国汉学史上那些汉学巨擘，诸如儒莲、德理文、巴赞、歌士耆、冉默德、德韦理亚、叶席微、沙畹、考狄、马伯乐、葛兰言、格鲁塞、戴密微及谢和耐等，都曾在这个学校任教职。从这个学校走出的汉学家更是数不胜数。

1974年春夏之交，法国大学有一个假期，巴黎第七大学东亚教学与研究系主任汪德迈（Léon Vandermeersch）教授邀请我与另一位同事到大西洋中的著名小岛圣·米歇尔山度假三天。那时汪德迈教授已经是赫赫有名的汉学家了；他精通汉语、越语和日语，在火车上，在山上，听他说中法文化关系，即是我第一次倾听汉学家对于中国文化的认识。从那时起，就不断有机会与INALCO和其他大学的汉学家们频繁交往。

我在INALCO执教前后五年，当时的法国同事几乎全是颇有名气的汉学家，比如研究中国艺术的尼古拉太太、研究中国古典文学的于儒伯（Robert Ruhlmann，1920—1984）先生、研究中国当代文学的毕莎小姐、研究中国政治的白吉尔（Marie-Claire Bergère）夫人、研究中国民俗的班巴诺（Jacques Pimpaneau）教授等。

我在那里讲授语言课和文化课。我的文化课先后开过"鲁迅专题""郭沫若专题"和"20世纪中国文学"。学生中有不少比我的年龄还大，有的就是汉学家，课上课下，与这些学生多有文化层面的交流。

1975年，我的同事白吉尔夫人进行国家博士论文答辩，我作为中国学者应邀参加，答辩委员会成员中有艾田蒲（Rene Etiemble，1909—2013）、谢和耐（Jacques Gernet）、于儒伯和汪德迈等著名汉学家。同年，欧洲青年汉学家学术会议在巴黎召开，我和李忆民接到邀请后即向大使馆请示，但得到的答复是："汉学是帝国主义侵华的产物，是对中国的污蔑和充满敌意的东西。这种会议不能参加。"这是我第一次听说"汉学是个坏东西"。

1976年春，我陪同时任INALCO中文系主任的毕莎教授宴请美国著名汉学家和蒙古学家欧文·拉铁摩尔（Owen Lattimore，1900—1989）教授，我们之间虽然没有深入的实际交流，但我对这位受过美国麦卡锡主义迫害，和曾任蒋介石私人政治顾问、后因不遂蒋介石之意而被迫回国的汉学家还是充满敬佩的。他曾负责太平洋战区工作，于1944年还曾建议美国向蒋介石政府施压调整与中共的关系。整个饭局他说话很少，几乎只听我和毕莎教授闲谈中国文学问题，但在饭局快要结束时，他似笑非笑地插进来一句既幽默又沉重的话使我记忆犹新："我在美国受迫害，在你们中国也受迫害——既受蒋介石的迫害，也受'文化大革命'之害。我混得不好，国内国外都不是人……"他所说的受"文革"之害，我想大概就是"文革"中油印的那本巴掌大的《拉铁摩尔反动言论》的小册子吧。

同年深秋，于儒伯教授拉着我去看望大汉学家戴密微（Paul Demiéville，1894—1979）先生，这位曾经在1927年与鲁迅同事于厦门大学的学者听了于儒伯对我的介绍，向我招了招手说："我喜欢中国，希望有朝一日还能再去中国……"这次令我喜出望外的无声探访，可能对我关于"汉学"和"汉学家"的认识有了很大的影响。

1984年至1986年，我在埃克斯马赛第一大学中文系执教，结识了译介高行健小说和莫言小说的著名汉学家若埃尔·杜特莱（Noel Dutrait），还做过他在中国研修时的"导师"，带他拜访莫言。在那里，与研究道教的伊莎贝尔教授、研究台湾高山族的专家桑达尔郑都交往密切。后来我客座波尔多第三大学时，多次拜访著有《十六七世纪中国白话小说》，译有《金瓶梅词话》《西游记》《聊斋志异》的著名汉学家、前中文系主任雷威安（André Lévy）教授。

此外，我与巴黎第八大学（文森大学）的著名汉学家米舍尔·鲁阿夫人过从甚密,她是诗人、作家和最具权威的鲁迅研究家。

一个人成长和进步的因素最重要的来自两个方面:一是来自前人或别人的影响,二是来自知识积累。再聪明、再天才的人,如果没有学习,终将一事难成。所谓学习,即是要读万卷书,行万里路,"读书""行路",都是为了学习。

就汉学而言,我提到这么多文化人,外国的和中国的,是哪一位影响了自己?不好说,但是影响是有的,确切地说,影响是看不见的,或者说是细雨无声、潜移默化的。至于读书,并非就是这些文化学者的书,他们的书太多,即使穷其百年,也读不完。但是,对于我们这些文化人来说,学习是必需的,学习主要是读书,没有读书,就没有成长和进步。学习是自我塑造和对自己残缺之处的修复。

总的说来,我所以与汉学研究结缘,与我七八年的法国教学生活有关。听我课的学生来自各行各业,其中也有汉学家。与那些法国同事、汉学家,吃饭、喝咖啡、闲天等接触,这些耳濡目染的影响,肯定是我日后与汉学研究结缘最重要的因素。

二、搭桥铺路,为人作嫁

1993年春,我提出了创办文化杂志的想法。5个月之后,即8月5日,便出版了《中国文化研究》"特大创刊号";"发刊词"满怀信心地以传播中国文化、沟通世界为己任。这一期除了张岱年、任继愈、季羡林、柳斌、萧乾等名家的题词,还有张岱年、季羡林、任继愈、盛成、汤一介、钱逊、傅璇琮、吴小如、冯天瑜、严家炎、谢冕、刘梦溪、周思源等近20位大学者赐稿。继之,几乎每一期都有十多位国内著名学者赐稿。有人评论说,《中国文化研究》可真是一炮打响,影响广泛。我想,所以能够"打响",主要还是因为名家荟萃、文章高雅、博重、新意多多之故。

从创刊号起,《中国文化研究》就开设了"汉学研究""汉学家论坛""汉学家研究""中外文学比较研究""中国文化与世界""中国文学在国外"等栏目,算是为汉学研究建起了一座大舞台。在创刊号上,我发表了第一篇关于汉学研究的文章《汉学与西方汉学世界》,之后又在《文史哲》发表《从"传统"到"现代"：汉学形态的历史演进》（2004年10月《文史哲》第5期）等论文，从历史和文化的演进与嬗变的视角论述汉学的前世与今生，坚持当下的"汉学"与"中国学"都可以用西方人传统的称谓"Sinology"来表述。

  汉学既研究中国文化的过去，也研究其当下和未来。国学与汉学的生长虽然同根同苗，但是它们是有区别的。国学是从内部研究中国文化，汉学则是从外部研究中国文化。因为研究者的文化背景不同，文化积淀不同，文化视野不同，其差异性和多元性显而易见。中国学者可能认为外国人对于中国文化的研究多有误读，而事实上"误读"也可以鞭策学术进步，可以让人从不同的方向去思考问题，就是说，人们可以走不同的道路去接近真理。

  1995年，我以个人的意愿成立了北京语言文化大学汉学研究所，创办了《汉学研究》。但是，《汉学研究》的面世与成长不无艰难险阻，因为它的出版我得到处"磕头求援"。说到这里，我得感谢北语、国家汉办、澳门理工学院和澳门基金会，它们在我最困难的时候出手相助。

  除了《汉学研究》，我还和澳门基金会主席吴志良博士主编了"列国汉学史书系"。这个"书系"真是"好事多磨"。那时，北京语言文化大学出版社的社长兼总编辑鲁健骥教授非常看重这个书系，他不要资助，只是要我想办法自筹稿费。为此，我找了国家汉办的杨处长，他给当时的汉办常务副主任打招呼，说出这个书系资助没有问题。但是，这两位仁兄几乎同时退休，于是原来的承诺变成了无根飞絮。

  时间走到21世纪，学苑出版社的郭强听说我在编辑这个书系后即跑到我家里，我们只谈了20分钟，便"搞定"了不要任何资助的君子"合同"。我说，若是赔本咋办？他说宁愿自掏腰包，因为他看懂了这个书系的社会价值和学术价值。他说他要去一趟英国探亲，两个月回来后出书。可是，他回来了，连家门都没进便直接住进了医院。我去医院看他，他握着我的手说："阎老师，书系的事，我交代了，您放心！"一个月后，我们悲痛地与他告别。那时他才40岁！

  因为书系非畅销书，没有资助，起码责编的收入会受影响。为了书系的资助，我找到一个有钱的大机构的老板，谈得融洽，答应立项；我和他们的一个处长书来信往半年之久，到了出书的时候，才知道那张支票叫"空头支票"。这时，我红着脸去找澳门霍英东基金会和澳门基金会，他们都慷慨地给予了一定的帮助；但是，他们的资助并不能解决全部的困难。于是，我又红着脸试着向学校张口。报告递上去，一位管科研的处长这样签署意见："因学校的科研经费紧张，支持该项目多有困难。此外，书系作者无我校学者，其所需经费与我校出版基金章程不符。但考虑到书系对学科建设具有重大意义，建议学校能采用其他途径予以支持。"最后，还是崔希亮校长救了这个"书系"。他批示曰："阎纯德教授为总主编，理应支持出版。同意从机动经费或我本人相关课题支出。"有时我想，自己可能就是一个"乞讨"的命：1949年以前，家里穷，为了生存，母亲带着我沿街乞讨；现在六十多年了，改革开放后国家的钱多得花不完，可是我，为了"文化"，还得到处"乞讨"。

现在，这个"书系"历时九年，到今年6月底，共出版了《英国汉学史》《俄罗斯汉学三百年》《日本中国学史稿》《日本诗经学史》《朝鲜半岛汉学史》《法国汉学史》《法国汉学史论》《唐诗西传史论》《中国文学俄罗斯传播史》《美国汉学史》《英语世界的陶渊明研究》《郭沫若在英语世界的传播与接收研究》《意大利汉学史》《西方早期汉学史稿》等31种。未来将出版《日本〈论语〉译介研究史》《半岛唐风》《20世纪中国文学法国传播史》《中国古典文学法国传播史》《从汉学到中国学：美国的中国研究》《英语世界的宋诗传播史》《英语世界的〈易经〉译介研究》《英语世界的〈四书〉翻译与研究》《西班牙汉学史》《瑞典汉学史》等20部。

这个书系，如不遭经济之灾，我计划起码出满66种；如果自己尚能得到阎王爷的照顾而多"健在"几年，争取能出版100种。

这不是大话，也不只是愿望，而是一个切实的计划。

三、为了汉学研究的生长

文化是一个国家精神的核心，汉学是中国文化的延伸。国学的世界有多大，汉学的疆土就有多辽阔。汉学的历史很长，我们研究汉学的历史很短。关于汉学研究，参与的人太少，要做的事太多。

汉学研究真正有点儿影响还只是20多年前的事情。过去关心汉学研究的人寥若晨星，刚刚进入其中的人常有一种孤独感和流浪感。现在，越来越多的人加入了这个行列，从一个"群"，渐渐成了一个队伍。

汉学研究需要园地，需要平台；我所做的，就是当个经营园子的人，为人作嫁，以吸引更多的学子、学者在这个园地耕耘，在这个平台上表演，为汉学研究和中国文化的发展做出贡献。

有朋友常对我说："老阎，你的散文写得好，得过全国一等奖、两次澳门世界华文散文大奖赛的冠军，你有许多真正属于自己的事情，为啥还抱着'汉学研究'不放？"

我是个性格脆弱而温和的人，但也是非常有个性的人。从青年时代开始，只要自己认准的事，就会激情万丈地去做，即使头撞上南墙，宁可将这墙撞个大洞也不回头。汉学研究在我心里孕育已久，终于由于《中国文化研究》杂志，才将我引入其中而不能自拔，并驱使我舍生忘死地去做这件事！虽然自己已经是七十多岁的人了，但是编起《汉学研究》来便如坐春风，其感觉还是年轻人的那种心情。我编的《汉学研究》和书系，都是在为这个事业鸣锣开道和打基础。

驾驭汉学研究的车子需要两只手：国学和外语；当然，兴趣也很重要。国学是基础，外语是工具。研究汉学，离不开国学，要深入汉学的肌理，还得靠外语。

由于国内外学者的陪伴，《汉学研究》成为一道参与世界文化交流之门，并在它十九岁的时候加入了一个叫作CSSCI的学术俱乐部。我把这个"加冕"看成是"成人礼"，希望在它未来的跋涉中，能锻炼得更成熟，不骄不躁，谦虚谨慎，讲道德，讲公平，讲仁义，希望它不要未老先衰，更不要半途而废，要把它看作一项事业，毫无功利之心地走下去。

今天在这里回忆自己与汉学研究的缘分，是想借此良机，感谢大家多年来对《汉学研究》和"列国汉学史书系"的鼓励、关爱、支持和帮助，向与会的你们和未能出席这次学术盛会的朋友致敬！我们愿以温暖和真诚的心情，与北外的《国际汉学》、人大的《世界汉学》，以及北大的《通讯》、上海社科院的《中国学》、华师大的《海外中国学评论》等关于汉学研究这个圣域的兄弟杂志、集刊携手，为国学与汉学的发展与繁荣搭一道公众的文化之桥。

2016 年 6 月 16 日

论木村正辞的《文馆词林》写本研究[*]

天津师范大学 王晓平

《文馆词林》(以下简称《词林》)是在我国早已散佚的唐代典籍,自从吉田篁墩等学者发现其日藏写本以来,围绕这本书的研究便在寂寞中时断时续向前推进。其中,明治学者木村正辞的贡献尤其值得回顾。木村正辞所撰写的《文馆词林盛事》(以下简称《盛事》),是对江户时代《词林》写本搜集、研究活动的总决算,他对书中则天造字的研究,对汉籍和日本写本研究来说,虽然只能算是小步探路,但其采用的方法,与今天的写本学研究有一脉相通之处。

木村正辞(1827—1913),日本国学、国文学研究家,初名清宫庄之助,号欟斋,据《木村先生小传》,其自幼好读书,喜欢和歌,曾师从伊能颖则学习国学,师从《江户繁昌记》的著者寺门静轩学习汉学,后入冈本保孝之门,研究和学、汉学、音韵学,曾在和学讲谈所等处任职,明治维新后做过官吏,后为帝国大学文科大学教授,对《万叶集》的研究几乎贯穿一生。著作中有关《万叶集》的著述多达18种,世称"万叶博士",藏书极多。[②] 他的《万叶集》研究,集江户时代的契冲、贺茂真渊、雅澄等大家之大成而有所开拓。

不过,在正辞最擅长与投入最多的《万叶集》研究领域,像他那样将注意力集中在写本文本的汉字书写本身的做法,因难于追随而显得"和者盖寡",他有多种著述没有出版,仅有写本留下,从这一点来说,他只能算是同时代《万叶集》研究的"少数派"。而且,他也并不是汉学研究的圈内人,当时的汉学研究者,守旧者在经学中打转,求新者目光转向于小说、戏剧,少有人注意到保留在日本的中国典

---

[*] 基金项目:国家社科基金重大项目"日本汉文古写本整理与研究"(14ZD085)。佐佐木信纲《文と筆》,东京:广文堂,1915年,第1—5页。

② 《房總ノ偉人》,东京:多田屋支店,1925年,第8—10页。

籍。然而，正是这位在日本学中属"少数派"，而在汉学界则属"圈外人"的学者，对《词林》的早期研究认真做了学术梳理，他所撰写的《盛事》，也成为《词林》研究绕不开的最初阶梯。

一、校定国书，传之后代，乃专门家之任务

木村正辞的学术贡献，首先在于他对汉字写本历史价值的肯定。

木村正辞主要研究的是日本古代文学，但在研究方法上多受清代考据学派的影响。岛田重礼为正辞所著《櫞斋集》卷尾跋语，称赞该书"考证精核，凿凿有依据，而文章高雅，质而不俚，似读朱竹垞、钱竹汀题跋"①。读正辞的《櫞斋随笔》《櫞斋杂考》《万叶集文字辩证》等著述，可以看到他经常提到陆德明《经典释文》、阮元《十三经注疏校勘记》等考据学经典，在对日本古籍的研究中多引以为鉴。

在木村正辞所撰写的《国文注释全书序》中，他对写本与印本的优劣与价值，提出了自己的看法：

> 凡书必当据善本，若就陋本、俗本研究，则必生驳杂，贻笑大方。自近日印刷业大盛，每年每月印行之书籍多矣，此不独为学生，亦令国家有通达文明之阶梯，诚可喜之事也。然写本、印本，互有得失。今言其优劣、便与不便。印本有得之甚易之便，写本有难得之不便，然至是写本所传者，一旦印行问世，其写本便渐废，唯依印本以定。若其文字脱误，难以拓本比观，故不免有以讹传讹之诽，是印本之弊也。当其印行之际，则宜选专门家，请其精心校订而后刊行焉。其以写本相传者，写本种种，彼此比较，正其讹误而用之，较之有脱误之版本，胜者多矣。然其写本常难得之，有所不便，且无他本，乃写本之不幸，罹灾之时，

---

① 木村正辞《櫞斋集》（卷上、卷下、别集），东京：木村正辞出版，1911年，卷末。

忽失其传，是写本之弊也。①

正辞主张纠正唯重印本、轻视写本的观点，主张不废写本，利用写本对传世书籍尽可能精校刊行。他特别引用了郑樵《通志略》中的一段话："有专门之书，则有专门之学；有专门之学，则有世守之能。人守其学，学守其书，书守其类。"而后赞叹道："此诚言也!"指出："校定国书，传之后代，乃专门家之任务。"

从正辞著述所引述的书籍中，我们不难窥见清代考据学的影响。这种影响强化了他对写本文献价值的关注。

正辞对写本、印本关系的论述，虽然简短，却公允可信。从文化传播来说，写本时代为印本时代所取代，无疑是技术与观念进步的结果，也将传播推进到一个更高的阶段，然而两者并非此存彼亡、不可两立的关系。对于日本汉籍传播来说，写本更具有特殊的意义。由于很多人阅读汉籍需要借助各种训点符号，而这些符号给刻印带来麻烦，所以写本对于部分人群更具有便利性。同时，只为门内生徒撰写的书，或作者无名时代撰写的探索之著，或因各种原因未得刊刻的本子，写本便是流布与保存的物质依托。印本宜于"批量生产"，写本则可"个人定制"。在历史研究和文献整理过程中，两者可以互补互用。

正辞的上述论述，显然与他将校订"国书"传之后代看成"专门家"的任务的使命感有关。他所说的"国书"，也包括日本抄写保存的汉籍，而不是仅仅指《万叶集》这样的"和语"文献。和当时一般的"国学者"相比，他的视野要宽得多，这也使他的日本史和《万叶集》研究有更多资源可以利用，取得的成果也就更为扎实。对于未刊文献与散佚典籍的整理和研究，更无轻视写本的理由。如《词林》这样包括大量不见于其他文献篇目的书籍，现存写本更是核心资源，利用它们与各类传世文献校勘比较，才可能真正完成校定而传之后代的任务。

---

① 木村正辞《国文注释全书序》，载本居丰颖等校《国文注释全书》第1编，东京：皇学书院，1913年，第1—5页。

二、《盛事》的书志研究

江户末期日本考据学与清乾嘉学派遥相呼应，促成了一批中国散佚典籍写本的发现与研究。自从江户时代考据学的先驱吉田篁墩（1731—1798）得知日本藏有《文馆词林》写本以后，"久索观窥，颇疲企跂"，终于于1797年看到残本，欣喜地将此视为"料外之希觏"。发现弘仁本《文馆词林》（以下简称《词林》）让考据学者倍感惊喜。在各自撰写的序跋中，赞扬写本的文献价值。宫内厅书陵部藏《词林》六百六十八残卷末有源弘贤等人的题跋就说："吾常言李唐之世，邻好最亲其事物，至今多足征也。"说《词林》一书"既亡彼，见存此，实旷代奇书也"。谈到弘仁本的书写，他称许说："虽不知是书为谁手，笔力沈著，字样端严，波撇之末咸有法度，妙妙不可思议，非学唐人者，决所不能也。以《词林》之奇，与入木之妙，永为不忍文库之荣焉。"又载1858年河世宁跋曰："弘仁文物，专注于李唐，此卷当时所书写，如与唐人接于一堂上，真希世之宝也。戊午八月晦，上毛河世宁拜观。"早在1800年，西田直义便撰有《文馆词林之事》一文，1868年，小林辰又撰《文馆词林考证》（以下简称《考证》）一文，均致力于对《词林》在日本的传承加以搜集与研究，但由于均只有写本，恐怕读到的人甚少。

1866年，木村正辞在广泛搜集前人有关文献的基础上撰写的《盛事》，考证写本辗转易手的路径，引述前人之说加以笺注，纠正了不少误解。《盛事》未能刊印出版，1969年，长泽规矩也发行《影弘仁本文馆词林》，作为附录，影印了庆应义塾大学附属研究所斯道文库藏庆应二年（1866）《盛事》。由于原文日文、汉文交错，影印字小模糊，加之此影印本原印数不多，又一直未得重印，一般中国读者不易得到或读懂，本文对《盛事》相关部分，加以校读翻译，不厌其长，予以评介。

正辞撰写《盛事》的直接契机，是他获得了义刚本，而撰写此文之时，尚未发现小林辰《考证》。在他看到小林辰的考证之后，又对《盛事》做了补充。补充后的写本，现在藏京都大学附属图书馆。

《盛事》前有森立之序，称："余喜櫣斋好学研覃，孜孜不倦，而此撰最先获我心者矣。"正辞自序称："先王之遗书秘笈，十不存一，良可惜也。是书亦散佚，遂不可求焉。不亦遗憾乎？近述斋林君获零卷，收诸《佚存丛书》中，其书既西，清孙星衍、阮元等引用之。噫呜！国家文运之化，施及海外，实艺林一快事也。然所得仅四卷，后狩谷氏望之访求其逸卷，俱得十卷，《访古志》所载者是也。近日予亦得元禄抄本十册，又昌平坂学问所有新写本，与予所得者同种，其他各家所储藏者，今访之求之，记其所在，以贻同好。"

　　从阿部隆一撰写的《文馆词林考》所罗列的全部资料来看，正辞对江户时代近80年的《词林》发现史材料的掌握，接近大部，遗漏不多。《盛事》摘录各家相关序跋提要、随笔杂记，予以评点。如他抄录桥本经亮《橘窗自语》中有关弘仁本的记述：

> 因整理校勘津国神户里俵屋久左卫门家古笔《万叶集》，与佐佐木春行同行，得观须磨大手胜福寺什物唐许敬宗《文馆词林》缺卷，弘仁时代之物也。文中"安"字皆作"安"字，乃当时之避讳字也，省略之"安"字也。《大唐六典》云："其文有犯国讳者，皆为字不成。"亦多省字之末一画而作"安"，故作"安"。识者宜辨之。

　　橘经亮看到《词林》中的"安"字写作"安"，便认为这是因为避讳缺笔所致，正辞以按语的形式指出："'安'字之说，误矣。'安'字作'安'，自古有之。晋唐间碑碣往往可见，皇朝无缺笔也。又按，《六典》乃礼部尚书之文也。"他指出，日本不存在用缺笔来表示避讳的做法，而自古以来写本中便有将"安"连笔写作"安"者，亦多见于晋唐间碑碣，此种写法并非出于缺笔避讳。

　　正辞对于当时考据学的前辈、为自己的书写序的森立之所著《经籍访古志》中的瑕疵，也不予回避。如引涩江全善、森立之撰《经籍访古志》卷六"文馆词林零本十卷弘仁十四年抄卷子本"条："昔时僧奝然入宋，话及存我之书内有《文观词林》，时人不知其目，以'馆'作'观'，且误谓皇朝人所著（事见《宋朝类苑》引杨亿《谈苑》),知是书在宋初已失传,则虽零卷残轴,所存不多,实可宝重矣。文中述斋林君得是书零本,收于《佚存丛书》中。近日孙星衍《续古文苑》、阮元《四库未收书提要》,皆援引之,则已播西土。但其所传仅四卷,不及其他,是亦可憾耳。"① 正辞云:"裔然,寂昭之误也,其误与桥本氏同。"指出森立之沿袭了桥本经亮将"寂昭"说成"裔然"的错误。看来森立之并未查阅《宋朝类苑》,而只是照搬了桥本经亮之文,由于寂昭不如裔然名气大,结果张冠李戴,以讹传讹。

《词林》中的四卷,因《古逸丛书》而传入中土,遂为学人所重。《四库未收书提要》卷三说:"《会要》又云:垂拱二年二月十四日新罗王金政明遣使请礼,并杂文章,令所司写吉凶要礼,并于《文馆词林》内,采其词涉规戒者,勒成五十卷赐之。是当时颁赐属国之本,原非足朝。此虽断简残篇,而诏令则皆甚古且全,书之体例亦可得其一斑矣。"对此正辞发表了如下法:

> 正辞云:属国之谓,指新罗,将皇国亦置于其中,此说乃阮元之私言也。据某所言,传入皇国者,非从全书抄出者,杨亿《谈苑》之文与载。《现在书目》(原文误,"现"当作"见"——笔者注)谓《文馆词林》千卷,《倭名抄序》谓一百帙可证。

正辞首先不满于阮元将日本与新罗等量齐观,视为大唐属国,更不赞同他《词林》只有部分传入日本的观点,坚持传入日本的是完本而非选本。他的依据一是《宋朝事实类苑》所引杨亿《谈苑》所言《词林》"百册","百册"或即千卷;二是平安时代藤原佐世所撰《日本国见在书目录》总集家部载录"《文馆词林》千",对其有千卷可谓言之凿凿;三是《倭名类聚抄》序。在平安时代承平年中源顺所撰奏的《倭名类聚抄》当中,源顺的序关于《词林》的卷帙说得很明确:"至于和名,弃而不屑,是故虽一百帙《文馆词林》、三十卷《白氏事类》,

---

① 佐村八郎编《和汉名著解题选》第一卷,东京:ゆまに书房,1996 年,第 116 页。原文阮误作阮,四库未收书与提要误作两书断句。

而徒备风月之兴，难决世俗之疑云云。"

以上对各种有关《词林》的议论，正辞着重纠正的是三点，首先根据《宋朝类苑》所引杨亿《谈苑》的说法，其中提到的日本僧人，是寂昭而非奝然；其次是根据藤原佐世《日本国见在书目录》中《词林》百帙的著录，相信《词林》全书传入日本，否定阮元"原非足册"的判断；再次是纠正各说之中在文字、转述等方面的讹误。这三点中，第一与第三点，都可看出正辞治学的严谨，而第二点不可谓言之无据，但进一步确认，却有待于更多发现。民国学者董康在他《书舶庸谭·跋高野山藏原本〈文馆词林〉》一文谈到弘仁本时说："冷然院乃储御书之所，弘仁为嵯峨天皇年号，十四年当唐穆宗长庆三年。虽属补写，亦在千年以上，绝非后来辗转传录可比。按藤原佐世《见在书目》，已将此书著录，卷帙与二志同，作一百册，此必为入唐求法缁流携回全帙无疑。阮文达视同赐与新罗国王採摘之本，殊未尽然。"看来董康与正辞看法相同，所持依据亦同。

对于一部大部分内容散佚的鸿篇巨制来说，理清到底还有多少写本保留下来，各自收藏何处，是一件急迫的事情。《盛事》所附《文馆词林现存目录》就是为此编写的，它是最早的《词林》写本目录。其中载录有《佚存丛书》本、昌频坂学问所藏义刚本、正辞藏义刚本、铃木真香获影抄本，以及由《近闻偶笔》《群书一览》著录的卷次等，所藏者有变的吉川躬行藏卷六六四、柏木政矩藏卷六六八，以上共计二十二卷。

三、木村正辞的则天造字研究

在我国现存的刻本文献中，经过宋人整理，对武后时代文献中的则天造字，一概予以更换，所以我们已经看不出其时流传文献的原貌。弘仁本《词林》却不然，其底本书写的年代，正是则天造字盛行之时。以后的传抄者，对于其中部分则天造字予以保留，使今天的我们省去了想象的困难，一定程度看到则天造字的使用情况。

在《盛事》中，正辞集中考察了《文馆词林》写本中保留的则天造字：

卷三百四十六多用奇字，兲、埊、☉、☽、䄺、正、𡔈、䨺是也。按：兲，天也。埊，地也。☉，日也。☽，月也。䄺，年也。正，正也。𡔈，载也。䨺，初也。此等字皆唐武后之造字也。《集韵》传之，《龙龛手鉴》皆作古文。按：《说文》卷三下"臣"字，段注云："《论语音义》'忠'，植邻切，古臣字。陆时武后字未出也。武后埊、忠二字见《战国策》。六朝俗字也。"左春谷《三余偶笔》卷九云："宋范成大《桂海虞衡志》云：大理国间有文书至南边，及商人持其国佛经题识，犹有用'圀'字者。'圀'，武后所作'国'字也。今按：《续玉篇》云：'圀'，古文。'国'字，岂'圀'本古字与？又宋姚宏《战国策》题辞曰：'书中如用埊、忠字，皆武后字，恐唐人传写相承如此。诸公校书改用此字，殊所不解，窦苹作《唐史释音》，释武后字，内'埊'字云古字，见《战国策》，不知所据云。然'埊'乃古地字。又'埊'字见亢仓子《鹖冠子》，或有自来。至于'忠'字，亦岂出于古与？幽州僧行均作《切韵训诂》，以此二字皆古文，岂别有所见邪？然余谓武后所制字，有确然知其为古字者，如天作兲，本篆文，《说文》可证，正作正，亦作正，日作☉，《说文》古文正作正、从二，二古上字。古文日作☉，象形。是二字皆古文。又年，《说文》作秊，武后作䄺，取《说文》秊字而增益，其文虽非古字，亦不得谓其无所本也。"

○正辞云：行均《切韵训诂》，即《龙龛手镜》也。上部云：埊（古文，音地）。心部云"忠，（音臣）"是也。又杂部有"䨺""䄺""兲""☉""正""正"等字，谓皆古文。此二氏所说精核确论，可从。

正辞引用段玉裁《说文解字注》与左春谷[①]《三余偶笔》的说法，认为他们看法"精核确论"，可从。同时他也指出左春谷之说的小错误："《龙龛手鉴》

---

① 清安徽泾县人左暄，字春谷，所著《三余偶笔》《续笔》，朱琦称其考订精核。《三余偶笔》一书今存日本，1841年刻本。

'恧'音臣,不云古文,左暄恐误。"

如果弘仁本《词林》原样保留了唐写本的原貌,那么整部书各卷都应使用则天造字,事实却并非如此,只有其中卷三四六、卷六六二有则天造字。其中卷三四六的则天造字如:

㦲(载) 《毛诗·周颂·时迈》:"㦲(载)戢干戈,㦲(载)櫜弓矢。"(P84)

而(天) 后汉崔骃《东巡颂》一首:"资统而(天)之硕虑,意乃溢乎中区。"(P85)

②(日) 后汉崔骃《东巡颂》一首:"于时司典(耆)耇,戴华抱实,俨尔而造,②(日)盛乎大汉。"(P85)

⑪(月) 后汉崔骃《东巡颂》一首:"于是时也,风云之所驰骋,②(日)⑪(月)之所容光。"(P87)

㚇(初) 后汉崔骃《南巡颂》一首:"建㚇(初)九𠦚(年),秋谷始登,改历元和。"(P88)

后汉刘珍《东巡颂》一首:"爰㚇(初)出征,以暨游息。监牧夫于人心,省幽明以黜陟,迥游豫以观人。"(P102)

𠦚(年) 后汉崔骃《南巡颂》一首:"建㚇(初)九𠦚(年),秋谷始登,改历元和。"(P88)

〇(星) 后汉崔骃《南巡颂》一首:"登岳阳以舒节兮,观万乘于而(天)庭。翔翔习习,〇(星)散雨集。"(P89)

宋孝武帝《巡幸旧宫颂》一首其七:"国鄙殷华,〇(星)气杲镜。物为邦晖,士作人庆。"(P105)

击(正) 后汉崔骃《西巡颂》一首:"声德烈以芬畅兮,固神人之所和。謇西神于击(正)咸兮,览而(天)之茂绩。"(P93)

正亦作㞸。后汉崔骃《北巡颂》一首:"命农㞸(正),度禺铁。"(P94)

稽（授）　后汉崔骃《北巡颂》一首："爰始赋政，稽（授）务于人。乃登灵观，察云物，律时⑪（月），历元日。"（P94）

卷六六二有如下则天造字：

𠆻（人）　《太宗文皇帝伐辽手诏》一首："况今丰稔多𠡦（年），家给𠆻（人）足。余粮栖亩，积粟红仓。虽足以为兵储，犹恐劳于转运。"（P231）

《答淮南王安谏伐越诏》一首："以眇眇之身，托于三侯之上。内有饥寒之𠆻（人），南夷相攘，使边骚然不安。"（P232）

𠤵（生）　《太宗文皇帝伐辽手诏》一首："昔受钺专征，提戈拨乱。师有经𠡦（年）之举，食无盈𠤵（生）之储。"（P230）

恖（臣）　《魏文帝论伐吴诏》二首："则军中宜有柱石之贤帅辎重，所在又宜有镇守之重恖（臣），然后车驾可以周行𠀑（天）下，无内外之虑。"（P233）

圀（国）　《西晋武帝答杜预征吴节度诏》一首："斯乃三军之命，圀（国）之安危，苟有乖违，以致负败，虽贾领之罚必加，铁钺之诛必用，固无及矣。"（P236）

𡉈（圣）　《魏文帝论伐吴诏》二首："制诏：昔轩辕建四面之号，周武称予有乱十𠆻（人），斯盖先𡉈（圣）所以体圀（国）君𠆻，亮成𠀑（天）工，多贤为贵。"（P233）

《后魏孝文帝戒师诏》一首："朕承考列累𡉈（圣）之隆构，猥属后仁必伐之嘉运。"（P239）

𡉈（圣）　《后魏孝文帝戒师诏》一首："仰禀先后慈𡉈（圣）之诲，俯赖侯辟匡弼之诚。"（P239）

埊（地）　《西晋武帝答杜预征吴节度诏》一首："是故投之死埊（地）向（而）后生，盖知亡必存也。𠆻（人）故煞𠆻（人），而万夫齐

勇，盖自古之政也。"（P236）

正辞还撰写了《武后制字考补》，摘录了《唐书·后妃传》《宣和书谱》卷一、郑樵《通志》卷五、顾炎武《金石文字记》卷三、毕沅《中州金石记》卷二、郭忠恕《佩觿》、王观国《学林》卷十、《龙龛手鉴·杂部》《集韵》《龙龛手鉴·金部》中有关武后造字的论说。从弘仁本《词林》只有以上两卷保留则天造字的情况来看，书写者早已积极对原本中的则天造字做了改动，未予改动的只是少数。由于写本多次转抄，几易其手，要想找到唐时代真正的"原原本本"，全无可能。现就只能就其所存而行"摸象"之举。在日本已发现带有则天造字的文献五例，如正仓院收藏《王勃诗序》残卷等①。则天造字往往与普通汉字交错使用。对于《词林》中保存的则天造字，似乎还有深入研究的空间。

三、《盛事》后篇

《盛世》撰写于明治维新前夕，明治维新后学界风气渐变，而正辞仍希望对《词林》能有新的发现。1876年，正辞在横山由清所编《尚古图录二编》中刊载《词林》写本书影，其中包括《词林》卷六六四（长井十足藏）首页、卷六六八（柏木政矩藏）首页。正辞藏义刚本一页。附录1871年9月撰写的跋文，这篇跋文，可谓《盛事》的精缩与补正：

> 《文馆词林》一千卷，唐许敬宗撰，昔时僧寂照之入宋也，话及此书，而"馆"误"观"，且谓皇国人所著，事见《宋朝事实类苑》所引杨亿《谈苑》。时人不晓其误，知是书在宋初已失传。
>
> 宽政中，述斋林氏得是书四卷，收之于《佚存丛书》中，其书传播西土。清阮元《四库未收书提要》载之，而依《唐会要》"垂拱二年新罗王使《文馆词林》内采其词涉规戒者，勒成五十卷赐之"之文，谓当

---

① 王维坤《中日文化交流的考古学研究》，陕西人民出版社，2002年，第398页。

时颁赐之本,原非足册也。误矣!案:源能州《倭名类聚抄序》云一百帙《文馆词林》,藤右丞《见在书目录》亦云一千卷,则本邦所传,原是完帙可见矣。而中世海内骚扰,干戈日继,官库数经兵火。先王之遗书秘笈,十不存一。良可惜也,是书亦散佚,遂不可求焉。不亦遗憾乎?

近狩谷先生望之,访求其逸卷,俱得十卷。此所载者,即系狩谷氏旧藏。余亦得元禄抄本十册(释义刚所书)。又官库有新写本,而与余所得者同种,其他好事家或藏零卷残轴。世所传凡二十二卷。余别著《文馆词林盛事》一卷以详之。后观大和国小林辰者所著《文馆词林考》。其所载目凡三十卷,据自序皆是元禄抄本,而出义刚之手者也。义刚以如意轮寺本誊写,见自跋。如意轮寺,则高野山之塔中也。而余日所录二十二卷,辰之书,亦皆有之,则知世所传之本者,悉系如意轮寺之旧藏也。其元禄本,原凝紫楼成岛氏所藏,后流传归小林辰者。今复为余架中。然余所得实十卷,辰所得之三之一耳,是为遗憾。

今就原本审纸墨,疑是唐人所书。书法遒劲,笔力精超,古香满纸,真希世之珍也。卷第六百六十五跋文可以证矣。其吕神福未详为何人也。但每卷尾所题弘仁之文,颇为可疑也。盖当时于本邦所追书欤?未见其跋题之存者,故决不能云,姑书以俟续考。

明治四年辛未九月槲斋木村正辞识

《尚古录》中亦收正辞所撰《考证》,全文如下:

"〇""〇""㉛"是武后造字,"年""正""月"之异文。此他书本有"〇""〇""〇""〇"等字,亦皆武后制字也。《唐书》本传云:太后从配作"曌","〇""〇"②"〇""囝""○""〇""〇""〇""〇",十有二文。太后自名曌,按《宣和书谱》载武后造字为十九字,郑樵《通志·六书略》为十八字,而于其字形亦互有异同。"〇",本传、《书谱》作"〇",《通志》《集韵》作"〇",《金石文字记》作"〇",

郭忠恕《佩觿》作"䄸",王观国《学林》作"䄸"。据唐《君臣正论》"千千万万为年"之说,则以作"䄸"为正。"击",诸书同。或亦作"正",即古文"正"字。"㘣",本传、《书谱》及《集韵》《学林》并作"囝",《通志》作"⿴囗⿰丨丨",《佩觿》作"⿴囗⿱十一",《文字记》作"圱",《龙龛手鉴》作"⿴囗⿱十十",钱大昕、段玉裁、左春谷辈,"悉""坙"二字以见《战国策》及《论语音义》为六朝俗字,其说可从矣。案:武后取古人已制之字,或少改易之耳,非尽臆造也。又本书国名"隋"字皆作"随"。《广韵》云:"'隋'本作'随',隋文帝去辵。"《佩觿》云:"随文以周齐不遑宁处,故去辵,言辵,走也,遂作'隋'。"清顾炎武云:"虞世南《孔子庙堂碑》、欧阳询《九成宫醴泉铭》、王知敬《李卫公碑》、高宗《李英公碑》、天后《顺陵碑》、于敬之《华阳观王先生碑》、斐漼《少林高碑》,并'隋'字作'随'。当时金石之文二字通用,自司马温公作《通鉴》以后,始壹用'隋'字,而《水经注》'滇水东南径隋县西','随'字作'隋',则知此自古人省笔之字,谓文帝始去辵而为'隋'者,未必然也。"其说确实可从矣。正辞有识。

辛未嘉平月下澣于左升右蕉罗府趋古中原光义书

从《尚古图录二编》刊载的书影与以上两篇短文可以推测,由于《盛事》完稿之后,因故一直未能在杂志刊载,也未能刊行单行本,而正辞对《词林》的搜集与研究始终兴趣未减,便借《尚古图录二编》刊行之际,将主要发现向读者介绍。《盛事》的核心内容变成了印本,而全篇仍以写本存在。在梳理《词林》研究史的时候,写本则是更为完备的资料,有待来日整理与翻译。

四、打通汉籍写本与日本文学写本的尝试

《橄斋杂考》卷二载正辞所撰《皇国古书多用俗字》:

皇国古书,抄本更甚,版本亦多用俗字。其版本,自《日本书纪》

始，其余五国史、令式、《万叶集》，均多用俗体、或体致字。若不明其字样，读古书则多有不便。然此皆承袭隋唐之习俗也。西土于隋唐时代，通用称为俗字者，观其世之金石文，用俗体者匪鲜。亦有《五经文字》《干禄字书》之出，匡正之也。且古佛书、医书等中，亦多用俗字者，可见其世之风习焉。①

他指出，在日本的正史当中，也多见字书中所说的俗字、通字，这些文字不是后来传写的人们私自书写的，而是当年的撰写者本来使用的文字。今天如果必定要把它们改为正字，就会使文献失去其旧色。他还强调，在奈良平安时代，与唐朝不同的是，只论笔迹之优劣，而不问字形之正俗。也就是说，在日本并没有过唐代那样的匡俗为正、清理俗字的活动，这正是日本典籍中保留了很多隋唐时代俗字的原因。有鉴于此，正辞主张，校订书籍，不论其书优劣，均当以"不失撰者之旧色为要"，而不应恣意妄改古书文字。他引用《颜氏家训·勉学篇》末尾的一段话，来提醒校书者："校定书籍，亦何容易！自扬雄、刘向，方称此职耳。观天下之书未遍，不得妄下雌黄。或彼以为非，此以为是，或本同末异，或两文皆欠，不可偏信一隅也。"

正辞对于抄本文字格外留意。在所著《万叶集文字辨证》一书凡例中指出："文字之体，有古今正俗之别，有增减借换之法。"因而反对任意改动古籍文字，认为这是校勘古书的法则："陆德明《经典释文》熟举经传文字异同，读阮元《校勘记》，亦知当悟其意。"反对臆断与随意删改。更具体指出："颜氏《干禄字书》出俗、通、正三体，释行均《龙龛手鉴》于此三体之外，载种种'或作'。此皆彼国魏晋以来俗字。在皇国自古以来亦在使用。因此，将彼方之书与此方之书交相比照，辨明其字体。又石晋时人可洪有《新集藏经音义随函录》。此书西土已佚，芝三绿山偶藏高丽本。吾亦藏其影抄本十二册。可洪虽石晋时僧人，所据经文，皆为唐本，其中所载文字，俗体颇多，且多有与此方古书所用相符

---

① 木村正辞《櫉斋杂考》，东京：光风馆书店，1909年，第8页。

者。"①《万叶集文字辨证》有1855年序,书中不仅利用中国失传的《新集藏经音义随函录》以及释行均《龙龛手鉴》所载俗字考订《万叶集》写本中尚无定论的文字问题,而且考订方法,也有与今天我国学者研究敦煌俗字有异曲同工之处,如其注意到合字、偏旁相同相混、草书楷化、草书连笔等多种写本文字现象,提出了很多很有价值的看法。他在研究《万叶集》以及《日本书纪》等奈良时代文学文本的时候,已经积累了相当丰富的写本研究经验,这更增强了他搜集与研究中国散佚典籍写本的动力,在他得到义刚本《词林》之后写出《盛事》也就顺理成章了。

较之印本,写本较多地保存了写本书写时代的书法与个人书写习惯。《龙龛手鉴》《新集藏经音义随函录》等书所载俗字材料,与正辞搜集的晋唐金石文字、碑铭文字材料联系在一起,使他在审视《词林》写本文字的时候,便自然与晋唐书写习惯对照。他除了注意到《词林》中"隋朝"之"隋",均作"随"之外,还注意到其中的"那"均作"邦"。这一发现被用来考证《日本书纪》写本中的神名"伊弉册尊"的"册"字。在《欐斋杂考》的一篇考据文字中,他谈到"《文馆词林》'那'作'邦',古版卷子本《成唯识论》作'那',古抄本《丽气记》作'邶'",列举众多字例,证明"册"字是"那"字形坏,将横画右出贯于"阝"部所致。②

今天看来《词林》中很多字的写法,与敦煌文书反映的晋唐俗字相通,足可相互印证。如"曰""日"不分、有"锺"而无"鐘"、"扌""木"相混、"竹""草"无别、"才""丈"易乱、"方""弓"同形、"忄""巾"同体等偏旁、部件相混、合体字、移位字、草书楷化、类化字等。奈良平安时代的写本,这些现象也可谓无一不存。正辞利用汉字写本考证日本古本,使他在日本汉字研究界也有了一席之地,1934年,明治书院出版的冈井慎吾所著《日本汉字学史》③便用一节肯定了他的业绩。

---

① 木村正辞《万叶集文字辨证》,东京:早稻田大学出版部,1904年,第2页。
② 木村正辞《欐斋集》(卷上、卷下、别集),东京:木村正辞出版,1911年,第6页。
③ 冈井慎吾《日本汉字学史》,东京:明治书院,1934年,第424—427页。

正辞不赞成当时的一些日本文学研究者，碰到古籍中不便于字书的字便视同"误字"，急于改字，认为这样会使古籍失去真面目，而主张将各种汉籍与日本古书放在一起来综合考察，辨明文字①。与中国相比，日本虽保留了较多的古写本，但也存在保存分散、信息不通、研究薄弱等困难，正辞在搜集和利用汉籍写本方面，比一般汉学者更为投入。从他的著述中，常可见到对日藏汉籍写本资料的引用。对可洪《新集藏经音义随函录》、释行均《龙龛手鉴》尤为重视。钱大昕曾说："《龙龛手鉴》多收鄙俗之字，如㐠为多、霙为矮、甯为弃、㾕为暗、歪为（苦乖反）、㚒为（乌怪反）、衾为宽，皆妄诞可笑，大约俗僧所为耳。"② 日本古写本中的字有一些就属于这一类"鄙俗之字"，正辞为了给它们追根溯源，很重视从希麟《一切经音义》等佛教音义类书，以及日本编撰的《字镜》《新撰字镜》《和名抄》《节用集》等字书写本中寻找字例。晋唐金石文写本，也是他考辨日本古籍文字的关键资源。如他《万叶集文字辨证》中提到王羲之《用笔墨陈图碑》一卷，谓"此书原大和宝生院所藏，八百年前之古抄本也，近顷塙忠宝刻，收于《群书类从》"③。他在考辨字形方面，也颇得其法。

　　应当指出的是，在木村正辞的汉籍写本的研究中处处流露出强烈的"皇国意识"，无时不放过宣扬"皇国"文运的机会。他的业绩得到了天皇特别赞许。他病逝之后，天皇为他进位勋一级，赐祭梁料。他的著述对于今天的汉文写本研究仍有一读的价值，而由于敦煌文书的发现，研究的水准却早已与百年之前不可同日而语了。即便他从汉字出发的研究著述，误解、误字仍多见，在读这些书的时候，也不可不随时留意。

---

① 木村正辞《万叶集文字辨证》，东京：早稻田大学出版部，1904年，第3页。
② 钱大昕著，杨勇军整理《十驾斋养新录》，上海书店出版社，2011年，第79页。
③ 木村正辞《万叶集文字辨证》，东京：早稻田大学出版部，1904年，第28页。

卜弥格与欧洲专业汉学的兴起

——简论卜弥格与雷慕莎的学术连接

北京外国语大学　张西平

我认为西方汉学的发展历史大体经历了"游记汉学""传教士汉学""专业汉学"三个阶段①,"游记汉学"的代表人物是马可·波罗,"传教士汉学"的开启者是罗明坚(Michele Ruggleri, 1543—1607)和利玛窦(Matteo Ricci, 1552—1610),传教士汉学和游记汉学的分水岭在于,来华的耶稣会士们开始学习中文,研读中国的典籍,开始翻译中国的重要文献和典籍。会不会中文是游记汉学和传教士汉学的最重要区别。

传教士汉学和专业汉学的区别在于:后者已经正式进入了西方的东方学体系之中,在研究上开始走出传教学研究的框架,按照近代西方所形成的人文学科的方法研究中国。这个转折点就是1814年法国在法兰西学院正式设立"满、鞑靼、汉语言教授"位置,转折性人物就是雷慕莎(Abel-Rémusat, 1788—1832),他成为西方专业汉学第一人。

但传教士汉学和专业汉学之间的学术连接点在哪里?学术界以往的研究不够清楚,我们现在通过对卜弥格和雷慕莎的研究,可以清楚地看到,这个学术连接点就是卜弥格(Michel Boym, 1612—1659),正是卜弥格对中国的研究,直接催生了雷慕莎迈开了他汉学研究的第一步,由此,西方汉学拉开了它新的一幕。

在雷慕莎走向汉学研究的道路上,波兰来华耶稣会士卜弥格的汉学研究对雷慕莎的学术发展起到了重要作用,本文从卜弥格和雷慕莎的学术关联,探讨欧洲

---

① 张西平《罗明坚:西方汉学的奠基人》,载《历史研究》2001年第2期。

专业汉学的兴起。

一、卜弥格其人

卜弥格出身望族，父亲是波兰国王的御医，他家学很好，对医学有很好的研究。他 1643 年离开里斯本前往东方——当时来华的传教士，都必须从里斯本出发，因为当时的东方护教权是由葡萄牙负责的，而往大西洋，往美洲是由西班牙负责的。1644 年，卜弥格来到澳门，学习了汉语；1647 年，到海南岛去传教。

1644 年，北京的明朝政权覆亡之后，南方又拥立了一个小朝廷——南明王朝，最后一个皇帝是永历皇帝，当时局势十分危险，1651 年，永历皇帝决定派遣卜弥格作为南明王朝的特使返回欧洲，向罗马教廷求救。当时罗马教廷仍然是欧洲很重要的一个力量。现在看起来这是一个非常可笑的事儿，南明王朝危机了，跑到几万里之外的罗马去搬兵，但正是这么一个活动，促使了中国与欧洲的第一次正式的外交接触。很多人说中国与西方世界的接触是康熙年间的《尼布楚条约》，实际上这之前就有卜弥格出使罗马。

卜弥格回到罗马，非常的不受重视，因为明清鼎革的局势很复杂，耶稣会对中国的政治判断也非常狡猾。当时中国有三个政权——清朝、南明王朝、张献忠的部队（当时也还没有完全被打败）。张献忠地盘上有两个传教士，安文思和利类思；清军进关以后在北京留下有汤若望；随着南明王朝南迁的两个传教士，是瞿微纱（后为清兵所杀）和卜弥格。耶稣会派卫匡国回到欧洲告诉罗马教廷，说卜弥格代表的南明王朝基本上完了，所以罗马教廷一直不接见他，拖了他整整 3 年多。他穿着明朝的衣服几次要求觐见，最后教廷还是礼节性地见了他，把他打发走了。当时他带回西方的一些材料，全部放在罗马的耶稣会档案馆。

卜弥格于 1656 年离开了欧洲，带着当时的教宗给永历皇帝的母亲王太后和太监庞天寿的信回中国。1658 年，他到了澳门，很倒霉，当时清军已经完全占领了广州，澳门当局害怕接待这位南明特使，怕清兵对澳门不利，就拒绝他进入澳门。他没办法只好又返回安南（现在的越南），希望从陆路回到中国。他一路劳顿，终于病倒，就病死在越南和广西的边界线上。他一生都是在为南明王朝服务。他走的时候带了两个小修士,其中一个叫陈安德,一直跟着他,最后把他草草地埋在了中越边界线上。

二、卜弥格与雷慕莎：中国文字的西传

到过中国的葡萄牙多明我修士加斯帕·达·克路士（Gaspar da Cruz）1569 年出版了《中国志》（Tracdo em que scecōtam muito por estao as causas da China），这是 16 世纪欧洲人所能看到的关于中国的全面观察和报道。他在书中介绍和描述了中国语言和文字的特点,他说:"中国人的书写没有字母,他们写的都是字,用字组成词,因此他们有大量的字,以一个字表示一件事物,以致只用一个字表示'天',另一个表示'地',另一个表示'人',以此类推。"在谈到汉字在东亚的作用时,他说,汉字在东亚被广泛使用,"他们的文字跟中国的一样,语言各异,他们互通文字,但彼此不懂对方的话。不要认为我在骗人,中国语言有多种,以致很多人彼此不懂对方的话,但却认得对方的文字,日本岛的居民也一样,他们认识文字,语言则不通"①。

汉字第一次出现在欧洲的印刷出版物中,是在日本传教的耶稣会士巴尔塔萨·加戈（Balthasar Gago，1515—1583）神父于 1555 年 9 月 23 日从平户［Firando（Hirado）］所写的一封信,信中有六个中、日文字的样本。加戈神父的这封信在欧洲出版,从而成为"在欧洲获得出版的第一批中文和日文书写样字"②。

欧洲真正较系统的出现汉字是在基歇尔的《中国图说》之中,阿塔纳修斯·基歇尔（Athanasius Kircher，1602—1680）是欧洲 17 世纪著名的学者、耶稣会士。他 1602 年 5 月 2 日出生于德国的富尔达（Fulda），1618 年（16 岁）加入了耶稣会,之后在德国维尔茨堡（Wurzburg）任数学教授和哲学教授。在德国三十年的战

---

① 参阅 Boxer, *South China in the Sixteenth Century*, Bangkok: Orchid Press, 2004；加斯帕·达·克路士《中国志》,载博克舍编《十六世纪中国南部行纪》,何高济译,中华书局,1990 年,第 111—112 页。

② 《欧洲形成中的亚洲》第一卷,《发现的世纪》第二册,第 220 页。"这两组字也出现在 16 世纪其他文集中"。进一步的资料见: O. Nachod, "Die ersten Kenntnisse chincsischer Schriftzeichen im Abendlande", *Asia Major*. I (1923): 235-273.

争中,他迁居到罗马。在罗马公学教授数学和荷兰语。他兴趣广泛,知识广博,仅用拉丁文出版的著作就有40多部。有人说他是"自然科学家、物理学家、天文学家、机械学家、哲学家、建筑学家、数学家、历史学家、地理学家、东方学家、音乐学家、作曲家、诗人"①,"被称为最后的一个文艺复兴人物"②。

基歇尔著述繁多,他在1667年在阿姆斯特丹所出版的《中国图说》恐怕是他一生中最有影响的著作之一。《中国图说》拉丁文版的原书名为"China Monumentis qua Sacris quà Profanis, Nec non variis Naturae & Artis Spectaculis, Aliarumqe rerum memorabilium Argumetis illustrata",中文为《中国宗教、世俗和各种自然、技术奇观及其有价值的实物材料汇编》,简称《中国图说》,即"China illusrata"③。

这部书共分六个部分,第一部分介绍了在西安出土的大秦景教碑,共有6章,分别从字音、字义、解读三个方面全面介绍了大秦景教碑,并公布了一幅在西安出土的大秦景教碑的手抄临摹本。这是在17世纪欧洲出版物中第一次公布这么多的汉字,这个碑文的汉字和拼音在欧洲早期汉学上产生了重要的影响。

基歇尔的《中国图说》第一版于1667年在阿姆斯特丹出版后,在欧洲引起了很大的反应,其神奇的内容,美丽的插图,百科全书式的介绍,给欧洲人打开了一扇了解东方的大门,一条通向中国精神世界的道路,一时洛阳纸贵。第二年出了荷兰文版④,1670年出版了法文版,⑤ 1669年出版了英文版,它的内容后来被许多书籍广泛采用。⑥ 这一点法国学者艾田浦(René Etiemble,1909—)的话很有代表性,他说:"《耶稣会士阿塔纳斯·基歇尔之中国——附多种神圣与世俗古

---

① G. j. Rasen Dranz, *Ars dem leben des Jesuite Athanasius leich er* 1602-1680, 1850, Vol. 1. p. 8.

② G. j. Rasen Dranz, *Ars dem leben des Jesuite Athanasius leich er* 1602-1680, 1850, Vol. 1. p. 8.

③ 朱谦之先生在《中国哲学对欧洲的影响》一书中对此书做过介绍,但他将该书第一版出版时间说1664年是有误的。

④ *Tooneel Van China, Door veel, zo Geestelijke Geheugteekenen, Verscheude Vertoningen van de Natuur en Kunst, Verherlykt.*

⑤ *La Chine D' Athanase Kirchere De La Compagnie de J esus, ILLUSTRÉE De plusieurs Monuments.*

⑥ 参阅 Nieuhof, Jan. "An Embassy from The East India Company of The United Provinces; To the Grand Tartar cham Emperourr of china, Delivered by their Excellcies Peter gei Goyer, and Jacob de keyzer, At his Imperial of Peking".

迹的插图》此书的法文版是在1670年出版的，尽管编纂者是一个从未去过亚洲的神父，但此书的影响，比金尼阁的《游记》影响还要大。"①

由于卜弥格在罗马学习时是基歇尔的学生，先后返回欧洲的卫匡国（Martin Martini，1614—1661）、白乃心（Jean Grueber，1623—1680）也都是基歇尔的学生，所以，在《中国图说》中关于中国的文献和材料基本上是卜弥格、卫匡国、白乃心三人提供的。②

基歇尔在《中国图说》公布了卜弥格所做的碑文汉字和注音，这是第一次在西方公布了大秦景教碑的全部中文内容，第一次将碑文全部用拉丁字母注音。

在卜弥格到达罗马之前，虽然卫匡国已经将碑文的拓本带到了罗马，但在出版物中从未公布过碑文的中文全文。正是在卜弥格到罗马后，他将手写的大秦景教碑的碑文给了基歇尔，基歇尔在《中国图说》中全文发表。

对大秦景教碑碑文的注音的工作完全是卜弥格和他的助手陈安德做的。③ 卜弥格的做法是将碑文的中文全文从左到右一共分为29行，每一行从上到下按字的顺序标出序号，每行中有45—60个不等的汉字。碑文全部共有1561个汉字。这样碑文中的中文就全部都有了具体的位置（行数）和具体的编号（在每行中的从上至下的编号）。在完成这些分行和编号以后，卜弥格用三种方法对景教碑文做了研究。其一是对碑文的逐字的注音；其二是对碑文的逐字释义；其三是对碑文在逐字释义的基础上的内容解释。在书中对碑文的逐字注音和逐字释义时是将碑文的中文和拉丁文的注音、释义分开来做的，它们之间完全靠编号来一一对应。

根据目前我的知识，这很可能是在欧洲公开发表的第一部关于中文的字典，尽管该字典的排列将中文和拉丁文分开了。这既是卜弥格对欧洲汉学的贡献，也是基歇尔的《中国图说》对欧洲汉学的贡献。

卜弥格在碑文的解释中所注的纪年同样具有重要的学术意义。因为，当时没

---

① ［法］艾田浦著《中国之欧洲》上卷，许钧、钱林森译，河南人民出版社，1995年，第269页。
② 冯承钧译《西域南海史地考证译丛》第三卷，第132页。
③ 基歇尔《中国图说》（英文版），第6页。

有一个欧洲人知道中国的历史纪年，卜弥格第一次介绍了中国的纪年。这个问题在后来的入华耶稣会士的汉学著作中成为一个重要的问题，并对欧洲文化和思想史产生了重要的影响。

沙不烈（Robert Chabrié）认为"惟卜弥格汉学肤浅，而其同伴华人，学识亦甚疏陋，所以，其译文不及1719年刘应神甫注释之文远甚"①。这个批评有合理之处，因刘应（Claude de Visdelou，1656—1737）的汉学水平是比较高②，而且，其译文又在卜弥格之后，他吸取了前人的成果，可以做的更加完善。但卜弥格的独特贡献在于：他对大秦景教碑的解释进一步促进了欧洲对中国的认识，特别是他对汉字的逐字的注音对欧洲汉学是一个重要的贡献，这在欧洲毕竟是第一次。虽然，罗明坚（Michel Ruggieri，1543—1607）和利玛窦（Matteo Ricci，1552—1610）最早编制了中文和欧洲文字的词典《葡汉辞典》，但在欧洲并未公开发表。卜弥格的这个词典应该是最早在欧洲发表的中文和拉丁文对照注音和释义的词典。由此，在欧洲的汉学家可以根据这个注音表来研究中文的发音特点。正如波兰汉学家爱德华·卡伊丹斯基所说："后来的汉学家（如门采尔或米勒，今天看来，他们还是最早的汉学家）根据这些汉字的编号，便可将它们编成按字母顺序查阅的词典。"③

如果说不足，是卜弥格所做的第二部分：逐字的释义。因为从语言学的角度来看，用一二个拉丁词来解释一个中文字，这几乎是不可能的，而且，大秦景教碑的中文本身并不是一部字典，中文的每个字的字义是作为一句话中的字而显示出其字义的，单独的抽出一个字，用拉丁文加以释义是很难的。从语言学的角度来看，这样的做法本身就是有问题的。④ 第三部分对整个碑文的意译，从现在的来看虽然理解上问题不少，但从解释学的角度是可以理解的。

---

① 冯承钧译《西域南海史地考证译丛》第三卷，第159页。
② 费赖之《在华耶稣会士列传及书目》上卷，中华书局，1995年，第453—459页。
③ 爱德华·卡伊丹斯基著《中国的使臣卜弥格》，张振辉译，大象出版社，2001年，第234页。
④ 正是基于这样的理解，我们在从英文版翻译成中文版时，这一部分无法翻译，我们只能将原来的拉丁文解释和后来的英文解释原文照录，使读者知道在欧洲第一次遇到汉文时，他们的反应和处理的方法。

1670年，《中国图说》出版了法文版，法文版中增加了拉丁文版所没有的两个内容：一个是法汉对照词典，一个是汉文教理书《天主约要》。在1670年法文版的《中国图说》中的《汉法字典》的作者是谁？它是如何被编入《中国图说》的法文版？这两个问题都未得到解决。对于这个问题有以下几种意见：

　　第一，卜弥格所写。波兰著名目录家 Estricher 在波兰都城出版的插图本《宇宙大百科全书》之中，断定此书与字典均处卜弥格手。① 支持这个观点的还有波兰的波列斯瓦夫·什钦希尼亚克（Boleslaw Szczesniak）和当代波兰汉学家爱德华·卡伊丹斯基（Edward Kajdański）。②

　　第二，利玛窦、郭居静（Lazare Cattaneo，1560—1640）所写。这是伯希和的观点，根据是在《中国图说》第二部分的第十章"我们的神甫使中国人改变宗教信用的方式"中，基歇尔列举了在中国的耶稣会神甫们所写的中文书的书目，其中书目中编号第12的内容是"《中文字典》供耶稣会会员使用。此书我有一本，如果有钱，我乐意为更多的人出版它"③。伯希和认为："如此看来，《中国图说》法文译本中所载无汉字的字典，说是利玛窦的这部字典，亦有其可能。"④

　　第三，利玛窦、郭居静所写，由白乃心带回欧洲。这是当代汉学家马西尼（Federico Masini）的观点，他认为："当白乃心从中国返回欧洲后，首先把利玛窦的字典给了基歇尔，然后又给了法文版的翻译者。"⑤

　　这是中西语言交流史上一个非常重要的事，如果找回这个文献，我们对传教

---

① 冯承钧译《西域南海史地考证译丛》第三卷，第160页。其中《教理问答》在法文版的164—171页，一面为拉丁字写汉语，一面为法文译文。《汉文字典》载入《中国图说》法文版的324—367页，亦用拉丁字写汉语，旁列法文相对之字。

② 波列斯瓦夫·什钦希尼亚克说："这是卜弥格的一部真正词典。"爱德华·卡伊丹斯基认为："在这个版本中，基歇尔发表的中法词典，就是以普通形式出现的。但也可能由于技术问题，这部词典中去掉了汉字。"见爱德华·卡伊丹斯基著《中国的使臣卜弥格》，张振辉译，大象出版社，2001年，第234—235页。

③ 基歇尔《中国图说》（英文版），第112页。基歇尔在这里所说的《中文字典》在柏应理所编的关于入华的耶稣会士在中国所写的中文书书目中也有记载，标题为"Vocabularium Ordine alphabetico Europaeo more concinnatum, et per accentus suos digestum"，参阅柏应理的 Catalogus Paturm Societatis Jesu, pp. 102—103.

④ 《西域南海史地考证译丛》第三卷，第233页。

⑤ Federico Masini, "Notes on the first Chinese Dictionary Published in Europe（1670）", Monumenta Serica 51（2003），pp. 283-308.

士们在中国语言学上的研究会有更深入的了解，也会对研究中国语言学史产生重要的影响。至今，我们仍不能确定在《中国图说》的法文版中所发表的《汉法字典》的作者和利玛窦所编的字典的最后下落。但无论如何，我们还是要感谢《中国图说》法文版翻译者——Françoise S. Dalquié①，正是他发表了这样重要的字典，同时，也应充分肯定基歇尔在《中国图说》的拉丁文版中发表了卜弥格对大秦景教碑的中文所做的注音词典。②

雷慕莎在《卜弥格》一文中说："卜弥格还写过一篇文章介绍1625年于西安府发现的大秦景教流行中国碑。这本书的最早版本包含一张图板，上面印有此碑的上半部分、一个十字架以及'大秦景教流行中国碑'九个汉字。不过特维诺选集中并未收入这张图板。""基歇尔（Athanasius Kircher）的《中国图说》（*China illustrata*）和里奇奥尼（Giovanni Riccioli）的《地理改革》（*Geographia reformata*）皆收录了卜弥格神父的其他短文。《中国图说》收入的最重要的莫过于著名的'大秦景教流行中国碑'最早的翻译，同时附有大秦景教碑的图片，字迹已经模糊不清。"③雷慕莎认为，基歇尔所公布的卜弥格的这个碑文全文"迄今为兹，是为欧洲刊行的最长汉文文字，非深通汉文者不足以辩之"④。这说明卜弥格在《中国图说》中公布的这些汉字受到了雷慕莎的重视，成为他学习汉语的重要材料。

三、卜弥格与雷慕莎：中国植物的西传

卜弥格这个人很倒霉，他的大部分著作都在欧洲没有出版，他留下的大部分是手稿，大都又被人剽窃了。在17—18世纪的欧洲，关于中国的知识又神奇又稀少，因此传教士的关于中国的著作就反复被传抄出版。卜弥格自己只留下一本著

---

① 对于这个法文的翻译者我们所知甚少，参阅 Federico Masini, "Notes on the first Chinese Dictionary Published in Europe (1670)", *Monumenta Serica* 51 (2003), pp. 283-308.
② 在即将出版的《卜弥格文集》中，我们将1670年所出版的法文版的《中国图说》后面所附录的法语和罗马拼音汉字的词典作为附录发表。
③ [法]雷慕莎《新亚洲杂纂》第二卷，巴黎：舒伯特和海德洛夫出版，1829年，第226—228页。
④ 《西域南海史地考证译丛》第三卷，第159页。

作是署名的，就是《中国植物志》，在维也纳出版。

因为卜弥格在海南岛生活了一段时间，海南岛是中国植物品种最多的一个省份，他自己也对这个很感兴趣，他出了一本书，对植物及其用途、入药的加工方法都做了很详细的介绍，在此之前没有人这样介绍过中国的植物。

他这个著作虽然比较单薄，但对于欧洲来说是第一本。这本书是 1656 年 12 月出版的。卜弥格在这本书中一共介绍了中国（或亚洲）的 21 种植物和 9 种动物。卜弥格在这本书中充分发挥了他的绘画才能，为每一种植物和动物都绘了图，使这本书图文并茂，十分生动。

这本书受到了雷慕莎的关注，他说卜弥格"曾出版过一本 75 页的小册子，名曰《中国植物志》，书中介绍了二十多种有趣的中国植物以及一些珍奇的中国动物"[①]。

例如，卜弥格在介绍到中国的植物"大黄"时，他首先是一副大黄的图，然后用文字介绍说："大黄虽然生长在整个中国，但最常见于四川、陕西省和靠近长城的肃州，……那些生长着大黄的土地颜色是红的，因为得到了许多泉水和河流的灌溉，显得很肥沃。这种植物的叶子很大，它比两个手掌还长。它的背面发皱，表面光滑，边上有一层绒毛。它成熟后，就会萎谢，变得枯黄，最后便掉在地上。大黄的茎杆长到一个手掌那么高后，它的中部便长出一根柔嫩的枝桠，枝桠上开满了花（像大的紫罗兰花），从这种花中能够挤出一种像蓝色的牛奶样的液汁。大黄有一种刺鼻的气味，不好闻，它的根部或尾部都埋在地里，有一两个，有时候三个手掌那么长，呈灰色，不太好看。它所有的根丝都很细，向四面伸展。如果把这种根切成一块块的，里面就露出了黄色的瓤，瓤中带有红色的纹路，还会流出一种黄色的，或者略带红色富于黏性的液汁。如果将这些块状的瓤加以干燥的处理，经验告诉我们，其中的液汁马上就会挥发掉。在这种情况下，根虽然是很纯粹的根，但完全失去了它的药性。因此，行家们总是把这种成块状的新鲜的大黄放在一些长板凳上，将它们从各个面不断地翻来翻去，这样，那些液汁便可留

---

① 《新亚洲杂纂》第二卷，第 226—228 页。

在瓢中。四天之后，再把这些块状的东西和其中已经凝固了的液汁用绳子系起来，挂在阴暗通风的地方，避免阳光的烤晒。冬天是把这种根刨出来的最好的时候。在这之前，根上还会长出绿色的叶子，这大概在5月初，也就是根中的液汁开始凝聚和药性最大的时候。如果我们在夏天，也就是在根上刚刚长出绿色的叶子还没有成熟的时候，把它刨了出来，那么它里面的液汁便是黄的，它的表面会有红色的纹路，呈海绵状，很光滑。只有在冬天采集的大黄才是最好的大黄，满满一车新鲜的大黄值一个半埃斯库托，干燥后它会失去很多重量。七磅新鲜的大黄干了之后，就只有一磅多一点了。新鲜和呈绿色的大黄很苦，味道很不好。中国人称它大黄，就是很黄的意思。"①

这里不仅仅是介绍了大黄的植物特点，也介绍了对大黄的加工过程，当时，中国的大黄是欧洲急需进口的药物。卜弥格的记载大大促进了欧洲对大黄的认识。

雷慕莎对这本书的配图和文字很感兴趣，他说："首先值得一提的便是中国凤凰。书中所配的二十三张图并不算完美，但作者标注的中文名称颇有价值且足够精准，尽管这些名称在刻印的时候遭到了印刷工的篡改。"②

"这是一种栖息在中国的非常漂亮的鸟。它如果被一个普通人见到了，就有可能发生不利于皇家的事情。这种鸟雄性的叫凤，雌性的叫凰。……它的头很像孔雀的头。中国人认为，它能预知未来，它的翅膀象征品德或正义，胯部（脚）象征顺从，整个身躯象征忠诚。这种鸟性情温和，可是它的身子的前半部像犀牛，后半部像鹿，它的头像龙的头，翅膀像乌龟壳，尾部像公鸡的尾。雄性的有五种非常漂亮的、闪闪发亮的颜色。这种鸟被认为是一种象征，在一些最大的官的官服上，用金线缝制了它的图像，但是这些图像不大于两个手掌。"对雷慕莎来说，由于《中国植物志》是图文并茂，这对于他学习汉字很有帮助。

如果西方汉学史的角度来考察，卜弥格的这本书的价值是不言而喻的。首先，这是来华传教士中第一本关于中国的植物志。在此以前的传教士汉学著作中，

---

① ［波兰］卜弥格著，［波兰］爱德华·卡丹斯基（波兰文翻译）《卜弥格文集》，张振辉、张西平译，华东师范大学出版社，2013年，第337页。
② 《新亚洲杂纂》第二卷，第226—228页。

例如在曾德昭（Alvare de Semedo，1582—1658）的《大中国史》，利玛窦的《中国札记》中也多少有对中国植物的介绍，但都过于简单。19世纪，俄罗斯的植物学家、汉学家埃米尔·瓦西里耶维奇·布列特施耐德（Emil Vasilyevich Bretschneider）写了《欧人在华植物发现史》（History of European Botanical Discoveries in China，London，Sampson Low and Marston，1898，2 vols.）。在他的书中，给予了卜弥格高度的评价，认为卜弥格开启了来华传教士中国植物研究之先河，对后来入华的法国耶稣会士产生了重要的影响，这样才会有后来的李明（L. Le Comte，1655—1728）、杜德美（P. Jartoux，1668—1720）、冯秉正（J. De Mailla，1669—1748）、巴多明（D. Parennin，1665—1741）、宋君荣（A. Gaubil，1689—1759）、汤执中（P. D'Incarville，1706—1757）、韩国英（M. Cibot，1727—1780）等人对中国植物的关注和收集，并开始将中国的植物标本、花卉种苗送往欧洲。

可以说，卜弥格的《中国植物志》开启了传教士汉学研究的新方向，并为以后的法国来华耶稣会士对中国自然状况的调查和研究奠定了基础。

其次，从欧洲对中国植物的认识史来说，卜弥格的著作也是奠基性著作，虽然这本书比较单薄，但他毕竟是欧洲第一本关于中国植物的研究和记载，正如爱德华先生所说："在欧洲，不论在17世纪还是在18世纪，都没有一个植物学家能够像卜弥格那样，根据自己在中国的实地考察和经验，撰写和发表过什么东西。"卜弥格的这本书在欧洲产生了较大的影响，17—18世纪关于植物学的著作中很多引用了卜弥格的成果，以后真正根据中国材料所写出的《中国植物志》的俄罗斯驻华使馆的大夫埃米尔·瓦西里耶维奇·布列特施耐德在书中也引用了卜弥格的材料。

可以这样说，在中国植物知识的西传上，卜弥格是开拓者，无论是从来华传教士汉学的角度，还是从欧洲对中国植物认识史的角度，卜弥格都是成绩卓著的。我们只要提一下瑞典植物学家林奈（Linnaeus Carolus，1707—1778）于1753年发表的《植物种志》一书，书中共收集了5938种植物，其中提到中国植物的名称只有37种，而卜弥格凭一人之力在近百年之前就已经记载了22种中国（或亚洲的植物,这说明他的研究是多么的超前。同时,这本书也成为雷慕莎了解中国的重要书籍,对于他积累关于中国的知识起到了作用。

四、卜弥格与雷慕莎:中医西传

卜弥格出生在一个医生世家之中,他的父亲原是利沃夫的一位著名的医生,还曾担任过波兰国王的宫中御医的职务。他的父亲曾在意大利的帕多瓦(Padova)一所著名的大学里完成了自己医学专业的学习。这所大学当时号称"学者的制造厂",新时期的解剖学的创立者维萨里(Andreas Vesalius,1514—1564),欧洲流行病学的先驱古罗拉马·弗兰卡斯特罗(Girolamo Francastro,1478—1553),还有具有世界声誉的自然科学家和天文学家哥白尼(Nikolaj Kopernik,1473—1543)都在这里学习过。卜弥格的父亲有篇很著名的遗嘱,他在这篇遗嘱中曾表示要他的儿子和孙子们都去意大利学医。

卜弥格本人虽然选择了神学专业,但他对欧洲的医学一直很感兴趣,读过不少当时西方医学的重要著作,这点在他自己所写《医学的钥匙》和《中医处方大全》两本书的前言可以看出。因此,卜弥格来中国后对中国医学感兴趣绝不是偶然的。

卜弥格是欧洲第一位对中国医学做深入研究的人,但他这个名誉是到很晚的时候才被欧洲学术界所承认。如前所述,在17—18世纪的欧洲,关于中国的书,尤其是来华耶稣会士的汉学著作常被反复传抄、改写,甚至盗名出版。卜弥格也避免不了这个命运。由于卜弥格出身医学世家,他来到中国后对中国的医学一直很感兴趣,他自己提到自己的中国医学著作,是在他返回罗马后所写的反映中国传教情况的报告中,这个报告的题目是:《耶稣会卜弥格神父一个关于皇室人员和基督教状况的著名的改变的简短的报告》(Brieve relazione della memorabile conversionne di persone regali di quella corte alle religione christiani),1654年又在巴黎出版过它的法文译本,名叫:"Briesve Relation de la Notable Conversion des Personnes Royales et l estat de la Religion Chrestienne en Chine. Faicte par le tres R. P. Michel Boym de la Compagnie de Jesus",在这个报告中,他说他将要出版一本关于研究中国医学的著作《中国的医学》,也就是一种通过脉诊来预见病情的发展和后果的特殊技艺。这种技艺的产生具有悠久的历史,在基督前许多世纪以前就有了。它产生于中国,是值得赞扬的,和欧洲的不一样。

返回欧洲后,他在维也纳出版了《中国植物志》(1656),"这本书中,卜弥格介绍了一系列用于中医的动植物,如生姜、中国根、桂皮、胡椒、槟榔、蒟酱、大黄、麝香、蛇胆和蛇毒。在某些情况下,卜弥格还说明了这些药物的味道和药性(是温性还是寒性)和在欧洲人看来它们能治什么病"①。波兰汉学家爱德华(Eward Kajdański, 1925—)教授认为,卜弥格在《中国植物志》中所绘的植物并不都是他在中国看到的植物,也包括他在印度看到的植物。这本书也许是卜弥格本人生前唯一看到的自己正式出版的与中国医学有关的著作。

卜弥格在他的《中国王室皈依略记》的结尾处曾提到他写有《中国医术》(*Medicus Sinicus*)这本书,基歇尔在《中国图说》中说卜弥格有一部医学书,伯希和认为这部书就是《医论》(*Clavis medica*)。②

在他从罗马返回中国时,他的关于中医的著作基本已经完成了。但历史跟他开一个很大的玩笑,此时的中国已是清朝的天下,他所效忠的永历南明王朝早已被清朝所灭。为了保护中国的整体利益,澳门的葡萄牙人禁止他从澳门返回中国。这样他只好将自己对中医研究著作的手稿交给了同会的柏应理(Philippe Couplet, 1624—1692),自此,卜弥格关于中国医学的著作便开始了艰难的旅行。

柏应理并没有将卜弥格的手稿寄回欧洲出版,而是转交给了"一个荷兰的商人约翰·范里克。这个商人又把它寄到了印度尼西亚的巴塔维亚,在那里被荷兰东印度的总督约翰·梅耶特瑟伊克(Maetsuyker)征用,他认为这部著作对他的医生和药剂师们来说,是用得着的"③。这个药剂师就是在巴塔维亚的荷兰人安德列亚斯·克莱耶尔(Andreas Cleyer),他是在巴塔维亚的首席大夫。1682年,他将他的《中医指南》(*Specimen Medicinae Sinicae*)手稿交给了德国早期的汉学家门采尔(Christian Menzel, 1622—1701),在门采尔的帮助下,这本书在法兰克福出版,

---

① 《卜弥格文集》,第27页。
② 伯希和《卜弥格补正》,载冯承钧译《西域南海史地考证译丛》第三卷,第234页。
③ 《卜弥格文集》,第27页。

作者成了安德列亚斯·克莱耶尔，卜弥格的名字不见了。实际上，在 Malines 城滞留期间，柏应理曾托在暹罗的荷兰商馆的经理 Jan van Ryck，将他的一封信和信札转寄巴塔维亚的总督约翰·梅耶特瑟伊克其中就有《关于中国人按脉诊病的方法》的小册子，伯希和认为这是柏应理在暹罗空闲时从卜弥格的书中抄写的，这格小册子没有署卜弥格的名字。

安德列亚斯·克莱耶尔所出版的《中医指南》第一编有分册，附有木板图 29 副，铜版图一副；第二、第三编是一个欧洲考据家的论述；第四编是"择录这位考据家发自广州的几封信"①。

第一个剽窃卜弥格的医学著作的就是安德列亚斯·克莱耶尔在此以前 1671 年在法国，出版过一部译成了法文的名叫"Les Secrets de la Medicine des Chinois. Consistant en la parfaite connaissance du Pouls. Envoyez de la Chine par un Francois, Homme de grand merite"（《中医的秘密，其中包含着一种完美的脉诊诊断学，是由一个立了大功的法国人从中国带来的，格勒诺布尔》）的著作。伯希和说，这个在广州的法国人就是安德列亚斯·克莱耶尔所出版的《中医指南》第二和第三编的那个欧洲考据家，但这个在广州的传教士是何人，伯希和无法证明。而波兰汉学家爱德华·卡伊丹斯基认为："《中医的秘密》毫无疑问是卜弥格的医学著作的一部分。"

在克莱耶尔出版《中医指南》4 年后，门采尔在德国也出版过关于中医的书。1686 年，他在纽伦堡科学年鉴上发表了《医学钥匙》，并明确指出这本书的真正作者是卜弥格，这本书的全名是：《耶稣会在中国的传教士卜弥格了解中国脉搏理论的一把医学的钥匙》。

雷慕莎对于卜弥格在欧洲出版的关于中医的著作，十分关注，对卜弥格中医著作的转抄和剽窃也很清楚，他说："卜弥格神父所译的医书和四卷本比起来，就显得不值一提了。这四卷书都是关于脉搏的。《通过舌头的颜色和外部状况诊断疾病》（Signes des maladies par le couleur de la langue）以及《单味药》（Exposition des

---

① 伯希和《卜弥格补正》，载冯承钧译《西域南海史地考证译丛》第三卷，第 238 页。

médicamens simples）均为卜弥格神父参考中国医书后所作，总共包括 289 篇文章。剽窃者还在书中加入了一些译自中文的文章，可能是选自卜弥格神父 1669 和 1670 年从广州寄出的作品。在这部书中，还可找到 143 张木刻的画以及 30 张铜版画。然而，这本书却给人一种印象，就是中国人不甚了解解剖学。然而在卜弥格神父的原著中，其实有许多展现中国人解剖学知识的文章。"

此外，克莱耶尔在 1680 年还出版过其他的作品：《中医处方大全》，以及四开本的《医学的钥匙》（*clavismedica ad chinarumdoctrinam de pulsibus*），1680 年于法兰克福出版，"似乎第二部只是第一部的摘要"①。

雷慕莎读到了卜弥格的这些文章，促使他开始写关于中医的博士论文。他的论文题目是《舌症状研究：即关于从舌头看出的病症，尤其是中国人的相关理论》（Dissertatio de Glossosemeiotice, Sive de signis morborum que è linguá sumuntur, presertim apud Sinenses）。

他在论文首先对中国医学给了高度的评价，他说："在中国或许没有一个学科像医学这样先进，世界上没有一个医生可以与中国医生相比。他们从帝国诞生起就开始研究医学，那些至今为止还受到人们极大尊敬的古代皇帝被认为是医学的发明者和推动者。"② 当时在法国很难读到关于中国医学的书，雷慕莎明确地说："比较好懂的是卜弥格从汉语书翻译成拉丁文的，后来被克莱耶尔剽窃、编纂并以自己的名字出版的一部著作。"③ 他的博士论文实际上相当一部分是对卜弥格关于舌苔治疗的一种翻译和介绍，并将卜弥格所介绍的中医治疗舌苔病症的方法和西方的治疗方法加之对比研究。

卜弥格在《舌诊》中说："照中国医生们的看法，人体五个器官和五行有五种颜色。舌头反映心的状况，心主管整个人体，心的颜色是红的，肺的颜色是白

---

① 《新亚洲杂纂》第二卷，第 226—228 页。
② Abel-Rénisat, *Dissertatio de Glossosemeiotice, Sive de signis morborum que è linguá sumuntur, presertim apud Sinenses*, Vii, Parisiis Ex Typis Didot Junioris, Typographi Facultatis Medice parisine, 1813. 这篇拉丁文是我的学生李慧翻译成中文，由此，我可以展开这个研究。在此表示感谢她的辛劳与帮助。
③ 这本书就是克莱耶尔剽窃卜弥格的书《通过舌头的颜色和外部状况诊断疾病》（*De indiciis morborum ex linguae Caloribus et Affectionibus*）。

的,肝的颜色是青的,胃的颜色是黄的,肾的颜色是黑的。"① 然后,卜弥格对舌苔的五种颜色所代表的疾病做了介绍,雷慕莎基本上把卜弥格所介绍的五种颜色的病情写在了自己的论文中。

第一种:卜弥格介绍了中医舌苔是白色的病状:

"白色的舌头,上面没有薄膜,最后它又变黄了,反映了胃和脾中有病,肠子消化食物要很长的时间,然后才能恢复以前的活力。"②(图1)

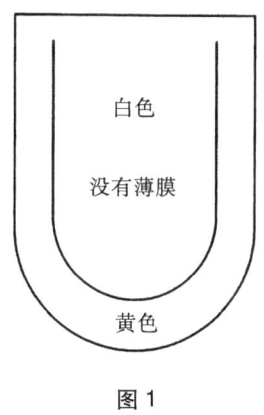

图 1

雷慕莎在博士论文中说:"'如果舌头是白色的,并且带有粘物,在尖部变黄,'中医认为,'这是胃衰弱的症状,经常出现肠子消化很频繁且时间很长,恢复肠子以前的能力需要吃合适的食物'。"③

第二种:卜弥格介绍了中医舌苔是黑色的病状:

"舌头的中心部分如果变黑了,说明有很多水,阴阳不分,它们都混在一起了,病在深处力很危险. 如果是浮脉,这种病还可以治好。如果是沉脉和洪脉,

---

① 《卜弥格文集》,第 365 页。
② 《卜弥格文集》,第 366 页。
③ Abel-Rénisat, *Dissertatio de Glossosemeiotice*, *Sive de signis morborum que è linguá sumuntur*, presertim apud Sinenses, 15, Parisiis Ex Typis Didot Junioris, Typographi Facultatis Medice parisine, 1813.

就要吃泻药,如果是沉脉、浮脉,又是洪脉,不必用药。"①(图2)

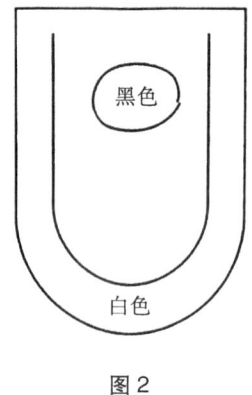

图2

舌苔出现黑色有多种情况:

"舌上有一条条的黑线,说明阴的旧病复发,嘴唇大约有七天是红的,人体的第四部分手和脚发冷,阴使它们感到疲劳,肠子里面是空的,在第二和第三个位置上诊断的脉是软脉和绣脉。"②(图3)

雷慕莎在博士论文中说:"在中国人看来,黑色的舌头是最不幸的标志,或者覆盖了整个舌头的表面,或者是只覆盖了一部分:'如果舌头中间变黑,那么疾病很深而且很危险;如果脉搏浮且轻,应该通过出汗来治愈;如果脉搏深且实,应该清理肠胃;如果脉搏深、细,很微弱,那么没有任何治愈的希望;如果舌头上有黑线,差不多第七天的时候嘴唇变黑,脚和手发冷,脉搏特别细和慢。'"③(图4)

---

① 《卜弥格文集》,第367页。
② 《卜弥格文集》,第368页。
③ Abel-Rénisat, *Dissertatio de Glossosemeiotice, Sive de signis morborum que è linguá sumuntur, presertim apud Sinenses*, 16, Parisiis Ex Typis Didot Junioris, Typographi Facultatis Medice parisine. 1813.

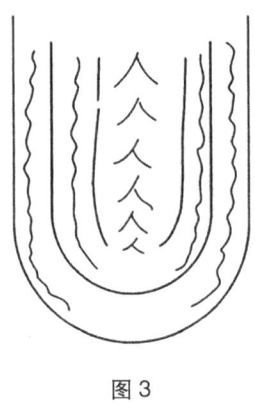

图 3

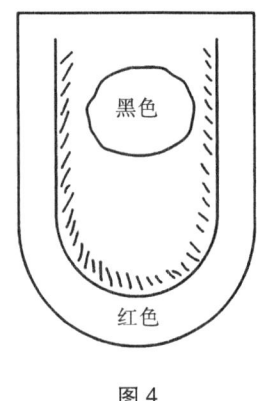

图 4

第三种：卜弥格介绍了中医舌苔是红色的病状：

"舌头全是红的，说明病在太阳经，全身疼痛，脑子里感觉一片混乱，眼前天旋地转，嘴里发热，舌头干燥。尿是红的，发出难闻的气味，去了寒后，就来了温。如果是洪脉，病自体内，如果像浮脉，病自体外。"（图 5）

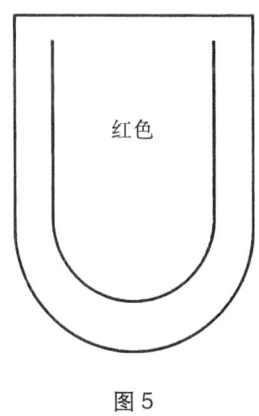

图 5

"舌头是红的，带有汽泡和斑块，说明病人患的是热病，发高烧，阴和阳都混

在一起，病人身上发冷，头疼，他的脉是沉脉和伏脉。"①（图6）

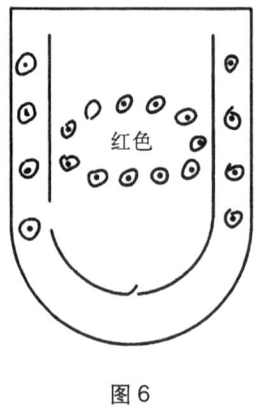

图6

雷慕莎在博士论文中说："舌头红，根据中医理论，'是由正在生发的热引起的病，病人浑身疼痛，头晕，目眩，口苦，舌干，身体内有大热，小便赤，困难。有时胸闷、涨、夜间烦躁，脉搏急促，嘴和舌头发红，发肿，嗓子疼痛。如果舌头变得更加红，伴有高烧，患者怕冷，头痛，脉象沉。如果舌头中间有红点'。"②

第四种：卜弥格介绍了中医舌苔是黄色的病状：

"舌头部分发青，它的两边部分呈黄色，说明阳和阴不平衡，病人第一天感到头疼，全身发热、感到沉重，口渴，骨头好像被斫断了似的。第二天，火进了鼻孔，第三天话也说不清楚了。"（图7）③

"舌上有一层黄色的薄膜，中间有黑色的线条，像图画一样，说明病人中了毒，他的胸部发烧，毒侵入到了肠里，因此他日夜都感到难受，腹中排出的粪便部分呈白色，部分呈红色。"④（图8）

---

① 《卜弥格文集》，第368页。
② Abel-Rénisat, *Dissertatio de Glossosemeiotice*, *Sive de signis morborum que è linguá sumuntur*, presertim *apud Sinenses*, *14*, Parisiis Ex Typis Didot Junioris, Typographi Facultatis Medice parisine 1813.
③ 《卜弥格文集》，第370页。
④ 《卜弥格文集》，第371页。

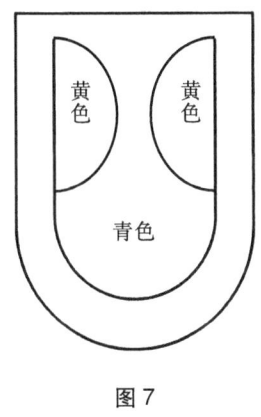
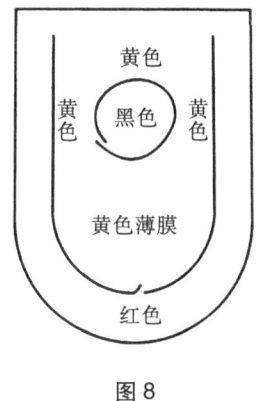

图7　　　　　　　　　图8

"舌头呈浅黄色，说明胃里塞满了东西，胃变硬了，通往胃里的管道被堵塞。大肠干燥，尿带红色，有黏性，是外感的病，但不知道是什么病。①"（图9）

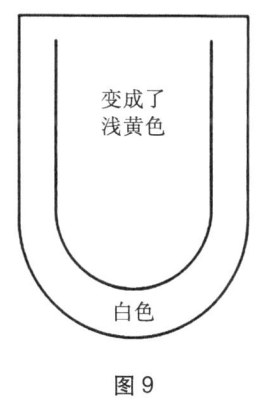

图9

雷慕莎在博士论文中写道："舌头变黄的现象也被中国人罗列出来了：'如果整个舌头变黄，或者程浅黄舌，胃坚硬，腹部不畅通，肠干燥，小便赤色或不畅。

---

① 《卜弥格文集》，第372页。

有时患者说话特别多,不出汗。如果舌头是黄色的而舌尖是红色斑点,像珍珠一样,说明肠里有热;这时病人发高烧;病人说话声音不和谐;全身疼痛;头好像被挤压了一样;心里被厌恶的事情填满。如果舌头中间呈黄色而周边是白色,病人经常呕吐,咳嗽;头沉重,肾疼痛等等。'"①

通过这种介绍,雷慕莎说:"中国医生的天才和研究,通过从舌头的不同颜色来诊病就已经可见一斑。"他在论文中并不是简单的介绍和翻译中医的舌诊方法和理论,他同时将中医的这套方法和欧洲的医学之父希波克拉底(Hippokrates,约前460—前377)做比较,最后他得出的结论是:"我清晰地对中国人从舌头的状态诊病及其与欧洲医学理论的契合进行了介绍。其内容丰富、翔实,显示出他们出色的智慧。"②

这样,我们可以清楚的看到卜弥格所翻译和介绍的中医理论,特别是所介绍的中医关于舌苔病症的诊断和治疗的方法,为雷慕莎展开中医与西医的对比提供了基本的材料,成为他的博士论文的一个重要组成部分。

五、结语

欧洲汉学到18世纪末和19世纪初是发生了较大的变化,传教士汉学转变为"专业汉学"。法国汉学经过尼古拉·弗雷烈(Nicolas Freret)、傅尔蒙(Atienne Foummont,1683—1745)等的传承,到19世纪初,专业汉学诞生。在法国东方学中开始有了一个新的学科:汉学。如戴密微(Paul Demiéville,1894—1979)所说:"1814年11月11日,法兰西学院汉语教授席位的创立使汉学研究的面貌大为改观。这不仅是对法国汉学,而且对整个欧洲汉学都是一个关键性的日子。对中国的研究列为大学学科,这在西方世界还是第一次(在俄国直到1851年,在大不列颠直到1876年才进入大学学科,在欧洲其他国家那就更晚了,美国是最

---

① Abel-Rénisat, *Dissertatio de Glossosemeiotice*, *Sive de signis morborum que è linguá sumuntur*, presertim apud Sinenses, 16, Parisiis Ex Typis Didot Junioris, Typographi Facultatis Medice parisine 1813.

② Abel-Rénisat, *Dissertatio de Glossosemeiotice*, *Sive de signis morborum que è linguá sumuntur*, presertim apud Sinenses , 19, Parisiis Ex Typis Didot Junioris, Typographi Facultatis Medice parisine 1813.

后)。"① 担任第一个汉学教授的是当时年仅 27 岁的阿贝尔·雷慕莎（Abel-Rémisat，1788—1832），雷慕莎的代表性著作是《汉语启蒙》（Élémens de la Grammaire Chinoise）。戴密微说他最初是攻读医学，1813 年进行中国医学论文答辩。他由于 1811 年对"鞑靼"语言的研究，以及 1813 年对中国语言文学的研究引起了人们的注意。

---

① 戴密微《法国汉学的历史》，载《中国文化研究》1994 年春之卷（总第 3 期）。

从高第书目到 Bibliotheca Sinica 2.0

——兼论数字化与汉学史研究

洛阳师范学院 王国强

近十余年来,文献数字化的步伐越来越快,相关研究如数字人文(Digital Humanities)等更是如火如荼。笔者的观察十分有限,仅以数字化与汉学史之关系为主,两者均有较长的学术史,讨论也已相当丰富。①

不过,值得注意的是,即使是在史学界内部,数字资源对不同领域的研究者而言,意义也相当不同。故而讨论数字化与史学之间的关系,在注重总体通观的同时,还应兼顾不同领域从业者的特殊视角和体验。本文拟从汉学史(更具体而言是西方汉学史)研究中最基本的参考书目由《西人论中国书目》向 Bibliotheca Sinica 2.0 的演变谈起,略论数字化与汉学史之关系,或可为"大数据与史学研究"这一主题提供一个小小的注脚。

一

法国汉学家高第(Henri Cordier,1849—1925,或译考狄、高亨利、考狄埃等)享有"文献通"的美誉,其所编《西人论中国书目》(*Bibliotheca Sinica*:*Dic-*

---

① 限于篇幅,此处只能略举数例:前者如黄一农的《两头蛇:明末清初的第一代天主教徒》(上海古籍出版社,2006 年)和《两重奏:红学与清史的对话》(中华书局,2015 年)、王汎森的《数位人文学之可能性及限制:一个历史学者的观察》(见项洁编《数位人文研究与技艺》,台湾大学出版中心,2014 年,第 25—35 页)和项洁等《数位人文在历史学研究的应用》(台湾大学出版中心,2011 年);后者如日本汉字文献情报处理研究会的《電脑中国学:インターネットで広がる漢字の世界》和 Jidong Yang(杨继东)的 *Approaching pre-modern China through the computer*:*the benefits and risks of using electronic resources in sinological research*(http://repository.upenn.edu/library_ papers/29/,2015-11-20)。

tionnaire Bibliographique des Ouvrages Relatifs a l'Empire Chinois，1904—1924）一书，是研究西方汉学史最基本的参考书之一。

高第 1869 年来华，曾担任皇家亚洲文会北华支会图书馆的馆长一职，因职务关系而编写了《皇家亚洲文会北华支会图书馆书目》（A Catalogue of the Library of the North China Branch of the Royal Asiatic Society，1872），展现出对书目编写的强烈兴趣。其后便开始了其代表作《西人论中国书目》的编写，高第利用了汉学界已有的重要书目，并借各种机会到中外各大藏书机构检阅书籍、补充材料，① 前后花了数十年的时间编写、补充该书。

《西人论中国书目》第一卷出版于 1878 年，修订版最后一卷在 1924 年面世，出版历程可谓旷日持久。高第此书堪称巨著，修订版有 4428 栏（每页分左右两栏，参"图 1"），巨细无遗地收录了其所见的各种汉学资料，"为外国文论述中国者最完备之书录"②，"久为世人所喜用，分类得体，子目详细，为治东方学必备之书"③。高第此书出版后即受到汉学界的广泛赞誉，获得法兰西金石与铭文学院颁发的 1880 年度"儒莲奖"④，后来更成为汉学书目之"圭臬"。因部头大、无索引，参考不便，哥伦比亚大学东亚图书馆曾专为其增编了人名索引⑤。1958 年，袁同礼编写的《西文文献中的中国》⑥，也以高第此书的"续作"定位。

在网络时代，追续并超迈高第书目的新型"工具书"终于出现了，这就是 Bibliotheca Sinica 2.0⑦。Bibliotheca Sinica 2.0 不仅是电子书目，还是融合类网站，

---

① Henri Cordier, "Préface de la Première Édition", Henri Cordier: *Bibliotheca Sinica: Dictionnaire Bibliographique Des Ouvrages Relatifs A l'Empire Chinois*, Paris: Librairieorientaliste（Paul Geuthner），1904-1924, pp. 8-15.

② ［美］赖德烈著《大战开始后七年间西洋之中国史研究》，王庸译，见李孝迁编校《近代中国域外汉学评论萃编》，上海古籍出版社，2014 年，第 58 页。

③ 莫东寅《汉学发达史》，上海书店出版社，1989 年，第 100 页。

④ *Comptes-rendus des séances de l'Académie des inscriptions et belles-lettres*, 24e année,, No.4. (1880), p. 384.

⑤ The East Asiatic Library, *Author Index to the Bibliotheca Sinica of Henri Cordier*, Columbia University Library, 1954.

⑥ Yuan T'ung-Li, *China in Western Literature: A Continuation of Cordier's Bibliotheca Sinica*, Yale University Far Eastern Publications, 1958.

⑦ Bibliotheca Sinica 2.0 的链接为：http://www.univie.ac.at/Geschichte/China-Bibliographie/blog/，2015-11-10。

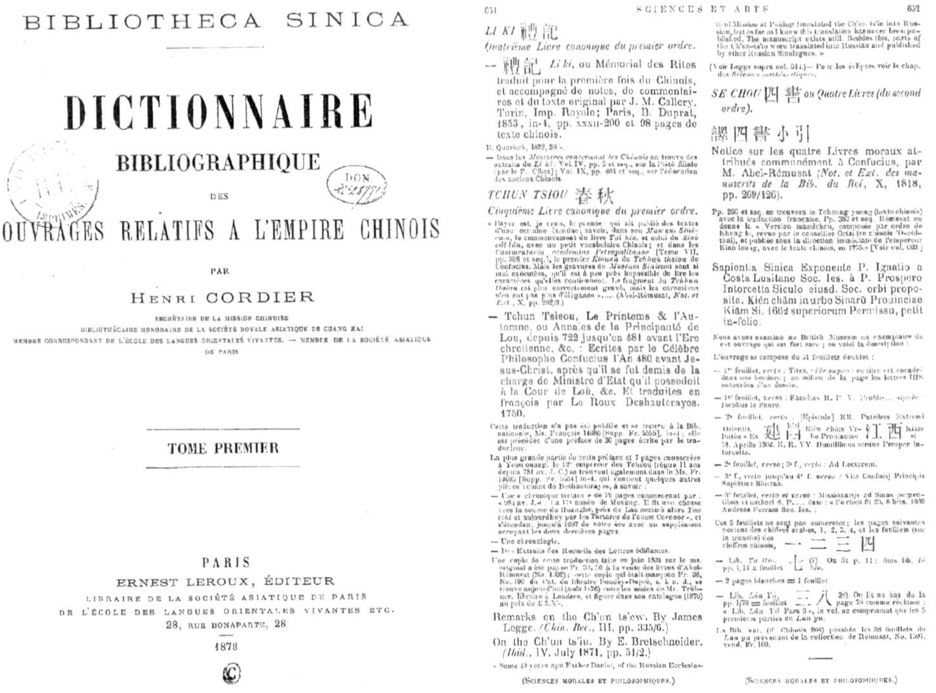

图 1　高第《西人论中国书目》

甚至可以视为全文数据库和数字图书馆。

Bibliotheca Sinica 2.0 起源，也是一个汉学书目，即《维也纳图书馆藏汉学书目》(*Western Books on China in Libraries in Vienna/Austria*, 1477—1939)。位于维也纳的奥地利国家图书馆（Austrian National Library）、维也纳大学图书馆及其所属各院系的图书馆（Vienna University Library, including the main library and the holdings of the various department libraries as well）、奥地利国家档案馆图书馆（Library of the Austrian State Archives）等机构，长期致力于搜集关于中国的各种资料（如中国经典的早期译本、游记、地图等），汉学收藏相当丰富。其中不乏珍本，德文首印版

《马可·波罗行纪》即为其一。①

从2003年起,《维也纳图书馆藏汉学书目》的编写者开始致力于将上述机构1477—1939年以中国为中心的珍贵文献目录汇而为一,所收包括前述图书馆中收藏的各种西文汉学文献(如书籍、地图、报刊文章等,甚至考虑西人中国观之演变而延及关于印度、内亚和隶属"朝贡体系"等国家和地区的资料),以便中欧关系史、欧洲汉学史、文化交流和"他者"形象等领域的研究者能便捷而充分地利用这些珍籍。

2004年春,《维也纳图书馆藏汉学书目》的第一个版本正式在维也纳大学历史系的网站上推出,主要包括来自奥地利国家图书馆和维也纳大学各图书馆的汉学文献两千余种,其时,奥地利国家档案馆图书馆的资料还未及收入。

在2006—2007年间,鉴于网络资源的蓬勃发展,该项目开始进入一个新阶段。在继续扩充,将文献数量提高到三千余种的同时,还致力于数字资源的大力整合。具体做法是,在每笔所收文献资料的具体标注栏中新增"数字版本"(Digitized)项,并列举出数字资源的超链接和其他基本信息。使用者只需点击下鼠标,即可获取电子版。如此,便形成了本文所讨论的汉学"新书目"——Bibliotheca Sinica 2.0。

值得注意的是,Bibliotheca Sinica 2.0对数字汉学资源的整合力度相当大,包括了互联网档案馆(Internet Archive)、法国国家图书馆(Bibliothèque nationale de France)的Gallica、谷歌图书(Google Books)、哈佛大学图书馆(Harvard University Library)、美国国会图书馆(Library of Congress)、澳大利亚国家图书馆(National Library of Australia)、纽约公共图书馆(New York Public Library Digital Gallery)、东洋文库(Toyo Bunko Rare Books)、世界数字图书馆(World Digital Library)、柏林国家图书馆(Staatsbibliothek zu Berlin)等近50家世界著名学术资源库的汉学文献②,为研究者提供了极大的便利。

---

① http://www.univie.ac.at/Geschichte/China-Bibliographie/blog/about/,2015-11-20. 本文中关于Bibliotheca Sinica 2.0的基本介绍均据此,不另注。

② http://www.univie.ac.at/Geschichte/China-Bibliographie/blog/references/,2015-11-20.

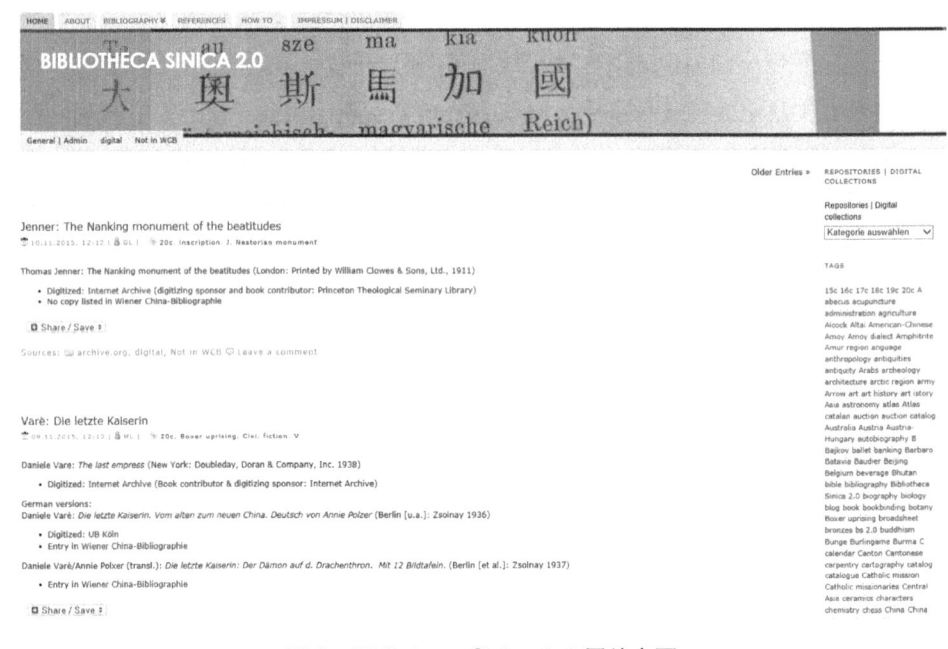

图 2　Bibliotheca Sinica 2.0 网站主页

二

从名称来看,从高第书目到 Bibliotheca Sinica 2.0,可谓一脉相承。但究其实,已全然是不同时代的产物——一为传统而另一为数字时代。下文拟从形态和功能两个角度对它们略做比较,以进一步明其差别。

从形态来看,高第书目是纸质书籍而 Bibliotheca Sinica 2.0 是数字网站。即使从第二版最后一部分的出版年代(1924 年)算起,高第书目的历史也有近百年了。此书系高第花费数十年心血所编,充分体现了其"文献通"的本色,全书所收文献的总数量相当惊人。《西人论中国书目》所收文献,共分五大类:一、中国本身的情况;二、在中国的外国人;三、外国人同中国人的往来关系;四、在外国的中国人;五、臣服于中国的国家。每个大类之下又有若干子类,如"关于中国本身的情况"下有总论、地理、历史、宗教、语文、风俗习惯等24部分。由于此书分类合理、覆盖面广,出版后便成为治汉学史,尤其是治西方汉学史者必备的工具书。

不过,高第此书也有"缺点"。最明显的,是没有索引,这对于一部数千页的大书来书显然是个缺陷,不利于快速翻检。虽然后来有学者致力于此,先后出版了两种索引,但均限于人名,[①] 未臻理想状态。再者,由于部头太大,价格自然较高,在前网络时代见到此书并不容易。[②] 另外,由于受所处时代观念等因素的影响,高第此书的某些内容即使是从纯学术的角度来看,也有体例不纯之嫌,如有些汉学期刊的目录单列,有些则被拆分到各类别中;再如该书将鞑靼、新疆(天山南、北路)、西藏与朝鲜并列,归入"臣服于中国的国家"。

Bibliotheca Sinica 2.0是数字时代的产物,充分利用了网络的便利性,短短数年间就建成了,这得益于同仁的合作,也因为省去了出版发行的传统程式。

从传播和利用的角度来看,Bibliotheca Sinica 2.0具有十分明显的优势。它是免费的,对所有互联网用户开放,几乎没有门槛,可谓无远弗届。更重要的是检索十分便捷,支持作者名、书刊名、出版地、出版机构、出版时间、收藏机构、数字版本来源等多种检索,查找利用十分便捷。Bibliotheca Sinica 2.0 提供有"Tags"的超链接,点击任一即可浏览其关联的所有书目,可以快速了解某主题的相关文献。Bibliotheca Sinica 2.0 还注意到了社交网站的重要性,只需一键即可将所需书目信息分享到Facebook、Twitter、Google+等社交媒介,当然也支持发送到个人邮箱等。

依功能而言,Bibliotheca Sinica 2.0 已不仅仅是书目,还是数字图书馆、是汉学电子文献指南。高第书目在汉学研究方面确有指导性作用,"关于中国到底有哪些书籍?这个问题被一再问起,相关的研究更是连篇累牍、年复一年地不停出现。

[①] East Asiatic Library, *Author index to the Bibliotheca Sinica of Henri Cordier*, New York: Columbia University Library, 1954. Hartmut Walravens, *Name Index to Henri Cordier's Bibliotheca sinica*, 1924; uhe *Standard Bibliography on Traditional China*, Otto Harrassowitz, 2013.

[②] 现在通过法国国家图书馆等网站可以下载到该书的电子版,并且可以检索,颇为便捷。

有了高第这本书，这个问题立即迎刃而解"①。但 Bibliotheca Sinica 2.0 更进一步，可提供数千种书的全文电子版。

如前所述，Bibliotheca Sinica 2.0 整合了全球著名数字图书馆的相关资源，已不再是单纯的研究目录。Bibliotheca Sinica 2.0 的建设者们敏锐地感受到了数字化的浪潮，并快速将其与该项目结合，从而使 Bibliotheca Sinica 2.0 实现了从书目到汉学电子文献指南的转变。使用者完全可以将 Bibliotheca Sinica 2.0 看作一个庞大的汉学数字图书馆，通过其提供的目录和数字资源链接，可以免费下载到异常丰富的汉学研究文献。虽然 Bibliotheca Sinica 2.0 声称不担保数字资源链接的有效性，但因其整合的资源绝大部分为开放获取（Open Access）类，正常情况下随时都可以浏览甚至下载。简而言之，Bibliotheca Sinica 2.0 可以随时为世界各地的使用者提供海量1939年之前出版的专业汉学资源的全文浏览或下载服务，并且是免费的。

长期以来，对于大多数汉学史研究者来说，最直接也是最大的困难之一就是资料获取。从这个意义上来说，从高第书目到 Bibliotheca Sinica 2.0 可算是"惊人的一跃"，它在相当程度上解决了西方汉学史研究者在资料（至少是基本资料）获取上的难题。

对人文学科研究而言，资料是基础性的，获取研究资料尤其是一手资料是从事研究工作的要件之一。对于汉学史，此点更是意义非凡。在前网络时代，内地学者获取汉学史基本资料只能通过徐家汇藏书楼、国家图书馆等屈指可数的几家图书馆，限制很大。现在通过 Bibliotheca Sinica 2.0 等网络资源就可以获得丰富的研究文献。比如通过 Bibliotheca Sinica 2.0 整合的互联网档案馆、谷歌图书和法国国家图书馆，就可以下载到20世纪初之前基本的汉学史研究文献。

举例来说，如前述高第《西人论中国书目》和沙畹（Édouard Chavannes）所译《史记》（*Les Mémoires historiques de Se-ma Ts'ien*）可以在法国图下载到；理雅各（James Legge）的《中国经典》（*The Chinese Classics*）可以在谷歌图书和互联网档案馆下载到；另外《通报》（*T'oung Pao*）、《教务杂志》（*The Chinese Recorder*）、

---

① "Bibliotehca Sinica", *China Review*, Vol. 7, No. 5 (1879), p. 340.

《中国丛报》(*The Chinese Repository*) 和《中国评论》(*The China Review, or Notes and Queries on the Far East*) 等基本都可以通过网络获得；而像近代上海出版的《申报》和《北华捷报》(*The North China Herald*) 和《字林西报》(*The North China Daily News*) 也都有专门的数据库①。可以说，网络资源的发展，使得汉学史这个在十几年前看来极其难以下手的领域，有了较为坚实的资料基础。

傅斯年在《历史语言研究所工作之旨趣》中阐发了"史学就是史料学"的理念，认为史学研究者的任务是"上穷碧落下黄泉，动手动脚找东西"，故而"凡一种学问能扩张他研究的材料便进步，不能的便退步"。② 以此反观 Bibliotheca Sinica 2.0 及其所整合的数字资源，可以明显看到数字化在汉学史资料获取上的突破——无论身在何处的研究者，只要能上网，就能够获得前辈学者无法想象的海量研究资料。

三

数字化对汉学史研究的影响，当然不限于 Bibliotheca Sinica 2.0 所体现的资料获取。下文将拓宽视野，从更广泛的角度来讨论这个问题。

就笔者的观察而言，数字化首先是推动史学研究的"利器"，在资料获取和利用、了解学术史和研究动态、"技术性"问题的解决等方面大有可为。同时还应该看到，数字化也有其局限性，如在涉及一些"艺术性"的问题时。笔者以为，数字化与传统之间更多的是相合和互补，两者结合才是最佳状态。

在关于高第书目到 Bibliotheca Sinica 2.0 演变的相关讨论中，已经谈及数字化在资料获取方面的重要意义。与资料获取密切相关而又不限于此的，是可利用资料的大大扩充。各种可检索的数据库大大拓宽了学者们利用资料的广度，前辈们可以通读二十四史，但能翻完四库全书么？我们这个时代不仅有可检索的四库，还可以检索到浩如烟海的地方志、无所不包的近代期刊，这绝对是未曾有过的新

---

① "北华捷报/字林西报全文数据库"和"晚清期刊全文数据库""民国时期期刊全文数据库"一样，都是"全国报刊索引数据库"的子库。

② 傅斯年《历史语言研究所工作之旨趣》，见《傅斯年选集》，天津人民出版社，1996年，第177、182页。

局面，应当可以产生许多新学问。前文所述的汉学史，只是其中一例罢了。随着各种数据库的不断涌现、档案馆和图书馆数字化工程的持续建设以及开放获取运动的逐步深入，即使那些已有深厚传统的研究领域，也可能更快甚至更好地做出成绩。当然，这也改变了之前凭少量甚至单本稀见资料做研究的局面，资料丰富了，解读资料和利用资料所需的综合能力和分析能力更显重要。

了解学术史是从事研究工作的另一先决条件，而网络资源让这个工作变得更为便捷，比如通过"中国知网""读秀""晚清期刊全文数据库""民国时期期刊全文数据库"和"Jstor""EBSCO"等数据库，可以在较短时间内获得相关研究的成果。具体到汉学史，1890年创刊的老牌汉学杂志《通报》，即可通过Jstor数据库获得，并且已经实现全文检索，这无疑是了解学术史的一大利器。此外，通过网络还可以看到相关领域学者所建的研究专题网站，获取关于学术会议、研究课题等多种动态信息，可为我们的研究提供参考。

在解决研究过程中遇到的"技术性"问题时，数字化及其所提供的各种工具也颇具威力。所谓"技术性"问题，指的是诸如历史人物生平等基本信息、历史人物之间的关系、专名翻译、著作引用等问题。尤其是汉学史上一些不太有名的学者，其生平和交往，在传统时代很难确定，但借助数据库强大的互联性，常能在较短的时间内解决。而汉学专名如人名、地名、书刊名等，则可通过直接获取数字文献的方式破解。①

前述三点的功效，最终还要归结到各自的研究工作中。这里不揣浅陋，介绍一下自己近些年的研究工作，权充个案。笔者今年刚刚完成一个课题，叫作"侨居地汉学"研究，主要讨论近代来华西人所从事的汉学研究。因为侨居地汉学有其特殊性——他们是在中国研究中国，与一般意义上的汉学相较，在空间上有"错位"。这个领域以前的研究较为零散，笔者则将其视为一个文化现象、一个汉学史上的特殊案例来处理，通过对主要来自网络的大量的相关文献的处理，笔者已经取得了一些突破，比如以往的研究往往视其为业余汉学，颇受学院派汉学家的轻视，其实这些侨居地汉学家也有很多优势——长期侨居而获得的语言优势、文献

---

① 拙文《网络资源对学术研究和专名翻译的作用——以汉学史和汉学专名翻译为例》对此有专门讨论，即刊。

的扩充、结合西方最新人文学科而从事的类似田野的工作及其成果等，故而他们中的不少人后来成为母国汉学发展史上的"功臣"，英美尤其明显。再如，当时汉学界对他们的评价也是多元的，如果以"儒莲奖"（Prix Stanislas Julien）为视角来考察，会发现所谓侨居地汉学家在第二次世界大战前的"儒莲奖"中占去了半壁江山，尤其是在华的天主教士，曾多次获此殊荣。还有一点，其实在19世纪末到第二次世界大战前的百年间，西方很多人文学科的研究者，也相当重视侨居地汉学家们所提供的关于中国的各种资料，达尔文、马克斯·韦伯、弗雷泽等均是其例；并不限于高本汉、葛兰言这些学院派的汉学家。

数字资源检索便捷，但检索（search）与研究（research）毕竟不同，故而在有些问题上数字资源也有其局限。仍以汉学史为例，目前的研究多用学术史研究的方法，主要讨论汉学家的知识背景和学术谱系。通过数字资源可以确定汉学家的人际网络和参考文献，但其研究方法、学术思想和观念主要受到哪些学者的影响？程度如何？与其汉学研究之间的关系有哪些？这些就只能通过精读文献、细细揣摩方能领悟。笔者在考察侨居地汉学的影响时，追索出其作品对达尔文、韦伯和弗雷泽等西方人文学者的影响，但其详细情形如何？到底在何种程度上影响了这些学者的中国观？是否也影响了达尔文等人的学术论断甚至整体思想？程度如何？这些都还未能解答，需进一步考察。诸如此类的问题不妨称为之"艺术性"的，与前述"技术性"相对。而对于诸如版本学、艺术史的研究者来说，数字版本不可能完全替代原版、真迹，有些信息只看数字版可能无法捕捉到。

需要特别说明的是，不应过于强调数字化和传统的区别。客观而言，两者更多的是相合、是互补、是相辅相成。比如相当部分研究者会将数字化核心文献打印出来，精读、细读并细心揣摩；从研究的角度来看，这样做实际上已经消除了两者之间的差异。如何才能用好数字资源？最重要的还是熟悉传统、熟悉文献，只有那些通过长期阅读并积累了丰富专业知识的学者，才能充分发挥数据库的潜能。故而数字资源和传统之间颇有相通之处，理想状态应该是数字与传统并重，左右采获，兼用其长。

海外汉学家的"个人身份认同"与学术"洞见"和"偏见"之间的关联

——以周蕾的女性主义观点为考察对象

鲁东大学　张清芳

在海外汉学界,特别是北美中国现当代文学研究领域内,周蕾是一位擅长运用西方女性主义理论的学者,她迄今已经出版了《妇女与中国现代性》《离散社群的书写》《写在家国以外》和《原始的激情》等中英文专著,形成了自己独特的学术特点。王德威曾高度评价她的《妇女与中国现代性——西方与东方之见的阅读政治》一书:"此书对现有批评典范的反驳,对女性主义,心理分析,后殖民批判,以及广义左翼思潮的兼容并蓄,在树立一种不同以往的论述风格,也引起中国研究以外的学者的注意。"[①]

周蕾写于1990年的第一部英文专著《妇女与中国现代性》已被译成中文,1995年先在台湾出版,到2007年则放在"海外中国现代文学研究译丛"系列丛书在中国大陆出版,在学界引起重要反响,国内一些学者亦撰文对她专著中的"洞见"和"偏见"进行评价和理性分析。她的其他专著亦受到国内学者的关注。概括来说,国内学者主要肯定了作为海外汉学家的周蕾能够娴熟地运用西方各种理论,打破此前常规研究方法,并在研究内容与结论上有所突破。季进、余夏云的文章《写在主流之外———论周蕾理论批评的边缘论述》可为代表:"她徜徉在传统与现代、主流与边缘、精英与大众,以及'第一'和'第三'世界之间,试图打通文化隔阂、地域界限和种族区分,努力勾画并批判当前文化政治中各种流

[①] [美]王德威《海外中国现代文学研究译丛》,载[美]周蕾《妇女与中国现代性》,上海三联书店,2007年,第3页。

行的阐释类型、根深蒂固的偏见和歧视,细致描绘'中华性'所涵盖的各种政治、经济和社会特征,松动了过去西方社会和主流文化对'中国'单一、稳定的身份认识,恢复了中国文学和文化复杂的主体形态和情志世界。"[1] 对周蕾观点的批评和批判,主要以陈惠芬的《他山之石,何以攻玉——重读周蕾〈妇女与中国现代性:东西方之间阅读笔记〉》中的观点为代表。陈惠芬指出,周蕾出现的问题在于"某种论述逻辑的自相矛盾","所以她的隔膜——不仅是对春桃、也包括对五四文学等,或许并非完全是历史体认和位置、处境的问题,也与她所使用的理论和论辩方式有关。某种程度上,这一隔膜正是她这样欲以对西方理论的搬演而'证实'中国已然是'西化主体'的'挑战'所必将发生的"。[2] 可以看出,对周蕾的观点不论是肯定还是批判,国内学者的焦点主要集中在她对西方理论的运用及推理方式所带来的结论上,而且还由此得出相反的评价。

不过需要指出的是,周蕾作为在美国攻读博士并在大学任教的华裔学者,用英文写作和发表这些专著是她在美国学界赢得学术声誉与获得教职的必需手段。即使是在海外中国学中生发出来的一脉——海外中国现当代文学研究领域内,以周蕾为代表的汉学家在美国遵循的也是与中国国内差异极大的西方学术传统与研究思维,否则他们(她们)就无法立住脚。从这个角度来说,如果我们撇开国内这些肯定或否定周蕾学术成就的文学史判断,而是换一个角度,把研究视点放到周蕾学术研究"洞见"和"偏见"产生的主观与客观原因方面进行考察,即把后者作为个案放到整个海外中国学(海外汉学)的历史发展脉络,甚至是20世纪以来的海外中国文学研究发展的具体历史背景下进行研究,那么某些问题就会浮出水面:在迥异于国内学界的海外汉学背景下,海外学者又如何评价周蕾的学术成就?海外学者的评价标准是什么?周蕾的"洞见"和"偏见"在海外学界(主要是西方学界)是否具有普遍性?又具有哪些创新和独特性?如果我们在思考这些

---

[1] 季进、余夏云《写在主流之外——论周蕾理论批评的边缘论述》,载《文艺理论研究》2010年第2期,第9—15页。
[2] 陈惠芬《他山之石,何以攻玉——重读周蕾〈妇女与中国现代性:东西方之间阅读笔记〉》,载《上海文化》2011年第2期,第87—93页。

问题的基础上再参考近年海外的一些研究资料，然后重新考察周蕾的观点和她的女性主义理论的特点，就会发现她的学术研究特点与她作为具有"香港教育背景"的、在美国的大学任教的海外汉学家的"个人身份"及身份认同有密切关系。本文拟以周蕾的女性主义观点为具体考察对象，把她的"个人身份认同"特点与"文化原质主义"理论相结合，以小见大，借此剖析出海外汉学家的"个人身份认同"与他们的学术观点之间的关联。

20世纪后，随着海外汉学的中心从欧洲转向以美国为首的北美国家，特别是在50年代后，海外汉学的重点由研究古典中国转向现当代中国之后，[①] 中国现当代文学研究逐渐发展繁荣起来，成为海外汉学的一个重要组成部分，近年在某种程度上亦取代了此前中国古典文学研究的位置成为一门"显学"。研究中国现当代文学的海外学者相应地增加，有国际影响的成果不断出现，中国文学研究在国外大学中呈现出即将从海外中国学和亚洲研究中心等院系中独立出来、成为一门独立学科的良好发展态势，亦成为海外汉学中的一道亮丽风景。

中国现当代文学研究在海外之所以能够具有如此良好的发展势头，主要因为这个领域内的专家、学者们出版了数量众多、异彩纷呈、观点新颖独特的著述。与国内学者的知识背景相比，海外中国现当代文学研究学者的教育背景与知识结构非常复杂多元，均具有跨学科的知识结构。除此之外，尽管后者均在美国或其他西方国家接受博士教育并且留在国外大学任教和从事学术研究，但是他们此前在中国的香港、台湾和美国等不同地区与国家生活并接受过大学或以上的教育，因此如果从教育背景来划分，20世纪50年代以来海外中国现当代文学研究学者主要包括中国教育背景（香港和台湾教育背景）、美国本土背景和欧洲学术背景等几种类型。这些学术背景已经成为他们从事海外汉学研究的一个文化心理基础与知识结构背景，亦构成能够影响，甚至决定他们学术研究特色的"个人身份认同"特点。至于海外汉学家"个人身份认同"的具体概念，正如中国学者朱政惠在《史学理论与史学史研究的新思考——与海外中国学研究关系的讨论》中定义的：

[①] 周翔《从费正清、列文森到周锡瑞："第三代"中国研究者的历史视野》，载《三联生活周刊》2016年4月9日。

"海外中国学天然地具有一种跨文化和跨区域的特性,是在研究与反研究之间的互动中逐渐成长起来的,这里涉及汉学家、中国本土学者、华裔学者、女性学者等不同国籍、不同身份、不同性别、不同阶级的人群,由此而带来的'身份认同'问题影响着其所研究的内容和采取的视角。要注意到,作为研究海外中国学的学术人士,不可避免地要在不同的身份中游动和移情。"① 海外汉学家"个人身份认同"的形成同样由个人的性别角色、接受的教育、出生和成长所处的阶级、阶层,甚至民族、族裔身份等因素决定。可以这样说,"个人身份认同"作为一种常见的学术现象,导致海外汉学家们的学术研究既具有相同特点,又呈现出自身的某些独特性,形成众声喧哗的学术盛况。

具体到周蕾来说,她的"个人身份认同"使她的女性主义理论既带有北美学界遵循的西方学术传统的某些普遍特点,又带有自身的独创性,前者使她能够获得西方学界的认可,后者则使她在海外中国现代文学研究领域内站稳脚跟,并得到同行专家的高度评价。

首先,周蕾强调自己在美国的大学任教的海外学者身份,宣称自己是"已然全面欧化和美国化的我"②。周蕾擅长运用女性主义理论,不仅因为她是一位女学者,也在于她把女性主义理论作为一种得力的研究方法:"女性作为形式分析的方式,不只是处理性别,也处理涉及文学解读的富含权力意味的阶层化(hierarchization)与边缘化(marginalization)过程。尤其是后者而言,'女性'能够显现出中国文学史中根深蒂固的问题。"③ 这亦是她在中国现当代文学研究中的主要内容,由此得出很多精彩而令人信服的结论。例如,她在鸳蝶派(即"鸳鸯蝴蝶派")文学的分析中,把它定位在"阴性化"位置:"在中国文人阶层中,鸳蝶派文学因而占有的是阴性化的位置,有着所有阴性化位置所具有的讽刺性:其卑微的形式显示了生产出这个位置的社会局限之处,而同时也被贬抑为错误以及虚假。吊

---

① 朱政惠《史学理论与史学史研究的新思考——与海外中国学研究关系的讨论》,载《安徽史学》2011年第2期,第13—19页。
② 《妇女与中国现代性》,"前言",第10页。
③ 《妇女与中国现代性》,第81页。

诡的是，正也是在这般位置的边缘性之中，文学的戏仿功能以最为激进的方式运行。鸳蝶派文学可见的'粗杂'（crudities）建构中一个空间让文学的戏仿功能不至于被抹去，而是能够以一种令人不安的'低品位'方式来显示出现代中国社会的矛盾。"① 而且在此基础上，她进一步突出鸳蝶派文学作为"阴性"特质具备的颠覆力量："假如对于李定夷小说这般鸳蝶派小说的'内在'阅读，不约而同地认为它们是充满意识形态的，认为它们反映出儒家伦理自我延续的力量使得任何挑战的力量显得不可能，我们却也必须在这些小说中看出颠覆的方式，这样颠覆的方式特别与阴性的、通俗的观点相关。"② 也就是说，周蕾把女性主义理论的研究对象拓展到那些与反抗男权压迫的女性具有同样、相似作用的文学作品和文学现象上，扩大了研究对象的范围，把文学研究导向文化研究。她还在分析意大利导演贝纳贝多·贝托鲁奇导演的电影《末代皇帝》时，引入"阴性空间""阴性化"等术语，指出男主人公溥仪在电影中成为"阴性的、女性化的客体"③，因为"溥仪面对摄影镜头所占据的空间事实上被阴性化"。不仅如此，"《末代皇帝》是一个绝佳的例子，说明另一个文化如何能被'生产'出来成为阴性化的奇观"④，即是说中国文化同样也具有"阴性化"特点。在此处的分析中，周蕾把男性、国家、社会权力制度等均纳入女性主义理论的分析范围，体现出"文化政治"批评家的学术特色，这亦使她的阐述令国内学者感到有创新性的一个方面。

然而，如果从美国的中国妇女研究历史发展脉络中来评价周蕾拓展、深化女性主义理论的贡献，那么其学术中的"创新性"则要大打折扣。在20世纪80年代后期，北美学界的女性主义理论和中国妇女研究直接受到当时兴起的"社会性别"理论的诸多影响，导致女性主义研究出现新的变化："在社会性别理论于80年代后期走红以后，学者们开始将男性包括在考察分析的范围之内。……由此，

---

① 《妇女与中国现代性》，第86页。
② 《妇女与中国现代性》，第100页。
③ 《妇女与中国现代性》，第17页。
④ 《妇女与中国现代性》，第21页。

妇女研究开始涉足于原先所不触及的领域（比如战争、政治和外交）。"① 而且充分吸收了"社会性别研究"养料的女性主义理论从 90 年代开始，在研究视角、研究方法和研究内容上也出现新的特点："在历史进程中特定的处于权力交集点的诸种结构——包括家庭、社区、阶级和国家——与社会性别（gender）和性（sexuality）的意义之间的联系。"② 由此可以说，周蕾的女性主义理论作为一种研究方法，显然体现并顺应了美国妇女研究的主流发展趋势，她吸收社会性别理论的诸多因素——上文已经指出——来拓展女性主义理论也是前者的一个产物和成果。当然，这只是说周蕾的女性主义理论并不是她自己独创的，但不会抹杀她把融合社会性别理论因素的西方女性主义理论运用到中国文学研究的研究中、具体的海外汉学研究实践中取得突出成就的贡献。

其次，周蕾又强调自己是华裔学者的身份。她在女性主义理论中融合进族裔理论，把自己定位为来自"第三世界"的华裔学者，归入在当时海外中国文学研究领域现有模式的"被压迫者"范畴。她指出自己所用的分析方法具有的优势："我所使用的分析工具成为恢复受到西化之族裔主义游移不定（elusive）影响的现实的方法。"③ 她还强调自己的研究"以往未曾有人尝试进行过"④，既是对"西方中心主义"和西方理论霸权的批判与反叛，又与夏志清、普实克所代表的海外汉学家，及以刘绶松、范伯群等为代表的中国国内学者的中国现当代文学研究方法均不同，可说是对此前海外与国内的已然"经典化"的中国现代文学研究方法的挑战。正如她在《妇女与中国现代性》"前言"中说的："我赋予自己一个双重的任务——同时批判西方理论思想的霸权地位以及中国文学领域中根深蒂固的诠释方式。"⑤ 因此，周蕾挑选出能够体现现代中国文学特色的作品，萧红的《手》、

---

① 卢苇菁《美国中国妇女研究述评》，载张海惠主编《北美中国学——研究概述与文献资源》，中华书局，2010 年，第 492 页。
② Susan Mann. *What Can Feminist Theory Do for the Study of Chinese History: A Brief Review of Scholarship in the U. S*，载《近代中国妇女史研究》1993 年第 1 期，第 241 页。
③ 《妇女与中国现代性》，第 8 页。
④ 《妇女与中国现代性》，"前言"第 3 页。
⑤ 《妇女与中国现代性》，"前言"第 3 页。

鲁迅的《祝福》、张爱玲的《金锁记》、冰心的《第一次宴会》、凌叔华的《绣枕》、郁达夫的《沉沦》和许地山的《春桃》等。曾有一些国内学者认为这些作品不够典型，①殊不知这大概正是周蕾要达到的学术效果。进而言之，周蕾的女性主义理论融合族裔理论，既是海外女性主义总体发展趋势影响所致，又成为北美文化政治美学的一个组成部分。周蕾正是用她的女性主义理论对这些此前研究中处于边缘位置的文学作品进行阅读、阐释，并得出与前人不同的结论。

周蕾还特地指出自己运用现代精神分析理论来阅读、分析中国现代文学文本，理由非常充分："我们无法不注意到西方精神分析所享有的特权体制地位有其自身的历史背景，然而，从一个现代的以及'受到西化的'文学之中排除精神分析式的理解，这样的排除动作本身便令人有所质疑。……但这却也表示我们揭示出一个方法论上的问题：中国传统的大叙事中，何者被排除在外？为何被排除在外？如果精神分析能够帮助解释现代中国'文本'里的特定议题，为何精神分析未能常常为人运用？"②周蕾的精神分析理论亦是以女性主义理论为基础，目的是为了填补此前单一、单纯的现实主义方法论带来的某些缺陷："对于精神分析兴趣缺乏，让现代中国文学研究领域内其他较为人熟知的方法论留下了一个有意思的空隙，而中国文学的研究只是被化约成单调的、理所当然的'现实反映'。"③

不过周蕾没有说明的是，她擅长现代精神分析理论大概主要归因于在美国接受的西方学术之严格训练。相比大陆和台湾教育背景的海外汉学家，周蕾在英属殖民地香港长大并接受基础教育和大学教育，她从中学阶段开始接受的训练就是用英语教授的西方理论："这些主要的理论工作包括了文本细读或称为'实用批评'（practical criticism）（早在我十四岁于香港的英文中学四年级学习'英国文学'之际便已开始）、结构主义、后结构主义、女性主义理论、通俗文化理论以及族裔理论。"④由此可以推论出，到美国之后的周蕾，其英文读写水平与西方理论

---

① 孙桂荣《经验的匮乏与阐释的过剩》，载《中国现代文学研究丛刊》2010年第4期，第138—145页。
② 《妇女与中国现代性》，第5—6页。
③ 《妇女与中国现代性》，第5—6页。
④ 《妇女与中国现代性》，第7页。

基础当然会比那些来自大陆和台湾的汉学家更好一些，再加上自身的不懈努力，她对西方理论的理解和掌握相应地亦会更全面和深刻一些。这亦是她能够娴熟使用西方现代多种理论解读中国现当代文学作品的一个主要原因。

从现代西方学术传统的角度来看，现代精神分析理论是一门显学，更是美国知识分子的一个学术传统。美国本土社会学家杰姆逊曾在《处于跨国资本主义时代中的"第三世界文学"》一文中指出，对于文本分析，西方第一世界国家文学与第三世界文学之间的差异非常明显："可以用一种简单的方式来说明这种区别：资本主义文化的决定因素之一是西方现实主义的文化和现代主义的小说，它们在公与私之间、诗学与政治之间、性欲和潜意识领域与阶级、经济、世俗政治权力的公共世界之间产生严重的分裂。换句话说：弗洛伊德与马克思对阵。"① 杰姆逊之所以有这样的论断，是因为以弗洛伊德为代表的现代精神分析理论在西方文学和学术中是经常被使用的一门基础理论，这也是由西方现代文学、文化具有的个人利比多与社会相对抗等特点决定的。

从这个角度来分析，周蕾把以弗洛伊德、德勒兹等为代表的现代精神分析学（也包括拉康的精神分析理论、斯尔沃曼的"负面的俄狄浦斯情结"等）融入女性主义理论中，不仅扩展了社会性别分析理论包括的内容，而且运用的是自己非常熟悉的学术方法和思维方式，进行文本分析时自然驾轻就熟。作为一名思想敏锐的学者，周蕾的现代精神分析学说在内容上比杰姆逊的更丰富，文本解读也更深入和深刻，可能也与杰姆逊的研究专长并不是中国文学有关。比如，杰姆逊把鲁迅的作品作为"第三世界文学"的典型代表，他把鲁迅小说《狂人日记》作为例子，指出第三世界文学中的性与社会的对抗关系迥异于西方："鲁迅本文中的利比多中心并不是指性欲，而是关于口腔阶段，那种关于吃、消化、吞咽、排泄等等一系列躯体的问题，提出一些基本的分类，例如清洁与不清洁的区分。"② 虽然杰姆逊的观点是对整个第三世界文学的初步思考，但是他却没有对鲁迅的作品做进一步的深入思考与阐释。周蕾却对此加以拓展和深化，她以鲁迅的《祝福》为

---

① 张京媛《新历史主义与文学批评》，北京大学出版社，1997年，第235页。
② 《新历史主义与文学批评》，第238页。

例进行具体分析,指出女主人公祥林嫂的悲惨命运与阶级、意识形态、幻想、社会制度和权力等之间的复杂关系,这是周蕾吸收社会性别理论后得出的结论。她还从"阶级压迫"的角度指出鲁迅作品具有情感感染力的原因:"鲁迅拒绝用自身的教育工具来替受压迫阶级制造出虚假的乐观主义——借由'理解'的方式,却是将他们的问题框在革命的阶级意识形态之中而消弭于无形——这一点让鲁迅的作品有着情感力量。"①

周蕾在阅读冰心的《第一次宴会》、凌叔华的《绣枕》、郁达夫的《沉沦》和许地山的《春桃》等作品时,有意吸收德勒兹的"受虐理论",并融入女性主义理论中,拓宽了性(利比多)的内涵与外延:"'性'一词不止能被诠释成生理上与生殖器官相关的性,而且也包括了被意识心灵排拒在外的精神生活领域,这样的排拒是因为受到文化的压迫,而对我们来说也就是表现在'不理性'(irrational)、明显支离破碎的形式之上。"② 因此在周蕾的阅读中,林纾与王寿昌在合译小仲马的《茶花女遗事》时,两人因同情女主人公玛格丽特悲惨遭遇而痛哭流涕的举动;郁达夫的《沉沦》中的男主人公作为"支那人"在日本受到的蔑视待遇,以及他因自渎行为产生的自虐心理、病态敏感等种种主客观原因,导致"国族主义和男性特质这双重'形式'交合在一起"③ 的行为;巴金的《最初的回忆》中儿时自己把病重的杨嫂看作"故事中妖精的脸"的丑化行动,等等,这些均使女性形象和带有女性象征意味的祖国转化成一个具有阳具的"母亲"形象:"作为客体,母亲既是主动的也是被动的,屈从于我们婴孩般、肛门期——施虐(Anal-Sadistic)的期望,但是却也拥有保护或是折磨我们的力量。将母亲向内投射进我们的幻想中,也就是意味着这两种特质的存在。"④ 由此也揭示出现实生活与文学作品中的这些男性的复杂内心世界与无意识心理:"这可以被解读成外在的侵略性'返求回到'(turning around)主体自身,在此我进一步地将其特别称为对

---

① 《妇女与中国现代性》,第172页。
② 《妇女与中国现代性》,第188页。
③ 《妇女与中国现代性》,第217页。
④ 《妇女与中国现代性》,第195页。

于'母亲'的受虐内在投射或是幻想。"① 周蕾还指出，引入"受虐"理论增强了现代精神分析理论中性（利比多）本身具有的颠覆力量："如此看来，'性'和'历史''革命'一样，能够成为探究现代中国文学的一种有效方式。"② 强调性（利比多）具有革命的颠覆性质和强大力量，并与历史、民族国家等结合起来成为"民族寓言"，这在某种程度上亦是西方学者解读东方第三世界文学的思维方式。杰姆逊就曾经谦逊地指出："在第三世界文化中，心理学，或者更为确切地说利比多，应该主要从政治和社会方面来理解（我下面要谈的仅仅是推测，非常需要中国问题专家们的订正。我仅举一个方法论的例子，而不是提出关于中国文化的'理论'）。"③ 杰姆逊就是把鲁迅作品中的性（利比多）放到历史背景与当时的社会文化中进行分析。需要指出的是，周蕾对茅盾的《虹》中主人公梅行素的女性形象、爱欲、革命之间的关系，许地山的《春桃》中女主人公"温柔情感与感官肉欲"之间分离所造成的理想化女性形象及女主人公选择的"一妻二夫"生活现实之间的复杂关系等方面均进行了精彩阐释，这与杰姆逊对第三世界国家文学的相关论述更多契合之处。

我们还可以从美国本土学者耿德华（Edward Gunn）的评价中看出周蕾的中国现当代文学研究是对杰姆逊观点的继承和发展，尽管是以质疑挑战后者的名义。在《美国中国现代文学研究》（Us Scholarship on Modern Chinese Literature）一文中，耿德华把杰姆逊和周蕾的学术研究放到"后现代主义和后殖民研究"的理论背景下进行评价："此后，1986 年杰姆逊拓展了他对于中国现代文学的看法，他把鲁迅的小说作为第三世界文化的例子，像第三世界的经济'处于同第一世界文化帝国主义进行的生死搏斗之中'，而且提出第三世界的本文不可避免地是这种搏斗的民族寓言（杰姆逊 1986；68—69）。"④

---

① 《妇女与中国现代性》，第 196 页。
② 《妇女与中国现代性》，第 189 页。
③ 《新历史主义与文学批评》，第 237 页。
④ 张海惠（Haihui Zhang），"A Scholarly Review of Chinese Studies in North America", *Association for Asian Studies*, 2013, p. 350.

为了更清晰地看出周蕾对杰姆逊在观点和研究方法上的继承与超越，笔者特地引用下面一段文字并翻译成中文：

> 年青学者周蕾却对杰姆逊的阅读和理论提出挑战："中国文学中的'现代性'与'现代主义'的议题恰是应该重新受到考量，因为两者皆与帝国主义紧密相连。在此，'现代的'就是严格定义下之'新'的？……还是说中国的'现代性'实事上是同时消耗光了'新的'与'旧的'形式之用，而使得旧的形式丧失了其关联性而新的形式应用要由外引进？"（周蕾1986；87，73）周蕾用更具体的术语指出，五四现代文学必须要与鸳蝶派文学进行竞争。后者用儒家的态度来处理女性美德，写出被认为是感伤滥情、社会罪恶的爱情故事。鸳蝶派文学通过阴性化颠覆了儒家文化，通过把宏大的历史发展叙事碎片化颠覆了现代主义。在这个意义上，它担负起后现代文化的职责。然而这个看法并不是依据杰姆逊的历史架构观点而得出的。①

在这一段评述中，耿德华明确指出周蕾的观点是对杰姆逊的挑战和超越，这也是周蕾观点具有学术创新性的一个明证。这大概也是李欧梵评价周蕾"是从文化研究的立场进行文化整治批评的一位非常成果的学者。……她用一种书写的行为来达到文化的批判，非常坚定地站在第三世界、站在边缘来对抗主流"② 的原由。然而颇具意味的是，在《妇女与中国现代性》一书中，周蕾却没有引用过杰姆逊的观点。或许这是周蕾用这种方式来表达对杰姆逊研究所代表的西方学术传统的再一次质疑与反抗？再从海外中国现当代文学研究学术发展的角度来说，周蕾对以弗洛伊德、德勒兹等为代表的现代精神学说的运用，具有把中国现当代文学研究纳入海外学术研究的视野、增强学科话语权的最终目的。事实证明周蕾成

---

① 张海惠（Haihui Zhang），"A Scholarly Review of Chinese Studies in North America"，*Association for Asian Studies*，2013，p. 350.
② 《妇女与中国现代性》中的推荐语。

功了，她的中国现当代文学研究在西方学界获得了肯定和赞扬，成为一名成功的海外汉学家。

有意思的是，在其他海外汉学家对周蕾学术成就的不同评价中，也可以看出评价者"个人身份认同"的诸多影响。举例来说，耿德华、王德威和王斑近年都分别写过对北美中国现代文学研究现状进行分析和评论的文章，耿德华的《美国中国现代文学研究》和拥有台湾教育背景的王德威的《英语世界的现代文学研究之报告》，均高度评价了周蕾的学术成就，但是有大陆教育背景的王斑在《美国现代中国文学、文化研究中的几个新课题》一文中，主要以评介、分析具有大陆教育和美国本土教育为背景的学者和专著为主，却没有提及周蕾和她的学术专著。

从某种程度上来说，在周蕾的"个人身份认同"中，她的西方学者角色与来自香港的华裔身份并不冲突，在学术研究中反而相互统一，使她具备了把中西方学术教育融合在一起的优势，并在此基础上形成自己研究的独特特色。从这个角度来说，具有台湾教育背景的李欧梵、王德威、史书美等，具有大陆教育背景的刘康、王斑、刘禾、唐小兵、张旭东、陈建华、钟雪萍等，具有美国本土教育背景的梅仪慈、林培瑞、耿德华等，所取得的学术成就，均与他们的"个人身份认同"密切相关。然而也要看到，"个人身份认同"同时也是一把双刃剑，尤其是周蕾在回归祖国之前的殖民地香港生活和接受基础教育的背景，使她的《写在家国之外：当代文化研究的干预策略》一书在某种程度上充满了西方意识形态的偏颇和偏执，一定程度上损害了她的才华和成就。

如果从国内学者"个人身份认同"的角度来看，他们以自身的中国历史背景与承袭的学术传统特点，来评价处于西方学术传统与理论背景中的周蕾学术特点的优势与劣势，是否在思维方法上也犯了与他们所批判的对象同样的问题——周蕾利用自己熟悉的西方学术传统与西方理论"过度阐释"、挖掘中国现当代文学作品的意义价值——的相同错误？从学科发展的角度来说，国内和国外的中国现当代文学研究均形成自己的学术评价体系，它们能够在互相交锋、相互学习、互相促进的互动交流过程中吸收对方的有益养料，这才是正常的学术交流状态与过程。这亦是包括周蕾在内的海外汉学家的"个人身份认同"给予我们的启示。

日本学者根山彻的《牡丹亭》研究

北京外国语大学 罗小东

根山彻（1960—），是日本山口大学人文学部教授。从20世纪90年代起，他陆续发表了一系列关于《牡丹亭》的研究论文，并在2001年，以《明清戏曲演剧史论序说——汤显祖〈牡丹亭还魂记〉研究》为题，将这些论文结集出版。该书是当代日本汤显祖研究的重要著作。

本论文着重关注根山彻对于《牡丹亭》的柳梦梅形象研究。这一研究主要反映在《〈牡丹亭还魂记〉中的柳梦梅形象设定》《〈牡丹亭还魂记〉中的梅花形象》等章节中。

汤显祖的《牡丹亭记题词》有一段为研究者耳熟能详之语："天下女子有情，宁有如杜丽娘者乎！梦其人即病，病即弥连，至手画形容传于世而后死。死三年矣，复能溟莫中求得其所梦者而生。如丽娘者，乃可谓之有情人耳。情不知所起，一往而深。生者可以死，死可以生。生而不可与死，死而不可复生者，皆非情之至也。"正因如此，所以一直以来，学界对于《牡丹亭》的研究，无不把重心放在杜丽娘这一形象上，因为她突出承载了作者的至情创作理念。与此形成对照的是，作品中的另一位主人公柳梦梅，却少有研究者关注，似乎他的存在仅是作为杜丽娘的从属而已。事实果真如此吗？根山彻对于柳梦梅的思考正因此而起。

研究从汤显祖对题材的承袭和改造开始。就题材而言，《牡丹亭还魂记》并非汤显祖的完全独创，它是由话本《杜丽娘记》改造而来。《杜丽娘记》话本最早见于嘉靖二十年（1541）的《宝文堂书目》；之后，在冯梦龙增补、书林余公仁批补的《增补批点图像燕居笔记》，以及在明末清初刊印的何大抡编纂的《重刻增补燕居笔记》，都有著录。对比作为蓝本的话本故事，根山彻认为，汤显祖的《牡丹亭》不仅大幅度增加了故事的长度，最关键的是，他有选择地对话本中的主要人物进行了改写。改写最大甚至可谓是做了颠覆性改写的是柳梦梅,而改写不大的是杜丽娘,据此他认为,汤显祖笔下的杜丽娘与话本中的元形象并无太大不同,她仍属于古代冥婚这类故事的基本范畴。

关于汤显祖对柳梦梅的改写,根山彻认为主要表现在如下两个方面。

第一是关于柳梦梅出身的改写。话本中关于柳梦梅的出身是这样介绍的:

且说新府尹,姓柳,名思恩,乃四川成都府人,年四十。夫人何氏,年三十六岁。夫妻恩爱,止生一子,年一十八岁,唤作柳梦梅。因母梦见食梅而有孕,故此为名。其子学问渊源,琴棋书画,下笔成文,随父来南雄府。

但在《牡丹亭》第2出中,柳梦梅则是这样介绍自己的:

小生姓柳,名梦梅,表字春卿。原系唐朝柳州司马柳宗元之后,留家岭南。父亲朝散之职,母亲县君之封。所恨俺自小孤单,生事微渺。喜的是今日成人长大,二十过头,智慧聪明,三场得手。只恨未遭时势,不免饥寒。……每日情思昏昏,忽然半月之前,做下一梦。梦到一园,梅花树下,立着个美人,不长不短,如送如迎。说道:"柳生、柳生,遇俺方有姻缘之分、发迹之期。"因此改名梦梅,春卿为字。

两相比较,可以看出汤显祖对于柳梦梅这一人物角色的出身做了重大改写,话本中那个生活无忧、"下笔成文",琴棋书画无不通晓的府尹之子柳梦梅,在《牡丹亭还魂记》中变而成为唐代历史上影响巨大的文人柳宗元的后裔,而且还是一个"自小孤单,生事微渺""不免饥寒"的落魄书生。对于汤显祖为何要将柳梦梅的出身改为历史人物柳宗元之后(包括将杜宝改为杜甫之后,杜妻改为"魏朝甄皇后嫡派",昌黎祠香火秀才韩子才改为韩愈之后),根山彻认为这与当时流行于明代的南戏的共通创作手法分不开。一般的南戏,由于作者的读书人身份,所以他们都有着把自己作品的主人公设定为具有读书人色彩,并且是历史上的实际人物的倾向,如南戏之祖高明的《琵琶记》上演的是后汉蔡邕及其妻赵五娘的故事，昆山派梁辰鱼的《浣纱记》上演的是范蠡和西施的故事，而汤显祖挚友屠隆的《彩毫记》上演的是李白的故事等。之所以要把剧中的主人公设定为历史人物或历史人物之后，是因为如此便会使得剧情先天在一定程度上让观众具有亲近感，从而有利于对剧情的接受和认可。作为那个时代的作者，汤显祖也很难完全摆脱南戏的这一常套手法。

但是，根山彻同时强调，这一改动除了是常套手法的模仿之外，还有更为重要的内在原因，就是汤显祖和柳宗元一样，都曾有过流放南方蛮夷之地的痛苦经历。虽然柳宗元的时代与作者所处的明代相去甚远，但是这种相似的经历，却十分易于作者通过人物的塑造折射和寄寓自己个人的情感。为此，根山彻对比了汤显祖与柳宗元的仕途遭际。柳宗元早年仕途顺利，21岁进士及第，26岁参加博学宏词科考试并中榜，31岁任监察御史里行，并成为王叔文革新派的重要人物。但是，随着改革的失败，他遭到了一贬再贬的打击——先被贬为邵州刺史，在赴任途中，被加贬为永州司马。在永州10年之后，他曾短暂回京，但很快又被改贬为柳州刺史，并最终在柳州病逝，享年仅47岁。汤显祖出身书香门第，早有才名，虽然34岁才中进士，却是事出有因：第一、第二次的会试均由于不愿攀附宰相张居正而遭到排挤打击，以致名落孙山，直至张去世，汤显祖才在第三次会试中及第。万历十九年（1591），汤显祖在南京礼部祠祭司主事的任上，上了一篇《论辅臣科臣疏》，严词弹劾首辅申时行和科臣杨文举等人贪赃枉法、刻掠饥民的罪行，同时也对万历登基二十年的政治做了抨击。汤显祖的这篇疏文使他遭到了被放逐到雷州半岛的徐闻县为典史的命运。根山彻认为，正是由于汤显祖有着与柳宗元相似的贬官经历，所以他对柳宗元的政治评价才一反大多数唐人的否定性立场，将其参与的改革看作是要实现尧舜盛世伟业的壮举。此外，根山彻还注意到了汤显祖的文学主张与他对柳宗元的评价之间的关系。众所周知，汤显祖在文学上反对前后七子的复古主张，然而这却不妨碍他对柳宗元的推崇，这里虽然不排除受其父亲影响的因素，但根山彻认为更重要的是他们二人具有一种相同的质，那就是都备尝被远谪的辛酸苦楚，因此，汤显祖才把男主人公柳梦梅设定为与自己命运相同的柳宗元的后裔。

根山彻认为，对于柳梦梅出身的改写，不仅完全改变了柳梦梅在话本中的角色地位，也使这一原与作者的人生遭际毫无瓜葛的小说人物，跃而成为作者情感和心声的寄托者、代言人。为了说明这一点，根山彻将《牡丹亭》中柳梦梅的说白与汤显祖的有关诗作进行了比较。《牡丹亭》第6出《怅眺》，柳梦梅在见到韩愈后裔昌黎祠香火秀才韩子才时有一段感叹自己落魄的说白："假如俺和你论如常，难道便应这等寒落。因何俺公公造下一篇《乞丐文》，到俺二十八代玄孙，再不曾乞得一些巧来。便是你公公立意做下《送穷文》，到老兄二十几辈了，还不曾送的个穷去。弄来都则为时运二字所亏。"而汤显祖在赴任徐闻前，曾写下《伯父秋园晚宴有述》一诗："谪迁方渺渺，抗疏失区区。大火奔长路，中寒卧薄躯。病呼天比语，滞泣海南图。数过怜犹子，深慈为友于。良医痁略起，君子疟何惧。拟作三生度，惊看万死苏。低垂争末路，潦倒送穷途。"① 汤显祖上书朝廷，是怀着一腔肃正官场的愿望，结果却遭到了流放徐闻的厄运，那是一个为疟疾所苦的蛮荒之地，汤显祖为此痛感时运缺失。由此根山彻认为，虽然汤显祖潦倒的原因与柳梦梅并不相同，但是在时运不济这一点上，二人却是深深相通的。

对于话本柳梦梅做重大改写的第二点是关于人物的得名。

话本中柳梦梅得名的原因是其母"梦见食梅而有孕"，而剧本里的柳梦梅则是因自己梦见在梅花树下与一美人相遇，离别之时，美人赠言"有姻缘之分、发迹之期"，由于赠言暗示着自己日后的婚姻和荣达，故改名梦梅。虽然话本和剧本的情节都是以"梅"为契机而展开，但是在话本中汤显祖却给柳梦梅这一名字赋予了"柳"确实"梦见"了"梅"这一实质性的内容。如读者所知，剧本后来的情节，几乎就是循着美人的这一赠言而发展，换言之，柳梦梅得名的来由与剧情有着密切的关联。但是，根山彻注意到，如此关键的这个改动，却少有研究者予以关注。作为汤显祖在这个故事中的新创设，梅花意象到底有何意义？汤显祖做这样的修改，其最初的灵感来于何处？根山彻对这一问题展开了深入的研究。

研究仍围绕着作者的贬谪经历进行。根山彻经过考订发现，汤显祖在前往谪

---

① 徐朔方笺校《汤显祖诗文集》（上），上海古籍出版社，1982年，第421页。

地徐闻的途中曾经经过罗浮山，时间约为万历十九年的十月下旬至十一月上旬。而此处正是"罗浮美人"一典的发生地。传为柳宗元所撰的《龙城录》记载有这样一则故事："隋开皇中，赵师雄迁罗浮。一日，天寒日暮，在醉醒间，因憩仆车于松林间酒肆旁舍。见一女子，淡妆素服，出迓师雄。时已昏黑，残雪对月色微明，师雄喜之，与之语，但觉芳香袭人，语言极清丽。因与之扣酒家门，得数杯，相与饮。少顷，有一绿衣童来，笑歌戏舞，亦自可观。顷醉寝，师雄亦懵然，但觉风寒相袭。久之，时东方已白。师雄起视，乃在大梅树下，上有翠羽啾嘈相顾，月落参横，但惆怅而已。"原来与赵师雄相遇对饮的女子乃梅花仙子。汤显祖显然熟知这一典故，所以在他经过罗浮山时，写下了这样的诗句："洞中隐风雨，梦蝶愁飞举。美人湿不来，暗与梅花语。"① 关于此诗写作时的情形，在汤显祖的另一篇文章《〈游罗浮山赋〉序》有详细的记载。

由此根山彻认为，汤显祖在罗浮山的蝴蝶洞避雨之时，脑海中浮现出了关于赵师雄于此地与梅花仙子相遇的美丽传说，"暗与梅花语"，或许给予了当时于流放途中潦倒寂寞的他以很大的心灵慰藉，所以在他创作《牡丹亭》时，很自然地将梅花意象移植于柳梦梅的形象创设之中，也就是说，汤显祖对于柳梦梅得名的改写，正源于他游罗浮山的经历。而在《牡丹亭》第12出《寻梦》中，写杜丽娘在后花园梦见手执柳枝的书生，之后为追忆梦中的欢会，她再度来到后花园寻梦，在"寻来寻去"都"杳无人迹"，"好不伤心"之时，忽然看见一株"梅子磊磊可爱""依依可人"的大梅树，杜丽娘不由唱道："偏则他暗香清远，伞儿般盖的周全……爱煞这昼阴便，再得到罗浮梦边"，"偶然间心似缱，梅树边。这般花花草草由人恋，生生死死随人愿，便酸酸楚楚无人怨"，并发愿自己死后能葬于此树下"幸矣"。此后的情节，果然杜丽娘死后葬于梅花树下，其魂灵在此得以与北上途中寄居南安府的柳梦梅相遇，最终实现了其与柳梦梅"生生死死随人愿"的爱情。显然，剧情中的梅花意象，不仅是杜、柳二人爱情的象征，同时也成了情节推进的关键。由此可见，作者在罗浮山所浮想起的关于赵师雄与梅花仙子相遇的美丽

---

① 汤显祖"罗浮上帝泉避雨蝴蝶洞，迟南海崔子玉不至四首"其三，《汤显祖诗文集》（上），上海古籍出版社，1982年，第421页。

传说,的确影响到了他后来对于柳梦梅形象的塑造,而且这一经历不只是停留在命名的表面,而是深入到了情节的内部构造。

为了更进一步说明汤显祖的被贬经历对于他塑造柳梦梅形象的影响,根山彻对柳梦梅的北上路线与汤显祖的南下路线进行了对比。

柳梦梅接受韩子才的建议,前往广州香山岙多宝寺,在此得到了钦差识宝使苗舜宾的知遇,获赠书仪路资(见第21出《谒遇》)。由于有了苗舜宾的资助,柳梦梅得以离开广东,越过梅岭,由此往北到达南安(见第22出《旅寄》)。梅岭,是江西和广东的交界处,也是柳梦梅摆脱落拓、步入发迹的转折点。而根据汤显祖所留下的《香岙逢贾胡》等诗篇,根山彻认为关于柳梦梅在香山岙的描写,正出于汤显祖本人的经历。所不同的是,汤显祖越过梅岭,经由广州,去往的是更南的贬谪地徐闻,与柳梦梅走的恰是一条方向相反的路线。因此,梅岭对于汤显祖,也是命运转折的标志。

对于为何会产生柳梦梅北上而使命运逆反的构想,根山彻通过对比汤显祖的《广南闻雁》诗和柳宗元的《过衡山见新花开却寄弟》诗得出了答案。他认为汤显祖的《广南闻雁》诗所吟咏的飞越衡阳回雁峰、飞往遥远的炎瘴之地的大雁,正是作者本人越过梅岭而南下贬谪地的象征,它深含着作者的悲哀:"传道衡阳有雁回,炎州片影更飞来。似怜迁客思归苦,为带乡心过梅岭。"而柳宗元的诗作于从永州召还长安的途中,他在经过衡山时,不仅看到了盛开的梅花,也看到了北归的大雁——"晴天归路好相逐,正是峰前回雁时。"他把自己回归长安的喜悦,寄托在了北飞的大雁上。由此根山彻推测,《牡丹亭》中柳梦梅北上且最终发达的构想,应该来自于作者在梅岭对于柳宗元北归诗的想象。

由以上分析,根山彻认为,汤显祖对话本中的柳梦梅做了彻底的改写。剧中的柳梦梅,不再是话本中那个简单跟随官升广东南雄府尹的父亲来到南雄的公子,而是柳宗元留在岭南的后裔,他身世飘零,因在香山岙得到朝廷钦差苗舜宾的资助,得以越过梅岭北上到达南安,在那里,他不仅获得了美好的爱情,而且最终在那里步入了发达。而汤显祖对柳梦梅形象的这种恣意改写,既暗寓了自己贬官南下的经历,同时也抒发了自我时运不济的悲愤和对前景的美好期冀。

差距、转换与思想的方法：海外汉学家的中国研究对我们的启示

——以弗朗索瓦·于连的思考路径为例

福建师范大学　葛桂录

一

海外汉学属于中外文学、文化交流的范畴领域，已经成为在海外弘扬中华文化的一方重镇，它昭示的是中国文化的世界性意义。中外数百年的文化交流史，也是海外汉学生成嬗变的发展史。在这一历史过程中，海外汉学家是一批研究与传播中国文化的特殊群体。他们在本国学术传统与研究规范的框架中，做着有关中国文化及文学的译介与研究阐释工作，使得进入异域他乡的中国文化产生了别样的影响，并反过来促进中国学术的研究及中国文化的拓展。特别是汉学家独特的"非我"眼光，是中国文化反照自身的极好的一面镜子，正如陈跃红教授所说，"那正是我们所需要的"①。这既有利于中国文化走向世界，也有助于中国学术与世界接轨，亦有益于国际视野中的中国文化发展道路越走越宽阔。

更进一步考察，海外汉学研究的本质是异质哲学文化精神之间的互动交流。也就是说，依托于人类文明交流基点上的海外汉学研究，从根本上来说，是中外哲学观、价值观交流互补的问题，是在跨文化对话中激活中外文化、文学精魂的尝试，是某一种形式的哲学课题。多年来致力于通过中西文化互为中介的比较，重新思考中国及西方文化传统的法国当代哲学家、汉学家弗朗索瓦·于连

---

① 陈跃红《汉学家的文化血统》，载任继愈主编《国际汉学》（第八辑），大象出版社，2003年，第31页。

（François Jullien），其研究就是以汉学为着眼点进入哲学和文化研究的，其思路是比照中国思想来分析欧洲哲学的基础。于连的研究方式即如他于1995年出版的论著标题所示——"迂回"与"进入"，① 把中国文明作为重新思考西方古希腊传统的中介。在此，中国与希腊传统之间的差异和间距，成为转换思路的有效资源。差异才是比较的基础，因为差异是出发点，是世界的文化版图。愈能深切感受到文化差异、冲突和碰撞的人，其眼光愈是世界性和创造性的。

于连在思考如何做关于亚里士多德的博士论文的过程中，如是说：

> 对我而言，最迫切的是设计一种"思考的立场"，形成一种差异和间距，于是，我选择了在中国和欧洲之间思考，断然地和我们的思想传统决裂了。这是个策略，为的是在哲学上重新找到方法、手段。经过这个迂回，为的是回到欧洲哲学上来，追问它隐匿的部分。换句话来说，我学习中文是为了更好地阅读古希腊文本，进而结束那种自以为是的虚假的熟知状态。我一直在努力寻找一个"异质"的立场或角度，也就是福柯的《词与物》（Les mots et Les Choses，1966）里提到过的"异域"，他处使我得以从远景来看成为自身根基的思维传统。②

也就是说，于连在希腊与中国思想之间的旅行，期求三个结果："一、从与中国的差距出发重新展望欧洲思想；二、脱离我们思想的偶然性，换言之，与欧洲思想精神拉开距离；三、把欧洲哲学从威胁它的'返祖'中脱离出来——借用尼

---

① 弗朗索瓦·于连《迂回与进入》（Le Détour et l'accès），杜小真译，生活·读书·新知三联书店，1998年。于连在该著中认为，研究他者，是认识自我的一种"迂回"方式。于连希望的是在对中国和中国文化的解读活动中，会引致回归到对自己的根于希腊的文化的研究。根据他的看法，他之研究中国，并非因为对中国有特别兴趣，而是因为中国本身为西方人提供了一个与西方最相异的他者，给西方人提供了一个全然不同的角度来看西方自己。这就是说，研究中国，终极目的是为了更深切地了解西方本身。

② [法] 弗朗索瓦·于连、钱林森《寻找新的思维起点——弗朗索瓦·于连：我研究中国的路径与方法》，原载《跨文化对话》第22辑（2007年10月），收入钱林森《和而不同——中法文化对话集》，南京大学出版社，2009年，第51—52页。

采的术语——并且重振哲学。"①

这种寻找差距的做法，改变了思维的环境。因为，简单的普遍主义——"哦，他们和我们是一样的"——会认为双方思想都是可以马上互相应和及对答；而懒惰的相对主义——"哦，他们和我们是多么不一样啊"——则会表示：每一方都在自己的立场上思考自己。对此，于连试图证明："只能通过差别来思考，与欧洲人文科学的传播以及其中包含的种类相比较，中国形成了被阐述的最大的文化差别，或者说，中国这个'异域'提供了一种面对面的可能性……简单说来，就是要避免将思想标准化和平面化，要重建差异，要在某种距离之上研究思想。"②

这就是，在与异域文化的深度交往中，我们应该理解别人与自己的差异并且尊重这种差异，而不是通过证明双方的相似性来理解他者文明。后者只能是让理解与研究走向闭塞，而不足以引起更多的思考，进而阻塞自身的发展道路。

在与杜小真的对话中，于连更明晰地解释了他的这种迂回策略："通过中国——这是一种策略上的迂回，目的是为了对隐藏在欧洲理性中的成见重新进行质疑，为的是发现我们西方人没有注意的事情，打开思想的可能性。……在欧洲，确实对希腊思想有一种与生俱来的亲缘和熟悉，因为尽管在历史上有福柯所说的'认识型'的各种断裂，希腊思想还是西方人的遗产。而我认为我们应该离开它，只有与之断裂，才有希望在构成一种外在观点的过程中真正认识它（因此发现它）。"③

正是这种自觉的拉开，在另一种参照系的逼视下，迫使我们转换习以为常的认知视角，突破自身的封闭语境。或者说以同样的迂回道路从西方传统那里回归并反思我们自身的思维传统，更好地发掘中国文化自身的有效价值资源，改变当

---

① 杜小真《远去与归来——希腊与中国的对话（关于法国哲学家于连的研究）》，弗朗索瓦·于连"序"，中国人民大学出版社，2004年，第2页。
② 弗朗索瓦·于连、钱林森《寻找新的思维起点——弗朗索瓦·于连：我研究中国的路径与方法》，原载《跨文化对话》第22辑（2007年10月），收入钱林森《和而不同——中法文化对话集》，南京大学出版社，2009年，第54—55页。
③ 杜小真《远去与归来——希腊与中国的对话（关于法国哲学家于连的研究）》，弗朗索瓦·于连"序"，中国人民大学出版社，2004年，第4页。

代中国文化在自我建构上受挫的某些处境。深入理解另一种文化，同时也在理解自己。在寻求对他者文化理性的理解的过程中，抱以诚挚、开放和宽容的心态，向"他者"走去的过程中，进一步理解自己。正如法国著名批评家滋维坦·托多罗夫（Tzvetan Todorov）在《通过他者认识自我》一文中所说："对自我最清楚的认识凭借的是对他人的认识，最长的迂回其实就是到达的最短距离。"（《世界报》1995年1月27日）

把陌生文化当作一面镜子，在双方的对话中更好地认识自己，这确实是人类文化交流的理想。说它是理想，因为现实恐怕未能尽如人意，西方知识界主流真正关注与理解中国文化的并不多。美国有个议员福尔布莱特在1989年出版的一本书《政治极权的代价》里说："跨文化教育的核心在于获得一种移情能力——能够从他人的角度看世界，能够承认他人有可能看到我们不曾看到的东西，或者比我们看得更仔细。"确实，跨文化对话有一种镜子效应。中欧交往史上那些试图在中国寻找精神家园的欧洲作家，都不约而同地把中国看作反观自身、回归自己的一面镜子。苏格兰诗人彭斯早就用诗句表达从他人的角度来审察自身的普遍愿望："啊！我多么希望有什么神明能赐我们一种才能，可使我们能以别人的眼光来审查自我！"也就是说，我们要习惯借助于某种外在的参照物，使其成为一面可以镜鉴本民族文化得失的"文化之镜"。

拙著《雾外的远音：英国作家与中国文化》① 最末一章选择的讨论对象是曾任英中友好协会主席的汉学家李约瑟。不仅因为他对欧洲中心论的种种表现及其危害做了全面深刻的剖析，而且还有他那"要以广阔的视野来思考问题"的呼吁，这正是今天跨文化交流对话所迫切需要的。可以说他对东西文化对话提供了一种理论方法和行动指南，至今仍然对我们有指导意义。

弗朗索瓦·于连在《迂回与进入》里多次表达这样的思考策略："我最终接近的是希腊，事实上，我们越深入中国，越会导致回归希腊。"此即，"深入"中国是西方人回归希腊的一个有益的"迂回"。在此意义上，跨文化对话的目的，就

---

① 葛桂录《雾外的远音：英国作家与中国文化》，宁夏人民出版社，2002年。

是通过对方了解自己，经由迂回而进入自己。也就是说，理解他人与认识自己是紧密联系着的。人类文化发展的历史表明，"自知"与"知人"不仅是思想家所执着探究的哲学命题，也是人类相互沟通的基本要素，是推动人类文明不断发展的一个重要前提。"自知"能更好地"知人"，因为"每个人都是整个人类状况的缩影"（蒙田语），而"知人"能反观自我，更准确地认识自己，两者是相辅相成的。在16世纪人文主义思想家蒙田看来，无论是认识自我，还是认识他人，都是一种"对话"，认识自我就是与自我对话，认识他人就是与他者对话。蒙田与后来的帕斯卡尔一样认为，我们与一个并不掌握其奥秘的世界连在一起，我们既不可能停留在自我之中，也不可能停留在事物之中，而是不断地从事物走向自我，从自我走向事物，不断地认识自我与事物（他人、他物）。其有效途径就是不断地沟通和"对话"。这种"对话"之所以能够进行，是因为"你中有我，我中有你"，两者存在着共性；这种对话需要进行，是因为"我不同于你，你不同于我"，两者有着相异性，彼此都被对方"相异"的魅力所吸引。源远流长的中外文化关系就是由中外不同民族文化"对话"所推动的和实现的。"对话"的最终目的就是要提取对方富有魅力的"相异"质素，建立富有自己民族特色的"新构体"，人类文明正是这样共生互补，不断向前发展的。

二

对话促进交流。当今世界，交流也变成了一种产业，越来越快捷、容易，越来越多样、丰富，然而理解（他人，进而自己）却事与愿违，变得越来越困难。这就特别需要创造一个我们可以讨论各自价值合法性的空间，构筑平等对话的互动平台。

在这种对话平台的建构中，知识分子的公共空间尤显重要。托多罗夫曾描述过知识分子的建构性批评功能："知识分子不是行动的人，即使他也行动，但这行动不是出于他为政府服务的工作，或者出于秘密地抗争。行动的人从对自己来说不言而喻的价值出发；而知识分子相反，他把这些价值变成他思考的对象本身。他的功能基本上是批判的，但是是建构意义上的批判；他把我们经历的具体性和普遍性对比，创造一个我们可以讨论价值合法性的空间。他拒绝把真理沦为科学家所倚仗的对事实的单纯吻合，也拒绝像战士一样把真理变成启示的真理。他更希望一种揭露的协调的真理，人们在接受自省和对话中向着这个真理前进。"① 在真诚对话与不断自省的状态中，达到互相关注、互为理解的可能性。

于连在2011年上海召开的中国比较文学学会第十届年会暨国际学术研讨会的大会主题发言（题为《对比较的重新思考》②）中，也强调中欧历史上"相遇的困难并不在于远东与欧洲之间的思想差异，而在于这两者之间历来的漠不关心。……走出这样一种面对面各自建构却彼此冷漠的关系，使得一方可以关注另一方，反之亦然。从一方到另一方，也就是自身框架的改变让我们得以思考"。这是经由外部的解构，因为从我们传统内部着手的分析操作会有突然搁浅无法推进的可能。

于连在上述研讨会的发言中，还仔细辨析了"差异"与"差距"之于发展文化多样性的意义："从差异开始强调的文化多样性事实上会将特异性归因于文化，并且将它们封闭到某原则统一性中，所以我们一早就能察觉这种统一性是多么不可靠。我们不能够把随便什么身份归因于某种文化，就如设想把身份和差异拉郎配。""专注于这样的差距，并不是为了隔绝中国文化与欧洲文化，并把两者关闭在各自的世界里（相反，我所做的是促进对话）；……差距是工具，它不是假设几个统一或特异性的原则，……正是差距在张力之下分开了这两边并使之彼此发现，并使一方在另一方里反思。所以，转换视角是有利的：不仅仅是从区分到差异的视角，从距离的视角到展开思想的场域，而且是从身份问题转换到一种对繁殖力的期待。"这就使得文化或思想的多样性如同自由的资源一样，不证自明。

经由发掘中西文化之间的差距，进入认知视角转换的空间，在他者之镜的映照下，达到思想方法的更新调整，这样，我们研究海外汉学，出发点及目标如何，

---

① 滋维坦·托多罗夫、钱林森、邹琰《从索菲亚到巴黎：我的跨文化探索的旅程——滋维坦·托多罗夫：谈谈我的学术历程》，原载《跨文化对话》第23辑（2008年8月），收入钱林森《和而不同——中法文化对话集》，南京大学出版社，2009年，第91页。

② 收入该届年会论文集《当代比较文学与方法论建构》，复旦大学出版社，2014年。

就很值得关注，因为这决定着我们研究者的"思想"附加，即我们研究此类课题的意义何在。

三

我们对海外汉学问题的讨论，会涉及中国形象的理解接受，可以概括为三个立足点，它们决定着我们采取何种分析策略：

（1）以"传统中国"为参照物，会辨别汉学家所展示形象的真实或虚构，以此解释"中国形象"的意义。

（2）以"现代中国"为着眼点，则重在解构"中国形象"的虚构色彩，不论是乌托邦式的中国形象，还是意识形态性的中国形象，都被质疑其合法性，即所谓"中国不是中国"。批判意识是其中的主导思路，这与中国经济的快速增长、大国崛起的情结、民族复兴意识的觉醒有关。国力的增强，促进了强盛文化力的需要，必先对历史遗产进行意识形态上的清算。

（3）以"未来中国"为切入点，建构中国文化的宏伟大厦。其前提是要推进对中国传统文化的反思，大力吸收人类普遍价值（人文愿景、公民意识、科学理性、法制规则）的文化精髓，鲁迅当年所倡导的"拿来主义"，永远不会过时，这样才会真正实现民族伟大复兴的"中国梦"。关于海外汉学及"中国形象"的学术研究，应该起一种"牛虻"的作用，即便是负面中国形象，同样会产生某种警示作用。

我们对负面中国形象的看法，取决于我们中国读者（研究者）的立场与心态（比如：国家力量的强弱、文化软实力的有无与大小、中国人形象素质如何）。其实，中国立场，并不是处处以中国之是非为是非的立场，而是借助于异域文化之镜，来发现自身弊端以图谋有机发展的变革心态。前者是保守的，或许其口号还是高举革命浪漫主义的、揭橥民族理想主义的，其实是把理想主义庸俗化了的教条主义，是丧失信仰的思想危机的表现，最低端的表现就是一种弃船心态；后者是改革的，尽管其言论表现为彻底的自我反思与解剖批判的，其实显示的是重建信仰的思想者的勇气与信心，是一种历史的乐观主义和现实主义心态。

从理想主义（传统）走向经验主义（现实），要经历一个思想危机的痛苦过程，如何面对跨文化语境下的中国负面形象，从学理和政治层面都能印证这一思想危机的纠结程度与自我蜕变的试金石。以冷静的科学态度重审中外文明史的轨迹，尝试从传统文化思想的禁锢中彻底解脱出来，需要的是广阔的国际视野与丰富的生存智慧，以及疾虚妄求真知的独立精神。

作为具有高度学术责任感的跨文化、跨学科的海外汉学及形象学研究，在新的历史时期，应该将之与中国"国家形象"的自塑运动、国家文化发展战略联系起来，这构成了我们的阐释立场。借鉴海外汉学家辨识差距与转换视角的思考路径，通过大量史料的实学研究，着重从历史细节等微观角度，再现海外汉学及"中国形象"所走过的历程，是一件有价值的事情。

四

这些历史或心理"真相"的揭示，即回归到事物本来面目的考量，就是学术研究的终极目标，承担着启蒙职责。因为，启蒙就是捍卫记忆，揭示历史的真相，而不应该只是各种现代性理论、后现代主义文化理论旅行中的某种注脚。

文化交流有自身的规律，重要的是了解与认知中国传统文化，在吸收外来文化中，增强调适作用。中国文化向外走，大势所趋。那么，中国文化形象如何构建？中国既要加入世界市场体系，又要进入世界话语体系，争取更多的话语权和文化认同。经济增长本身并不能成为一种国际力量，国家的影响力离不开文化软实力的提升，包括公民的文明素质、政府的法治形象、知识分子的人文追求。现实存在的问题太多，这无疑离不开西方文明精华的启迪与借鉴。诺贝尔文学奖作家、秘鲁的略萨访华之后撰写文章《新鲜空气与苍蝇》："我还是听到他们（中国的知识分子）当中的很多人抱怨年轻人，特别是受到高等教育的年轻人对公民生活和文化，以及哲学、艺术和宗教等问题很少或者根本没有兴趣。所有人似乎都热衷于获得很好的技术和专业培训，为他们进入跨国企业、获得高薪或管理职位打开大门。大部分人只关心赚钱，赚很多的钱，生活得更好。"[①] 中国模式不应只

---

① 西班牙《国家报》2011年7月7日。

是经济发展的模式，也应当是精神价值模式，使富裕起来的中国人精神充实、崇尚道德、遵守法律，有民族自豪感。中华民族具有巨大的包容性，能够将各种思潮、主义和制度"蜕化为国有"，但是也面临精神信仰缺乏、实用主义泛滥、功利主义严重的问题。让弱势群体看到生活希望、获得更多的机会、感受更多公平，这不仅是经济发展问题，也是政治问题，是未来中国发展道路上绕不开的大问题。

中华民族"主体性"的确认，仅靠口号、鼓动显然无法奏效，或许还会适得其反，而应大力借鉴先进的域外文明精华，如鲁迅所倡导的那样，放开眼光，自己去拿，以谋求中国文化复兴之梦。这是因为，只有以域外先进文化为镜子，才能获取批判的眼光；只有秉持批判的眼光，才能发挥传统文化的作用，进而实现民族文化在新形势下的更新进步。在此基础上，增进国家民族之间的沟通交流，逐步消解误会与文化冲突。也就是在中西方的认知心智上逐步成熟后，才能有可能推进真正的平等交流交往、互助互利。

或者说，如上文所述，国家持久的竞争力依赖于文化软实力的不断提升，而国家文化软实力的核心是创新、创造的能力。创造能力的前提是对本土文化的自我更新能力，更新能力的获取有赖于他者文化的启发与撞击。对他者文化的理解与认知，又决定于对外开放的文化交流的程度与接受能力。同时，开放交流的程度是双向的，有赖于他者文化对中国文化的理解认识与现实接受。这样，中国文化在域外的传播与重演，对文化软实力的提升至关重要。它在宣示文化话语权的同时，也展现出中国文化形态的多样丰富性，以及变异性特征。正因为如此，海外汉学家的丰富研究成果及其独特的思想方法，更值得我们认知与借鉴。

二 典籍外译研究
DIANJI WAIYI YANJIU

理解意义与创造意义

——两部中国典籍外译的不凡意义和影响

北京师范大学　方维规

心理分析学巨擘荣格（Carl Gustav Jung, 1875—1961），亦为分析心理学的创始者。他的同时代人卫礼贤（Richard Wilhelm, 1873—1930）译介中国经典的成就举世公认，被誉为"两个世界的使者"①，也常有人称其为发现中国精神世界的马可·波罗。一位是努力汲取东方智慧、学贯东西的分析心理学大师，一位是创造了20世纪最重要翻译成就之一的"伟大的德国中国人"②。二者的结交和合作，以及由此而来的孕育力，书写了中西文化交流史中的一个绚烂篇章。

荣格和卫礼贤的非凡成就，无论是学说还是译作，除了其职业属性、学术领域及个人志趣外，都受到其生活年代之特定时代精神的影响。东亚思想对荣格的影响尤为显著。他甚至声称，在他的一生中，卫礼贤对他的影响超过任何人。③ 所谓卫礼贤影响，简而言之，是指卫氏的两部产生巨大影响的译作：《易经》和《太乙金华宗旨》。荣格为转译自卫氏德译本的英译本《易经》作序；第二本书为二人合作编著，卫礼贤翻译并注释，荣格撰写长篇"欧洲评论"，冠以《金华秘旨》问世。我们能够发现，荣格对两部中国典籍的解析，不仅在理解意义，也在创造意

---

① 黑塞《中国与欧洲之间的中介者》，载夏瑞春编《赫尔曼·黑塞与中国：记述，资料，阐释》，法兰克福：Suhrkamp，1974年，第320—323页；萨洛莫·威廉编《卫礼贤——中国与欧洲的精神中介者》，杜塞尔多夫、科隆：Diederichs，1956；鲍吾刚编《卫礼贤——两个世界的大使》，杜塞尔多夫、科隆：Diederichs，1973年。

② 黑塞《中国与欧洲之间的中介者》，载夏瑞春编《赫尔曼·黑塞与中国：记述，资料，阐释》，第320页。

③ 荣格《纪念卫礼贤》，载《金华秘旨——一部中国的生活之书》，卫礼贤翻译并注释，荣格评论，修订二版，苏黎世：Rascher，1938年，第XVIII页。

义,并将之纳入自己的理论体系。从某种意义上说,中国思想或许成就了荣格思想中最有创意的部分,如"个性化"概念、"同时性原理""集体无意识"等。

荣格曾说,他的生活中有一次特殊的相遇,发生在学术圈之外,却成了他生活中至关重要的事件,这里说的是他与卫礼贤的相遇。20世纪20年代初,荣格和卫礼贤在凯瑟林(Graf Hermann Keyserling)于德国达姆施塔特市创办的自由哲学协会"智慧学派"活动中首次相遇。后来,他们成为朋友,彼此激荡。两人之非同寻常的关系,是荣格"走向"中国的最重要的路径。荣格与中国思想的对话成果,极具启发意义。

卫礼贤刚到中国之时,虽在生活中少不了殖民地白种人那种养尊处优的派头,但也是最早认识到中国思想价值的西方人之一,并极力填平两种文化之间的鸿沟。起初,这个传教士于1899年来到中国青岛,是为了让异教徒皈依基督教。但在不知不觉中,他自己被归化了。多年之后,他在荣格面前夸耀说,自己在中国从未给一个中国人洗礼。① 相反,他发现了自己的真正使命,通过翻译来联通东西方的精神世界。卫礼贤把伟大的中国文化遗产介绍给西方,其成就或许超过任何西方人。他将《论语》《老子》《易经》等十多部中国经典翻译成德语,其中一些著作又被转译成其他西方语言。尤其是至今还在吸引许多西方人的《易经》,使他一直被看为欧洲最重要的中国文化传播者。

荣格认为,卫礼贤译成德语的中国智慧,对于西方人来说有着莫大的孕育力。卫礼贤的著述,尤其是他的译作《易经》,成功地实现了东西方的融合。对于许多西方人来说,《易经》与《金华秘旨》无疑是其接近和理解独特的东方文化和精神世界的极佳途径。一方面,是荣格帮助卫礼贤在德语学术界赢得了严肃性和应有的地位,并为他认为最重要的两部卫氏译著作序或撰文:《易经》(英译本,1950)和《金华秘旨》;另一方面,这两本书对荣格本人产生了深远的影响。荣格在5月25日给卫礼贤的信中感慨写道:"仿佛是命运的安排,让我们成为支撑东西方之桥的两座桥墩。"② 对于欧洲人来说,卫礼贤的"使者"角色是不言而喻

---

① 荣格著,亚菲记述并编写《回忆·梦·思考》,苏黎世、斯图加特:Rascher,1962年,第382页:"我从未给一个中国人洗礼,这让我感到很欣慰。"
② 亚菲编《荣格书信集·卷一:1906—1945》,奥尔滕、弗莱堡:Walter,第3版,1981年,第93页。

的，而荣格也赋予自己这一角色，这会令人诧异。后来的事实表明，荣格的这一角色来自卫礼贤。

荣格在1929年4月6日致卫礼贤的信中说："我马上就能着手从事我们的书稿了。"① 人们后来得知，书稿指的是二人合作出版、卫礼贤翻译、西人从未听闻的道教典籍《太乙金华宗旨》，由荣格撰写"欧洲评论"。就是这本书，它是荣格研究工作中的一个重大转折点！他在其自传《回忆·梦·思考》中写道：

（……）卫礼贤寄函给我，真是一个奇异的巧合。他寄给我一本中国道家炼丹术书稿请我写评论，书名是《金华秘旨》。我急不可待地念完了书稿。这部文献出乎意料地印证了我关于曼荼罗和环流的思考。这件事第一次冲破了我的孤独。我感到有了知音，我可以在那里找到连接点。②

荣格所言"第一次冲破了我的孤独"，实为肺腑之言。他与弗洛伊德"分道扬镳"之后，弗氏同仁对他的学说颇多诋毁，使他在心理分析学圈内长期处于孤立无援的境地。卫礼贤寄给他的《金华秘旨》译稿，无疑是一个出乎意料的馈赠，给他展示出一条认识意义的路径，也就是他大约摸索了10年之久，在绘制曼荼罗时所寻找的意义。曼荼罗呈现的是"本我环绕"（Umrundung des Selbst），也就是"个性化"（Individuation）③。这部道家典籍所教给他的，或曰为他证实的是，心理发展不

---

① 《荣格书信集·卷一：1906—1945》，第89页。
② 荣格《回忆·梦·思考》，第200—201页。曼荼罗（Mandala），梵文原意"圆圈"，在古代印度指疆土和祭坛，后来演化为复杂的、依一定方式配列的图样。荣格用它来描绘各种圆满的意象，并认为道教的"道"是"集体无意识"最为完满的一种原始意象，印证了曼荼罗象征的圆满性。环流（Umkreisung der Mitte），指沿圆周的运动，也标志着对圣境的界定。太阳获得活力之后开始它的行程，道开始运转便主宰万物。周围的一切都服从中心的指令。
③ 个性化（Individuation）：荣格在发展和描述了他的"本我"观念之后，才得以回到他的核心研究志趣，即通过自我意识与无意识之间的关系来拓展意识。在他看来，研究这种关系才是真正的任务。他称这种自我与无意识之间的角逐活动为个性化过程，这发生在人的心灵和命运之中。我们所理解的个性，即为内在的、终极的、无法混淆的独特性，那么个性化便意味着单个化而至本我。荣格认为，人们常会混淆个性化过程与自我意识生成，从而把自我与本我相提并论，这当然会导致可怕的概念混乱。可是，本我的含量远远超过自我，它包括这个或那个自我。个性化不排除世界，它也联系世界。

是直线的，而是一个圆环，环绕着一个不可名状的中心："在1918至大约1920年间，我开始明白，心理发展的目标就是本我。没有直线发展，有的只是本我环流。单义的发展，至多只在开始会有；之后，一切都指向中心。"① 中国哲学中的非直线思维，着实让荣格折服。从他的解读来看，这个作为环流而非直线的个性化概念，在很大程度上是中国的，并成为他的个性化理论的关键特征。中国思维后来成为荣格理解和描述这一发展过程的关键成分，或许也是荣格心理学理论的肯綮。

荣格说："1929年，我同卫礼贤合作出版了《金华秘旨》一书，那正是我的思考和研究接触到我的心理学的关键之点，即本我之观念。自那以后，我才找到了重返这个世界的路。"②《金华秘旨》出版之前，荣格在其信札中常说此事。他与卫礼贤的信件来往，虽然远远比不上他同弗洛伊德的大量通信（从中可见心理分析学对他的影响），也比不上他同保利（Wolfgang Pauli）的通信（详细呈现分析心理学与现代物理学的关系对荣格的影响），或者他同魏斯（Victor Weiss）的通信（描述他的观点与基督教神学的异同），但是，他同卫礼贤的通信，很能见出中国思维对于他的不同一般的意义。

最迟自1910年起，荣格开始探索人类心理的基本层次。他深信，弗洛伊德的无意识理论，亦即对性和俄狄浦斯情结的强调，没能揭示这个问题。对于心理基本结构的根究，最终促使荣格提出原型理论。他后来常将之界定为人类心智的基石，且适用于所有人。他在《金华秘旨》中见到的一系列图画和记述，正符合他在分析西方病人时一再遇见的东西。对这一文本的研读，证实了荣格自己透过图像和梦境而获得的思想和经验。他或许也是第一次窥见一种共性，即个性化才是心理发展的走向。个性化过程也引导他转向炼丹术。他从中国炼丹术出发，对其象征意义寻根究底，同时也在西方源流中探寻，将之阐释和移植进心理学范畴，并将这些象征和图像同现代人之深藏的无意识结构、过程和象征表述联系起来。在后来面世的"荣格评论"中，作者结合其病人的内心世界和书中描述的事例，对《金华秘旨》做了详尽的、细致的心理学阐释。荣格撰写的《金华秘旨》之"欧

---

① 荣格《回忆·梦·思考》，第200页。
② 荣格《回忆·梦·思考》，第211页。

洲评论"堪称杰作，可被看作他著述中最精彩、最富启发性的篇章之一。

《金华秘旨》发表于1929年末，卫礼贤于1930年3月1日离世。在中国本土几乎未被学者关注的《太乙金华宗旨》，经卫氏翻译和荣格述评而走向世界。起初在德国，《金华秘旨》首先是通过荣格的"欧洲评论"亦即与之相关的心理学论题而引起广泛兴趣的。所有后来在分析心理学和中国思想之间的对话，都起始于荣格的这篇长文。他所采用的方法，在中西对话中不偏向一方，揭示精微的、深邃的内在联系，巧妙地将分析心理学与传统中国思想联系在一起。

我们从各种资料中可知，荣格曾如饥似渴地钻研世界各地的宗教象征、符号和思想。他曾在1923年请卫礼贤在苏黎世心理学俱乐部解说《易经》。荣格后来在为贝恩斯（Cary F. Baynes）转译自卫氏译本的英译本《易经》（1950）所写的"前言"中说，他在知道卫礼贤之前，已经了解理雅各（James Legge）的《易经》译本（1882）。[①] 在不少西方学者看来，人们可以将《易经》在中国的价值与《圣经》在基督教世界的价值相比。而用荣格的话说："想到卫礼贤，我总是想起安克提尔·迪贝隆（Anquetil du Perron），那位第一个把《奥义书》译入欧洲的法国人；那时恰逢几乎1800年之久闻所未闻的事件发生之际，即理性女神把基督教上帝从巴黎圣母院的宝座上赶了下来。"[②]

荣格沟通东西方的方法，与其西方心理密切相关，他一再在中国古代典籍所呈现的东方思想中寻找契合于西方的共同点。卫礼贤则沉湎于中国思想，因而会从中国视角来反观西方问题。然而，他从中文翻译成德文的书籍，绝不只是简单的文字转述；那些文本经他的译笔而能更好地作用于西方读者。他首先是一个转

---

① 荣格《纪念卫礼贤》，载《金华秘旨——一部中国的生活之书》，第X—XI页；荣格《易与中国精神》（贝恩斯英译本《易经》序言），载《东洋冥想的心理学——从易经到禅》，杨儒宾译，社会科学文献出版社，2000年，第205—206页；另一"《易经》序言"译本，见荣格《我怎样用〈易经〉占卜》，载《精神分析与灵魂治疗》，冯川译，译林出版社，2012年，第116—117页。文中所说理雅各译作：《中国经典》之二，理雅各译《易经》，牛津：Clarendon，1882年。

② 荣格《纪念卫礼贤》，载《金华秘旨——一部中国的生活之书》，第XIII页。迪贝隆《奥义书》译本于1785年问世。所谓"几乎1800年之久"，是指以耶稣诞生年为纪年开始的"公元"。把基督教上帝赶下宝座之说，则指法国大革命的爆发（1789）。

形者，而不只是一个翻译家。或用张君劢的话说："卫礼贤不是文化研究者，而是文化体验者，文化领会者。""英国人理雅各翻译了许多中国经典著作，但他对中国之生活智慧的理解，远不及卫礼贤。伯希和（Paul Pelliot）在研究中国古文字方面的精确程度，超过所有汉学家，甚至超过中国人，但他对中国文化的理解还不够。"①

1913年，卫礼贤在青岛与曾任京师大学堂总监督兼署学部副大臣的劳乃宣开始了将《易经》翻译成德语的巨大工程，翻译工作共持续十年之久。② 劳乃宣为卫礼贤讲解了《易经》的方方面面；用卫礼贤的话说，是劳乃宣向他展示出《易经》的神奇之处。他奉《易经》为圭臬，这不仅感染了卫礼贤，还彻底改变了他的生活。也是在劳乃宣的指导下，卫氏在入定状态中经历了《易经》之奇异而又熟识的境界。③ 他们的翻译建立在充分讨论和反复推敲的基础上；只有当他们认为原文的意义尽显无疑时，译文才会确立。④ 1921年，当出版社寄回《易经》译稿最后几页排版校样时，劳乃宣去世了，似乎得知自己的毕生事业已经完成。⑤ 卫礼贤则在后两年中继续修改译本，做完他的注释工作，直到最

---

① 张君劢《世界公民卫礼贤》，载卫礼贤、许乐主编《中国——中国概况与中国研究杂志》1930年第5卷，法兰克福中国学院，第72、73页。
② 李雪涛《卫礼贤〈易经〉德译本的翻译过程及底本初探》，载《世界汉学》2012年第9卷，第163—172页。
③ 卫礼贤《我与荣格在中国的相遇》，转引自萨洛莫·威廉编《卫礼贤——中国与欧洲的精神中介者》，第371页。
④ 卫礼贤在《易经》德文第一版导论中讲述了该书的翻译过程："1911年革命以后，一批前清老派学究蛰居青岛。我同这些人中的劳乃宣交谊，是他首次为我揭示《易经》的奥秘。我们一起开始工作。他用汉语解释文本，我做记录。然后，我私下将之译成德语。接着，我在不看原文的情况下，再把译文译回汉语，让劳乃宣做比较，看我是否正确理解了所有要点。然后我再在行文上斟酌译文，逐一商讨有些问题。我还要修改三四次，附上一些最重要的解释。译事就是这样一步步进行的。"（卫礼贤《易经——文本与资料》第一版"导论"，慕尼黑：Diederichs，1990年，第21—22页。）
⑤ 荣格写道："当译完最后一页，最初校样出来以后，大师劳乃宣去世了。仿佛他的事业已经完成，把行将就木的古老中国的最后一个音讯传到欧洲。卫礼贤这个卓越的学生实现了老人的心愿。"（荣格《回忆·梦·思考》，第383页。）

后竣稿。①

在荣格的生活道路上,《易经》和《金华秘旨》使他获得了深刻的认识。或者说:"荣格所以重视东洋思想,乃因两者的关怀同样落在'无意识'的范围。"② 他认为自己多年考察的无意识现象,在这些书中得到了证实,他看到了与自己的研究成果相匹配的东西。"这实在至关紧要,它极为生动地体现出那些现象与我的病人之心理发展的相似之处;而这些病人,没有一个是中国人。"③ 那些无意识现象,卫礼贤本来以为只有中国哲学传统才独自拥有的。④ 荣格钻研这些著作,深深领略了"道"和"无为"等概念。人们后来在荣格那里经常听到的一句话,显然来自"无为"的启迪:"对于心理活动,人们得任其自然。"荣格既受到中国思想的深刻影响,又在其科学思维和医学实践中不失去自己的西方之根,这才会有他与中国思想对话的极为丰硕的成果。

荣格在《纪念卫礼贤》一文的结尾部分谈论自己和卫礼贤的交往时,深深的感激之情溢于言表:

> 卫礼贤的毕生事业对我太有价值了,他解释并证实了我为了医治欧洲人的心灵痛苦而在寻找、追求、思索和践行的许多东西。听他用清晰的语言阐释我这个欧洲人在无意识的混沌中所隐约感受到的东西,那是一种震撼人心的体验。的确,我在他那里受益匪浅,我觉得自己从他那

---

① 关于卫礼贤与劳乃宣之交谊,卫氏接受《易经》的基础,以及《易经》德译的文化史意义等问题,参见叶隽《"中德二元"与"易道原一"——卫礼贤和劳乃宣交谊与合作之中国文化背景》,载《世界汉学》2013年第12卷,第78—90页。我赞同叶隽的如下观点:"一般来说,我们将德译《易经》作为一项翻译事业,看作卫礼贤的巨大贡献;但如果没有劳乃宣的立意策划、精心辅助乃至全心投入,那么卫礼贤一人是极难独立完成这项任务的。所以,我倾向于将这部作品作为卫、劳二氏的合作成果,就接近事实而言,先贤地下有知,或许更为欣慰。"(第81页)李雪涛在《卫礼贤〈易经〉德译本的翻译过程及底本初探》一书第165页亦有"合译"之说。
② 荣格《东洋冥想的心理学——从易经到禅》,杨儒宾译,"译者前言",第4页。
③ 《金华秘旨——一部中国的生活之书》,"荣格评论",第8页。
④ 荣格《回忆·梦·思考》,第382页。

里获得的东西比从其他任何人那里得到的都多。①

荣格强调了"在东西方之间架设了一座桥梁"②的卫礼贤功德无量。他接着说：

> 任何一个同我一样有幸与卫礼贤进行思想交流、领略《易经》之预见力的人，都不可能长久地忽略一个事实，即我们在此碰到一个阿基米德支点，我们西方的思想观念之根基可能会被撬动。卫礼贤如此为我们描绘出一幅陌生文化之广博而丰富多彩的画卷，这当然非同小可。而更为重要的是，他还把中国精神的鲜活胚芽接种进我们的体内，能在根本上改变我们的世界观。我们不再是只会崇拜或只会批评的旁观者，我们要是成功地体会《易经》之活生生的效应，便成了东方精神的参与者。③

荣格认为，《易经》的"科学"所依据的不是因果律，而是一种西方没有的、尚未命名的原理，他曾试着称之为"同时性原理"（Synchronistisches Prinzip）。④ 他自己的"同时性"理论，或许也根植于此。⑤ "因果性"描述事件的前后关系，"同时性"则关注事件的契合。在荣格看来，同时出现在世界上不同地方的某些同样的思想、象征或心理，并非用因果对应能够解释的。卫礼贤就曾强调指出中国和欧洲的某些时代风格的同时性，它们之间不可能有任何因果关系。⑥ 荣格颇为肯定地指出，在《易经》中登峰造极的同时性思维，实为中国思维方式之最精粹的

---

① 荣格《纪念卫礼贤》，载《金华秘旨——一部中国的生活之书》，第XVIII页。
② 荣格《纪念卫礼贤》，载《金华秘旨——一部中国的生活之书》，第IX页。
③ 荣格《纪念卫礼贤》，载《金华秘旨——一部中国的生活之书》，第X—XI页。
④ 1920年，荣格开始就《易经》做实验，发现一些令人诧异的巧合，并称之为"同时性"（Synchronizität）。参见荣格《回忆·梦·思考》，第380页。
⑤ 同时性原理是荣格晚年提出的一个重要假设。
⑥ 荣格《纪念卫礼贤》，载《金华秘旨——一部中国的生活之书》，第XI—XII页。

表现。而在西方哲学史中，这种思维在赫拉克利特之后就不见踪影了，直到莱布尼茨那里才再次听到遥远的回响。它后来并没有消失，存留于占星术玄想的暮色之中，直到今天。①

荣格借助卫礼贤的译介文字而获得的中国思想之宝藏，影响了他整个余生的思想。他们起初合作架设的连接东西方的桥梁，最终见之于一个完整的心理学理论，将西方线性的、因果的、科学的思维与东方的（中国的）非因果的、综合的、整体的思想相结合。在《同时性：非因果的关联法则》（*Synchronizität als ein Prinzip akausaler Zusammenhänge*，1952）与《神秘契合》（*Mysterium Coniunctionis*，1955，1956）中，荣格希望人们认识到一种心理现实，它能融合中国的道家思想和欧洲的科学思想。

鲍吾刚（Wolfgang Bauer）在卫氏《易经》德译本1990年再版（第14版）"导言"中，亦论及荣格对《易经》的赞誉。他援引哲学史家麦克斐利（Wayne McEvilly）的观点，强调《易经》的现代性和现实意义："（……）人们不得不认可哲学史家麦克斐利的见解，他在《东西方哲学》（1968）刊物上刊文，② 指出《易经》之非因果、结构性思维方式的现代性，并做出如下判词：'在当今这个时代，如果有谁还不知道《易经》，那几乎应被看作其精神生活中的一个不可原谅的疏失。'"③

---

① 荣格《纪念卫礼贤》，载《金华秘旨——一部中国的生活之书》，第XIII页。
② 麦克斐利《同时性与〈易经〉》，载《东西方哲学》1968年第18卷第3期，第137—149页。
③ 卫礼贤《易经——文本与资料》（德译本），鲍吾刚"导言"，慕尼黑：Diederichs，1990年，第14页。

《论语》中的"华夷之辨"及译者文化身份研究*

山东大学（威海） 赵 巍

《论语》是中华民族的文化元典，承载着本民族观念文化的核心。经过反复重译，《论语》英译本融合了历代译者的主体意识，表现出各自文化所特有的一系列特征。《论语》翻译研究成果很多，但从中国知网上检索到的译者文化身份研究仅有10篇论文，其中多数论文探讨西方汉学家和中国译者各自采取了不同的策略翻译儒家核心词汇，并从译者文化身份的角度加以解释。① 文化身份是基于民族性的一系列相对固定的特征，《论语》中的"华夷之辨"是文化民族主义或中国中心主义的发端，但"华夷之辨"的翻译一直没有从译者文化身份的角度得到认真的研究。此外，由于译者文化身份的复杂性，基于民族性的固定文化身份特征又表现出个性化差异，呈现出多元化的特点。但现有研究仅从东西文化二元对立的思维定式出发来考察译者文化身份，理雅各的传教士身份在《论语》翻译研究中被过度夸大，甚至出现了一些牵强附会的解释。② 在全球化语境下考察文化经典的翻译，需要我们用一种更加超越与开明的态度来思考文化身份认同问题。本文探讨《论语》中的中国中心主义，即"华夷之辨"种种表述的不同英译，希望拓宽《论语》文化翻译研究的范围，并为译者文化身份研究提供新的理论认识。

---

* 本文为教育部人文社会科学研究规划基金项目"中国译论的社会文化批判"（14YJA740060）的部分成果。

① 钟明国《辜鸿铭〈论语〉翻译的自我东方化倾向及其对翻译目的的消解》，载《外国语文》2009年第2期。王福祥、徐庆利《民族文化身份嬗变与古代典籍核心词汇翻译——以〈论语〉中的"仁"为例》，载《西安外国语大学学报》2013年第2期。屠国元、许雷《译在家国之外——黄继忠〈论语〉英译的策略选择》，载《中南大学学报》（社会科学版）2013年第4期。

② 章亚琼《各文化身份研究》，载《重庆三峡学院学报》2012年第4期。

一、何为译者"文化身份"

"文化身份认同"(cultural identity)或"文化身份"是来自西方文化研究的一个重要概念,指人隶属于某种文化的归属感或自我意识,包括人自认为属于某一民族、种族、宗教、阶层、辈分、地域等类似社会群体所特有的文化。就此而言,文化身份可以是个人的文化身份,也可以是具有共同文化身份的个人组成的群体文化身份。近年的文化身份认同研究不再把个人视为统一的、完整的主体,而是把个人分解为种种不同文化身份特征的组合,而任何条件如民族、种族、宗教、阶层、辈分、信仰、性取向、审美心理乃至饮食习惯都可能成为区别文化身份的重要特征。在全球化语境下,文化上的趋同和存异并行不悖,本族文化和外来文化的冲突日益明显,文化身份的确认日益引起学界持续广泛地关注。因为只有通过确认自己的文化身份,个体的人才能找到自己的文化归属。

译者文化身份研究探讨文化交流的过程中译者如何维系自己的文化身份,是对文化全球化的一种积极回应。在其专著《翻译与文化身份》一书的序言中,爱尔兰翻译理论家克罗宁(Michael Cronin)指出:"如果以前意识形态是影响政治交流的主要方式,那么现在身份认同的问题已经取而代之。"① 美国翻译理论家根茨勒(Edwin Gentzler)在《美洲的翻译与文化身份》一书中也强调文化身份的重要性。② 随着文化学派翻译研究的深化,译者文化身份研究日益细化,不仅和移民(migration)研究相互影响,和社会性别(gender)、性(sexuality)之间也在相互作用,为理解译者主体性以及译者采取的变通策略提供了新的思路。译者的职责是促进不同文化的沟通和理解,因此译者的主要身份是以民族性为基础的文化中介人,民族性是译者第一位的文化身份。但由于文化身份自身的复杂性,译者的主体性有时不能仅从民族身份的角度来解释,译者的宗教、阶层、辈分、信仰、审美心理等都可能作为区别译者文化身份的重要特征,并潜移默化地影响了翻译的策略。

---

① Cronin, Michael. *Translation and Identity*. New York: Routledge, 2006, p. 1.
② Gentzler, Edwin. *Translation and Identity in the Americas: New Directions in Translation Theory*. New York: Routledge, 2008, p. 180.

二、《论语》中的"华夷之辨"

"华夷之辨"也称"夷夏之辨"或"华夷之防",是自春秋以来逐渐形成的民族观念,最初用来区别华夏与蛮夷。古代华夏族群一直居于文化较为发达的中原地区,而夷族位于周边,文化上较为落后。西周末年,王室衰微,诸侯崛起,在华夏族内部,周室的王权遭到诸侯的挑战。与此同时,华夏族外部也面临着"四夷交侵"的政治危机。处于周边地区的戎狄等少数民族不断侵入华夏的中心地区,严重威胁诸夏腹地的安全。在这一特殊的历史时期,不仅华夏族和外族相互融合征战,周王朝和诸侯也在不断交融又冲突的紧张关系中。如何处理华夏族和少数民族的关系,以及如何处理华夏族内部周王和诸侯的关系,成了当时的重大政治文化议题。为解决当时迫在眉睫的政治危机和错综复杂的民族关系,孔子的"华夷之辨"或"夷夏之辨"的思想逐渐形成。"华夷之辨"体现了孔子的民族观念,主要内容包括三层意思:(1)华夏各族和夷狄之间存在着明显差异,需要将二者进行严格区分;(2)区别华夏和夷狄的标准是文化而不是血统,而文化是指周文化的发祥地鲁国的文化;(3)夷与夏的差别不是绝对的,是可以转化的,但转化只能"以夏变夷",不能"以夷变夏"。①

有关"华夷之辨"的种种表述散见于《论语》各章。如《论语·子罕》篇中,孔子强调了中原先进文明对后进文明的改造力量:"子欲居九夷,或曰:'陋,如之何?'子曰:'君子居之,何陋之有?'"(《论语·子罕》)再如"樊迟问仁。子曰:'居处恭,执事敬,与人忠。虽之夷狄,不可弃也。'"(《论语·子路》)"子张问行。子曰:'言忠信,行笃敬,虽蛮貊之邦,行矣。'"(《论语·卫灵公》)孔子高度评价了齐国的政治家管仲辅佐桓公、驱逐夷狄的功绩:"微管仲,吾其被发左衽矣。"(《论语·宪问》)以上句子均说明,华夏和夷狄之间的差异已经形成,同时说明了孔子热爱中国文化及推行中国文化的愿望。由于历代解经趋于一致,译者处理以上各句时也都大同小异,民族身份的差异对翻译策

---

① 赵巍《中国传统译论中的"意识形态"——从"名从主人,物从中国"说起》,载《解放军外国语学院学报》2011年第3期,第70—71页。

略的影响并不明显。但"华夷之辨"最为经典的表述为:"夷狄之有君,不如诸夏之亡也。"(《论语·八佾》)关于此句,历来解释不一,民族身份的差异对翻译策略的影响就很明显。

三、"华夷之辨"及译者文化身份

《论语》是后人收集孔子的只言片语编纂而成,语境有限,因此历来经注家对此句有两种解释。"夷狄之有君,不如诸夏之亡也"中的"不如"有"不及"和"不像"两种意义。《十三经注疏》中,邢昺沿用了何晏的理解,把该句解释为:"此章言中国礼义之盛,而夷狄无也……言夷狄虽有君长而无礼义,中国虽偶无君,若周、召共和之年,而礼义不废。"① 杨伯峻先生也将这句话理解为:"文化落后国家虽然有个君主,还不如中国没有君主哩。"② 依照这种解释,少数民族地区文化落后,缺乏礼乐教化,即使有君主也不如诸夏没有君主。第二种解释与此大相径庭,如朱熹引程子的话说:"夷狄且有君长,不如诸夏之僭乱,反无上下之分也。"③ 这是把"如"解释为"像"。这句话是"华夷之辨"的经典表述,而两种解释差异很大,采用何种解释的确体现了译者不同的民族文化身份。

(一)西方译者的文化身份及其翻译

理雅各(James Legge,1815—1897)翻译时,遵循统一体例,首先在注释中给这句话加了个标题——The anarchy of Confucius's time,一望而知是采用了朱熹等人的理解。理雅各在句法上保留了原文的歧义结构:"The rude tribes of the east and north have their princes, and are not like the States of our great land which are without them."④ 这是一种中立的翻译,原文的句法歧义有意保留了,能读出孔子感时伤事的怀旧情绪,但并没有歧视少数民族的意味,也没有强烈的文化优越感。从风格和意义上看,这种译法能以疑传疑,最大限度地保留原文中模棱两可的措辞和

---

① 阮元整理《十三经注疏》,中华书局,1980年,第2466页。
② 杨伯峻译、刘殿爵英译《论语:中英文对照》,中华书局,2008年,第32页。
③ 朱熹集注《论语·大学·中庸》,上海古籍出版社,2013年,第38页。
④ 理雅各译释《论语·大学·中庸》(英文版),上海三联书店,2014年,第22页。

立场，是最为忠实的译法。在《中国经典》(Chinese Classics) 一、二卷再版前言中，理雅各曾明确指出，他在解读《论语》时，一直为宋代儒学大师朱熹的解释所折服。他认为，朱熹不仅出色地传承了古代的儒家思想，作为批评家和哲学家也是很有建树的。理雅各很快就认识到"朱熹解经的美感与力度，其分析之正确，以及他深刻的理解与深邃的思想"①。由此可见，理雅各正文中采用朱熹的解释，体现了他作为学者的独立思考和学术判断，并非他的传教士身份使他有意回避和模糊中国中心主义。理雅各也注意到，该句另有一种民族主义色彩的解释，于是在注释中照录不误："Ho Yen's commentary is to this effect；——'the rude tribes with their princes are still not equal to China with anarchy'."② 我们知道，理雅各的民族身份使他很难认同中国中心主义，他的处理究竟是学者身份还是民族身份使然，还是两种身份的某种平衡和调和？关于理雅各的解经方法，他的翻译助手王韬这样说："其言经也，不主一家，不专一说，博采旁涉，务极其通，大抵取材于孔、郑而折中于程、朱，于汉、宋之学两无偏袒。"③ 可见理雅各博采多家、不专一说是一贯的治经原则。实际上，理雅各译的全部《中国经典》都是典型的学术化翻译，译本除了正文以外，还包括有关中国经典的详尽注释、前言、绪论以及各类索引，因为他的目标读者极其明确——百分之一的文化精英和专家学者："可能一百个读者当中，九十九个读者对长篇累牍的评注毫不理会；但是一定会有第一百个读者，他会发现这些长篇累牍的注释其实一点也不长。哪怕就为这第一百个读者，我也应该做出这些注释。"④ 正是他的学者身份使他超越了民族偏见，对"华夷之辨"的不同解释能够兼收并蓄。理雅各从明末清初礼仪之争中吸取了教训，他认同"孔子加耶稣"的口号。他认为基督教和儒家思想并不是绝对对立的，而是可以互相吸取养分。他说："儒教与基督教并不对立，同样，佛教与婆罗门教也

---

① Legge, James. *Chinese Classics* (Vol. 1-2), 2nd Edition Revised. Clarendon Press, London, 1893—1895：preface.
② 理雅各译《论语·大学·中庸》(英文版)，上海三联书店，2014年，第22页。
③ 王韬《弢园文录外编》，上海书店出版社，2002年，第181页。
④ Legge, Helen Edith. *James Legge. Missionary and Scholars*. The Religious Tract Society, 1905, p. 78.

并不是对立的。"① "一个人越是富有基督教精神,越是有教义的引导,就会越热诚而公正地对待其他宗教,从而不带任何偏见地看待自己的信仰。"② 关于翻译的原则,理雅各认为,经典的权威性决定了经典翻译必须将"忠实"作为第一原则,当然这并不意味着译者可以不顾译文的优雅和地道,译者也希望自己的译文能够兼顾理解准确和风格得体。③ 为了忠实于经典,理雅各不主张在翻译过程中在中国经典和亚洲其他国家的古代思想或者西方类似的思想之间进行简单比附。笔者认为,理雅各在翻译中的取舍体现了他的多重文化身份对翻译策略的影响。首先,理雅各正文中采用了朱熹的解释,体现了他的学术判断而非民族偏见,这里不宜从东西文化二元对立的思维定式出发,过度夸大理雅各的民族身份对翻译策略的影响。其次,"华夷之辨"的第二种解释对理雅各来说虽然狭隘肤浅,和孔子本意不符,但理雅各仍然在注释中予以保留,这说明他的学者身份使他超越了民族偏见,体现了他作为学者的求真态度以及他对中国文化的尊重与包容。

70多年以后,另一位汉学家阿瑟·韦利(Arthur Waley,1889—1966)提供的译法更明确地表达了对中原礼崩乐坏、上下不分的哀叹之情:"The barbarians of the East and North have retained their princes. They are not in such a state of decay as we in China."④ 韦利也为该句添加了注释:"Where in several states the ruling families have been ousted by the usurpers."⑤ 韦利显然仅参考了朱熹的解释,把原文句法和语义的含糊不清之处都明确为肯定夷狄而贬斥中原。韦利也详细研究过今文经学和古文经学对《论语》的阐释。此外,韦利出于对理雅各"学术范本"的不满而重译《论语》,翻译过程中必然要参考理雅各译本,因此应该知道此句还有一种全然不同的解释。但在这句的处理上,韦利仅保留了其中的一种解释,在学术性上

---

① Legge, James. *Confucianism in Relation to Christianity*. London: Hodder and Stoughton, 1880, p. 12.
② Legge, James. *Confucianism in Relation to Christianity*. London: Hodder and Stoughton, 1880, p. 12.
③ Legge, James. *Chinese Classics* (Vol. 1-2), 2nd Edition Revised. Clarendon Press, London, 1893—1895: preface.
④ Waley, Arthur. *The Analects of Confucius*. Vintage Books, 1989, p. 95.
⑤ Waley, Arthur. *The Analects of Confucius*. Vintage Books, 1989, p. 95.

不及理雅各译本全面和客观。其中"in such a state of decay as we in China"属于过度阐释,跟原文的克制和含糊相比,风格差异也很大。在译序中,韦利承认自己的译作太专深太枯燥,但同时声明,这并不意味着自己放弃了译文的文学性而追求学术性,也不意味着自己会忽略了一般读者的要求。① 这说明韦利比较注重译文的通俗性和可读性,而不像理雅各为追求学术之真牺牲了可读性,为第"一百个读者"不惜烦琐注释。他本人对朱熹评价很高,认为所有的《论语》译本几乎完全依赖朱熹的解释。② 对于"非我族类"的西方译者来说,"华夷之辨"的中国中心主义表达了一种狭隘极端的文化民族主义或沙文主义,是很难接受的。韦利的西方文化身份以及他的翻译原则,使他在翻译过程中更乐于接受朱熹的解释,而有意忽略了原文中的中国文化优越感。

(二) 中国译者的民族文化身份及其翻译

后出的译本或多或少都要参考前人,但中国译者翻译这句话时普遍不认可理雅各和韦利的解读,而倾向于表达出一种强烈的民族主义情感,或对中国的文化认同:即中原地区即使没有君主也比夷狄更加优越。如香港学者刘殿爵(1921—2010)译为:"Barbarian tribes with their rulers are inferior to Chinese states without them."③ 林茂荪则走得更远,把此句译为:"Even with a ruler, a culturally backward tribal state is inferior to a state of the central plain without a ruler."④ 但从《论语·八佾》的通篇语境来判断,该句更像为当时礼崩乐坏而感叹,不像是为华夏文化唱赞歌。我们知道,《论语》二十篇是后人根据内容编排而成,《八佾》之篇整体意在指斥时弊。如《八佾》开篇第一句即指责季氏"八佾舞于庭"。大夫季氏竟然擅用天子的乐舞,对于此等僭越行为,孔子愤怒地说:"是可忍也,孰不可忍也!"(《论语·八佾》)《八佾》其余的内容,大多为有感而发,乃至于借仪封人之口直言"天下之无道也久矣"(《论语·八佾》)。从《八佾》篇整体语境判断,这

---

① Waley, Arthur. *The Analects of Confucius*. Vintage Books, 1989:preface.
② Waley, Arthur. *The Analects of Confucius*. Vintage Books, 1989, pp. 72-76.
③ 《论语:中英文对照》,第33页。
④ 林茂荪《论语新译》,语文出版社,2010年,第55页。

句应为指斥时弊,不像是赞颂华夏文化。其次,这一理解跟孔子的"华夷之辨"的思想并不一致。如上所述,以文化而不是血缘区别夷狄与华夏,是孔子"华夷之辨"的重要内容,也是华夏文明超越民族和地域,得以广泛传播的重要条件。事实上,孔子的时代民族关系变动不居,各民族之间相互杂居通婚非常普遍。从《史记·周本纪》中可以看到:周族自身的文化也经历了一个由夏变夷、再由夷变夏的曲折历程。孔子周游列国,辗转于诸夏和戎狄之间,其所见所闻一方面加深了他对夷狄的了解,同时也改变了他对夷狄的一些成见。孔子弟子当中包括了一些戎狄人,孔子也明确主张"有教无类"的教育思想,这些都说明孔子的民族观其实是较为开明的。夷狄之为夷狄,是因为文化落后、道德低下,而不是因为他们生为夷狄或生长于夷狄之地。夷狄如果还保留了对君主的尊敬,则在文化上可以超越华夏。但以中原的君主制作为文化的标志,这一预设却是不能推翻的。以上中国译者的译法从字面上是可能的,从民族情感角度也是可以理解的。这种译法显然是民族身份影响的结果,但并不符合"华夷之辨"的真正内涵。

(三)辜鸿铭的中西文化身份及其翻译

从译者文化身份角度来考察,辜鸿铭(1857—1928)的翻译最有特点:"The heathen hordes of the North and East, even, acknowledge the authority of their chiefs, whereas now in China respect for authority no longer exists anywhere."① 辜鸿铭采用了朱熹等人的权威观点,但原文中的"夷狄"却被西化为和基督徒相对的异教徒(heathen hordes)。不仅如此,该译文的注释把"尊王攘夷"解释为中国的骑士精神,并引丁尼生教导骑士宣誓效忠的话说:"To reverence the king as if he were their conscience, and their conscience as their king. To break the heathen and uphold the Christ."② 带上了强烈的基督教色彩。后殖民理论家霍米·巴巴(Homi K. Bhabha)认为,一个受多种语言文化影响的人身上往往出现文化的"杂合"特征(hybridity),所谓"杂合",是在多重语言和文化影响之下形成的杂合个体,既具

---

① 辜鸿铭译《论语》(英文版),云南人民出版社,2011年,第31页。
② 辜鸿铭译《论语》(英文版),云南人民出版社,2011年,第31页。

有多种语言文化特点，同时又因各语言文化的影响程度不同而独具特色。① 辜鸿铭有中国血统，但成长于西方，可以说具有中西两种文化身份。他虽然精通西方文化，却认为西方文化远不及中国传统文化优越。1898 年，辜鸿铭的《论语》译本出版之际，中国在东西方政治和经济的交锋中几乎完全处于弱势，在文化上也彻底失去自信，正在进行大规模地系统译介西方文化。但辜鸿铭反其道而行之，首次大量向世界推介中国文化。辜鸿铭对早期耶稣会传教士对中国文化的误译有所不满，也不认同理雅各的翻译。在《论语》译序开篇，他一方面肯定了理雅各译本的学术含量，同时也认为理雅各译本未能向一般西方读者传递中国文化的正面形象："但就普通的英语读者而言，理雅各博士在其所译中国经书中展示的中国人之知识与道德面貌，其陌生与怪诞，不亚于一般英国人眼里中国人的衣着与外貌。"② 辜鸿铭翻译《论语》面向普通西方读者，采取了一种去陌生化的策略，他希望通过附和、趋同西方文化，使中国文化得到认可和传播。因此他的译文不主张表达狭隘的中国中心主义，不仅因为这不是孔子的本意，主要是这样会引起西方读者的逆反。不仅如此，他创造性地运用异教徒和基督的关系来解说夷狄和中原的冲突，有助于西方读者快餐式地了解夷狄和中原的关系，的确为一般西方读者所喜闻乐见。但这样做的结果，非但没能如愿弘扬中国文化，反而完全用西方文化置换和消解了中国文化。经过这样的翻译，"华夷之辨"中历史文化的独特内涵及其言说方式都消失了，译文给人以一种中西杂糅、时空错乱的印象。可以认为，辜鸿铭作为西化了的中国人，这种独特的文化身份使他采取了一种趋奉西方、迎合西方的翻译策略，结果造成了中西文化交流中的文化误读和文化失真。

四、结论

《论语》外译至今已逾 400 年，共有英译本 60 多部，形成了一个身份复杂的

---

① Bhabha, Homi K. *The Location of Culture*. London and New York: Routledge, 1994, pp. 112-113.
② Ku, Hung-ming. *The Discourses and Sayings of Confucius*. Shanghai: Kelly and Walsh Ltd., 1898, pp. vii-viii.

译者群体。① 不同时期、不同文化身份的译者出于不同的目的，采取了不同的翻译策略与方法。而历代译者处理"华夷之辨"时，既体现了中西基于民族文化身份的固定特征，又体现了译者的个性化差异。其中理雅各、韦利、辜鸿铭、刘殿爵和林茂荪不仅代表了东西文化大系统，更代表了不同时期对《论语》的阐释和理解。通过比较理雅各、韦利、辜鸿铭、刘殿爵和林茂荪对"华夷之辨"思想的不同译法，笔者发现，民族身份对中国中心主义的不同翻译有一定影响，但由于译者文化身份的个性化差异，具体影响的方式又十分复杂，很难用中西文化二元对立的思维去概括。本文希望拓宽《论语》文化翻译研究的范围，并为译者文化身份研究提供新的理论认识。

---

① 许雷、屠国元《〈论语〉英译中华人译者的孔子形象塑造》，载《湘潭大学学报》（哲学社会科学版）2014年第2期，第103页。

宇文所安的学术翻译思想
——以《韩愈和孟郊的诗》为中心

华中师范大学　魏家海

宇文所安于1972年在耶鲁大学完成博士论文《韩愈和孟郊的诗》[The Poetry of Meng Chiao (751—814) and Han Yu (768—824): A Study of a Chinese Poetic Reform]，后于1975年由耶鲁大学出版社出版，并于2004年在天津教育出版社出版中文版（田欣欣译）。这本著作作为唐诗史中的诗人诗歌的个案研究，在当时的历史条件下，无疑开拓了美国汉学研究的新领域。宇文所安"以西释中"的唐诗研究方法，而且在学术翻译和学术研究的互动中，宇文所安以学术翻译作为学术研究的铺垫，旨在通过译文的结构"展示"孟郊和韩愈诗歌的结构，为解释和分析两位诗人的诗歌提供依据，向西方读者提供西方理论视角下的唐诗研究范式。同时，宇文所安的学术翻译思想，开启了宇文所安的翻译诗学观的萌芽，可反思当时美国汉学家的翻译理念。

一、翻译实验思想

（一）诗歌翻译的想象化

唐诗的英译过程，是一个二度寻求镜像主体的过程，不是译者的真情实感的投射，而是诗人的"真我"或"虚我"在译诗中的折射，是"镜像"中的"镜像"，译者在翻译中是如何把握诗人的情感的？翻译体现了什么样的"镜像"？

韩孟诗派的代表人物韩愈和孟郊的诗歌是中唐诗歌中，打破传统诗歌，追求"发愤以抒情"的诗歌抒情功能和"不平则鸣"的创作精神，创立了标新立异的新风格。韩孟诗的特色"正是由于以联句为主的唱和诗的推动作用下得以形成"①,这些诗对韩愈后来的创作产生的重要影响受到宇文所安的关注。宇文所安对韩孟《征蜀联句》中的战争血腥场面的内涵和雄奇怪谲诗风的艺术特色做了详尽解读,我们从中可挖掘译者的翻译特征及其译者在翻译过程中的"镜像"世界。例如孟郊的联句:

> 飞猱无整阵,
> 翩鹘有邪夏。
> 江倒沸鲸鲲,
> 山摇溃貙狖。
> ——孟郊

> Like flying apes our battle formations are never straight,
> Like diving falcons there are slanting strikes.
> The river is reversed, whales and dolphins boil up,
> The mountain shakes, wildcats and weasels smash them.

原诗的前两句是对仗,后两句也是对仗,译诗也分别对仗,显示了译者对原诗形式的高度认同,由此可以看出译者的认同由自我内部的审美心理结构向外部审美心理重构的转变过程,最终形于笔端,勾画于译文的形态之中。尤其是"沸"译为 boil,"溃"译为 smash,以"奇"译"奇",如同婴儿观看镜中的自我一样,没有外人的介入,但以 dolphin(海豚)翻译传说中的大鱼"鲲",以 wildcat 和 weasel 翻译中国古代传说中凶猛的野兽"貙狖",语势有所减弱,但为了照顾英语读者的认知图像,是译者社会化和文化自觉的必然选择,如同婴儿在成长过程中,由于父亲的介入而对父亲产生同化,即更加照顾译文的文化世界。

---

① 赵乐《试论韩孟的唱和诗》,载《北京大学学报》(社会科学版)2015 年第 6 期(总第 52 号),第 80—87 页。

(二) 作为"他者"镜像的翻译实验

宇文所安把中国古典文学作为文化"他者"镜像,以示同西方文学的区别,抛弃了"东方主义"的偏见,认同多于改写,在两种文化的相遇和碰撞中,研究唐诗的文化和艺术特性,反观美国文学的"我者"的不足,理性地介绍唐诗所体现的中国文学的异质性,经过最接近唐诗本来面目的异化翻译策略,以合理吸收中国文化的优势,重新审视中国文学的价值、扩大美国汉学研究的范围,甚至对美国文学的发展产生积极的影响。因此,宇文所安无意把唐诗翻译成流畅的英语诗歌,不掩盖唐诗的特征,这样才会最大限度地把唐诗的语言特点、修辞风格、意象和意义翻译成英语,并为唐诗的"他者"形象建构提供了平台。译者的修辞试验在翻译"他者"镜像中扮演了不可或缺的角色。

1. 句法顺序结构的模仿实验

宇文所安的学术翻译的目的,主要不是为了让译诗融入英诗的主流,而是通过译诗讲解孟郊和韩愈诗歌的创作变迁的轨迹和共同特征,借助于汉语句式的特征,实验性地调整和改变英语的句法顺序。唐诗中的重叠词很普遍,表达了特色的语音修辞效果和意义强调效果。

韩愈的《南山诗》中,连用14个叠词起头的五言诗句,犹如长江黄河上的帆船,气贯长虹,喷薄千里。这些叠词大都是诗人的创新,诡怪奇峭,灵动勃发。

原文:

延延离又属,夬夬叛还遘;
喁喁鱼闯萍,落落月经宿,
阃阃树墙垣;巀巀架库厩;
参参削剑戟;焕焕衔莹琇;
敷敷花披萼;阖阖屋摧霤;
悠悠舒而安;兀兀狂以狃;
超超出犹奔;蠢蠢骇不懋。

译文：

Stretching—apart and together again,
Calling it quits—oppose and meet once more,
Bubbling—fishing poking heads between waterweeds,
Sparse the stars—the noon passes through constellations,
Majestic—they plant a wall,
Towering—erect granaries and warehouses,
Long and thin—pared sharp, swords and pikes,
Dazzling—agates and jades in their mouths,
Unfolding—blossoms spreading out their petals,
Pitter-patter—raindrops crashing on roofs,
Calmly, calmly—they unroll and are still,
Brooding fixedly—mad and malevolent.
Upward and beyond—still rushing outward,
Spirited—they rear up without effort.

宇文所安英译以上诗中的叠词用了与以往不同的翻译实验，并没有翻译成英语的叠词，而是分别使用了多种形式，有现在分词形式（如 stretching, dazzling, brooding），有过去分词形式（spirited），有形容词形式（majestic, long and thin），有副词短语形式（upward and beyond），还有名词拟声叠音词（pitter-patter），只有一处用了副词叠词（calmly, calmly）。叠词翻译形式的多样化，相互交织，打破了原诗每行起始句的 AA 形式，代之以各种表示宽阔、叠嶂、声响、稀疏、宏伟、挺拔、细长、闪光、伸展、雨声、平静、沉思、向上、激烈等意义的词或短语，仅仅间或夹杂着叠词。这种翻译实验主要是折射实验。

译诗的试验性更多地体现在模仿唐诗的句法顺序方面，力图再现原诗的结构密度，尽管这种密度同原诗也有一定的距离。有时，译者为了求得原诗的句式效果，不惜在流畅性上做出一定的牺牲。

总体而言，译诗对原诗句法的模仿实验，虽然不是形式工整的对应——原诗为五言诗，译诗并没有用每句五字，但译诗模仿了原诗的句法结构，古诗的语法结构形式明显，读起来不可避免地有些笨拙和别扭，却为英文读者带来了异质的语言表达方式，展示了中国诗人的不同的情感外化的特点以及思维方式，让人看到了异质的中国"镜像"。

2. 以古译古的修辞实验

宇文所安用翻译作为原文的镜像实验，不仅表现在模仿原诗的顺序方面，而且还表现在以古译古的模仿实验方面。译者善于运用英语古体词，成功地翻译出了韩愈和孟郊诗歌的古奥性。[①] 当代翻译家，无论是中国翻译家，还是西方翻译家，都倾向把古典文学翻译成通俗的现代风格，以迎合现代读者的审美期待，这无疑有其合理性。但是，这种翻译风格未必适合古典文学研究中的学术翻译，因为展示古典文学的古代性是译者的根本任务之一。

从某种意义上来说，"古词怪语"是"纯语言"[②]，接近韩孟诗歌风格的本来面目，属于典型的纯粹个性化语言，而唐诗中的"纯语言"的翻译也是翻译的修辞实验，原因在于这种怪异的翻译颠覆了当代读者的审美习惯，原诗中的古奥词语在英语中的转移，更能看出翻译的艺术效果，也能发现译者对英语古典传统的承续痕迹，有助于研究的需要。

唐诗的意象蕴含了丰富的审美趣味、文化内涵和历史渊源，构成了唐诗意境的灵魂。孟郊和韩愈诗意象奇险，生涩拗口，多出于突发奇想。此外，他们在诗歌中还使用了大量非意象的词语，虽不是诗化的传统意象，但也有意义，可称之为"一次性"的、"宽泛意义"的"意象"。[③] 宇文所安把翻译的读者群定位在唐诗研究者和熟悉唐诗的专业人士上，而不是普通读者群，不追求通俗化的翻译，而

---

① Allen, Joseph Roe. "Review: The Poetry of Meng Chiao and Han Yu", *Journal of the American Oriental Society* (98), 1978, pp. 534–535.

② 此处的"纯语言"指具体的语言特征，与本雅明的《译者的任务》一文中的"纯语言"的概念不同，后者主要指语言的精神实质的可传达性，以及形式和内容的一致性。见曹丹红《本雅明〈译者的任务〉再解读》，载《中国翻译》2012年第5期（总第215号），第5—9页。

③ 吴振华《韩愈诗歌艺术研究》，安徽师范大学出版社，2012年，第124页。

是充分调动英语里的生僻词的储备,激活古英语的传统,打通"古代性"和"古代性"之间的通道,让英语诗歌同唐诗穿越跨文化和跨时空的隧道,在翻译平台上展开诗性的对话。宇文所安深刻地认识到孟郊和韩愈诗歌的独特风格,特别是怪异晦涩的艺术感受和阳刚之气,尝试译古的实验。例如,韩孟酬唱诗《征蜀联句》:

  刑神咤牦旍,
  阴焰飔犀札。
  翻霓纷偃蹇,
  塞野颎块圠。
  ——韩愈

  The God of Punishment huffs his rage on our yak-tail pennons,
  The wind-quavered flame on the darkness of our hide armor.
  Waving rainbows unfurl everywhere,
  Plains filled far and wide, boundless as the ocean.

  上述韩愈的联句中,几乎都是生僻异常的怪词,译文中的用词也是异常罕见,"咤"意为"怒喝",英译为 huff his rage,"牦旍"意为"用牦牛尾作的饰旗",英译为 yak-tail pennon,"阴焰"即"阴火",英译为 wind-quavered flame(风吹颤动的火焰),"飔"即"风吹颤动",英译为 unfurl(展开),"犀札"指以"犀牛皮做的盔甲",英译为 hide armor,"颎"意为"汹涌",英译为 fill,"块圠"意为"漫无边际",英译为 far and wide, boundless as the ocean(如海洋浩瀚无垠)。这些英文词语大多少见,表达有些怪异,基本再现了韩愈诗歌的"复古"特性。

二、翻译的透明化思想

  宇文所安的韩孟诗歌翻译,不仅有以古译古的特征,而且更多地坚持明晰化的翻译理念,使用多种不同的翻译方法,兼顾汉学家和普通中国古诗爱好者的阅读和欣赏的审美方式，也有通俗翻译的特征，译诗"在总体上可读性强"①。宇文所安的明晰化翻译同可接受性之间的关系，体现了译文的"经济性"原则，反映了他的文学翻译思想，背后隐藏着深刻的诗学认识观和文化倾向。

（一）意象翻译的可读性

诗歌是文学传统的产物，中西皆然。现代美国诗歌受过意象主义运动冲击的洗礼，诗歌创作中重意象成了美国诗歌的重要传统之一。美国新批评的代表人物之一兰色姆在比较了事物诗、柏拉图式的诗歌、玄学诗后指出，同意象主义诗歌相接近的所谓"纯诗"，具有"意象的外形""意象的样式"，其"十分完整、十分清晰的意象，从而无需由思想加以催化"②，这样的诗歌是可读性强的诗歌。宇文所安不可能不受这种诗学的影响，在翻译韩、孟佶屈聱牙的诗歌过程中，不会不照顾译诗的可读性。例如，孟郊在和韩愈于《纳凉联句》中争奇斗艳的诗句：

> 闪红惊蚴虬，凝赤竦山岳。
> 目林恐焚烧，耳井忆灛瀹。
> 仰惧失交泰，非时结冰雹。
> 化邓渴且多，奔河诚已虐。
> 晹道者谁子，叩商者何乐。

These flashed-upon reds startle slithering,
And hardened crimsons jut up like mountains.
Eyeing the forests I fear they'll burst into flame,
Earing the well I only remember its gurgle.
Looking up I fear the Interweaving of Cosmic Forces will be lost,

---

① Schmidt, J. D.. "Book Review of The Poetry of Meng Chiao and Han Yu", *Pacific Affairs* (50), 1977, pp. 302-303.

② 约翰·兰色姆《诗歌：本体论札记（1934）》，蒋一评译，载赵毅衡《"新批评"文集》，中国社会科学出版社，1988年，第52页。

And that, untimely, icy hail will form.
Since one gets even thirstier than the man who changed into Teng Forest,
Rushing to the river is a matter of perfect ingenuousness.
Alas, who is he who suffered sunstroke on the road?
What joy to him who strikes the *shang* model!

以上孟郊的诗以奇特的意象群，渲染了酷夏炎热天气的极致，极尽夸张之能事，可以看出孟郊的博学和超常的语言能力，用语简练老道，用典成熟。译诗有简略化的趋势。"蚴虬"本指幼虫爬行，形容闪电龙形蜿曲之状，英译为 slithering（蜿蜒而行），简明生动。"闪红"译为 flashed-upon reds，"凝赤"译为 hardened crimsons，很形象。"目林……耳井……"两句句法特殊，名词动词化，对仗对称，译诗也是相似的动名化形式——"Eyeing…Earing…"模式，flame（焚烧）和 gurgle（潋滟），两个表示强烈对比的意象，反衬出夏日的酷热难受。"交泰"在《易经》里指"天地交，泰"。王弼注释为："泰者，物大通之时也。"意即天地与万物之气和祥与融通。译文为 Interweaving of Cosmic Forces，特别是 interweave 一词，把"交"解释为"相互交织或混合"，把玄奥的道理通俗化了。孟诗还用"化邓"和"奔河"的典故，指《山海经》中夸父逐日，饮水大河，无法解渴而死，弃杖化为邓林（即桃林）的故事。译诗除了 ingenuousness（诚恳）为抽象词外，icy hail、Teng Forest（邓林）和 river 等意象都是简单明了的普通词，增强了可读性，便于读者的接受。正如薛慕华（Edward Schaffer）所言："宇文所安把诗人使用的意象用朴实和奥古斯都式的语言表现出来了。"[①] 而他处理诗歌意象的方式显然是简化意象的翻译方式。

（二）语言翻译的可读性

1. 语言翻译的简洁性

孟郊和韩愈都写过风格平直的诗歌，并非都是古奥怪奇的诗歌。韩愈的诗歌

[①] Schafer, Edward. "Book Review of The Poetry of Meng Chiao and Han Yu", *The Journal of Asian Studies* (36), 1976, pp. 139-40.

有些接近格律诗,语言简明直白,风格质朴,语调比较和谐,读起来娓娓动听,没有太多的奇语怪词。例如,

贞女峡

江盘峡束春湍豪,风雷战斗鱼龙逃。
悬流轰轰射水府,一泻百里翻云涛。
漂船摆石万瓦裂,咫尺性命轻鸿毛。

Virgin Gorge

The river winds, the gorge restrains, spring's torrents wild,
Thundering wind does battle here, fish and dragons flee.
Cascades rumble, shooting into the water-god's city,
In one gush cloudlike billows are rolled a hundred miles,
Make the boat quaver and shake the stones
that crack like a million tiles,
So close that my life seems light as a swan's feather.

这首诗的主题是人的生命在大自然面前脆弱不堪,完全不能抗衡。译诗所用的词语几乎都很通俗直白,无论是名词 river, gorge, fish, dragon, cloudlike billow, boat, stone, tile, life 等,都很简单易懂,动词 wind, restrain, flee, rumble, shoot, roll, quaver, shake, crack 等,也是普通不难的词语,特别是中国的距离单位词"里"译为 mile(英里),更是符合英美读者的期待,还有"水府"是指神话和传说中的水神或龙王的居所,这里译为 water-god's city,意义一目了然,尽管"府"与 city 很不相同。此外,"鸿毛"本来指鸿雁的毛,比喻微不足道,译文为 swan's feather(天鹅的毛),比 wild goose feather 更容易理解。

2. 修辞翻译的简明性

孟郊和韩愈是诗歌里有大量的比喻,他们的艺术想象力丰富多彩,善于把

握语言的修辞技巧，善于用清新、骨力、冷峻、苦吟的语言展示诗歌的深层意蕴。

宇文所安在翻译中注重简明化和清晰化，用词简练，避免晦涩。他的翻译使用了朴实的语言来"淡化比喻的隐晦性"①。而这种"淡化"是翻译可读性的有效途径。例如，

老骨惧秋月，秋月刀剑棱。（孟郊《秋怀》其六）
Old bones fear the autumn moon, The autumn moon is a sword's edge.

以上孟诗中的比喻，"秋月刀剑棱"既可以理解为"秋月像刀剑棱"，也可以理解为"秋月是刀剑棱"，译者译为 The autumn moon is a sword's edge，显然是按第二种意义来理解的，用"is"比"like"更朗朗上口，简洁明了。

钱锺书在著名的《通感》②一文中，对古诗中通感修辞的艺术美学价值做了深刻的探讨。孟郊的诗中还使用了不少通感修辞手法，通过感觉的错位造成语言的新奇感，可以调动读者的各种感官来体会诗歌的妙处。例如：

听涩讵逐风（《秋怀》其十）
My hearing coarse, can't pursue sounds in the wind

千古闻臭词（《秋怀》其十一）
For all time, reeking words will be heard of you

上述例句中的"听涩"是听觉与味觉的混合，译文是 hearing coarse，是听觉与触觉的交织，"讵"即"岂"，译文是 can't，由反诘句变成了否定句，意义更加

---

① Edward Schafer: "Book Review of The Poetry of Meng Chiao and Han Yu", *The Journal of Asian Studies*, 1976（1），p. 139.
② http://www.literature.org.cn/article.aspx?id=4360.

直白。"闻臭"中的"闻"即"听",译文中的 reeking 和 hear 再现了原诗中的听觉与嗅觉的相互错位关系,语言也是相对简单。

(三)文化翻译的可读性

1. 神仙名和圣贤名的翻译

韩愈诗歌的"复古"现象的表征之一是大量借用古代的神话传说,包括古代的圣贤,以及道家思想和典故。例如,

颛顼固不廉(韩愈《苦寒》)
Winter's lord has been greedy indeed(Owen,1975:213)

太昊弛维纲(韩愈《苦寒》)
The God of Spring retract his norms(Owen,1975:213)

上例中的"颛顼"是古代传说中的"五帝"之一,有关他的传说自相矛盾,据说他的经历非凡,力量超人,权力至高无上。也有一个说法认为颛顼是古代神话中的北方天帝,即"冬至日的太阳神"。① 宇文所安将"颛顼"意译为 winter's lord,并在脚注里解释说"冬神即为颛顼"②。"太昊"是传说中的中华文明的始祖伏羲,被尊为"三皇"之首。但传说中的伏羲是蛇身的木王,被称为"大皞伏羲",主万物的生长和永生。句芒(鸟身人面)春神,《礼记》中说他主立春仪式"草木萌动"的木官。③《礼记》说"大皞木王,句芒有主木之功,故取以相配也"④,把伏羲当作句芒的辅臣,太昊(伏羲)和句芒共同作为春神的化身。宇文所安也使用了归化的翻译策略,把"太昊"意译为 God of Spring,并在脚注里解

---

① 陆思贤,李迪《天文考古通论》,紫禁城出版社,2000 年,第 171 页。
② Owen, Stephen. *The Poetry of Meng Chiao and Han Yu*. New Haven: Yale University Press, 1975, p. 213.
③ 刘锡诚《春神句芒论考》,载《西北民族研究》2011 年第 1 期,第 37 页。
④ 阮元《十三经注疏》,中华书局,1979 年,第 1361 页。

释:"春神即太昊"①,采用了《礼记》的说法。这样的翻译显然比音译或直译更能为西方读者理解和接受。

2. 传说中的人物和风物的翻译

宇文所安在翻译中国古代宗教风物与古代神话、历史传说中的人物时,还使用了直译的方法,以示同神名翻译的区别。例如,

静思屈原沈(韩愈《陪杜侍御游湘西两寺独宿有题一首因献杨常侍》)

Then calming, I think on Ch'u Yuan's drowning (Owen, 1975: 101)

五岳祭秩皆三公(韩愈《谒衡岳庙遂宿岳寺题门楼》)

The Five Mountains I've worshiped in their ranking, /All great lords

侯王将相望久绝,神纵欲福难为功。(韩愈《谒衡岳庙遂宿岳寺题门楼》)

To be duke or prince, general or minister

Hope long ago gone—

Even if the god wants to bless me,

It will hardly do any good.

上例中的"屈原沈"("沈"是"沉"的通假字)直译为 Ch'u Yuan's drowning,并没有注释,但 drowning 也可让读者很快明白屈原的投江自沉的悲剧。"五岳"指东岳泰山、西岳华山、南岳衡山、北岳恒山、中岳嵩山,译者简单直译为 Five Mountains,而"三公"是古代的官职名,在不同的朝代有不同的称谓,周

---

① Owen, Stephen. *The Poetry of Meng Chiao and Han Yu*. New Haven: Yale University Press, 1975, p. 213.

代指太师、太傅、太保,后来泛指朝廷最高官位,译者简化为 all great lords（勋爵或大人）,"侯王将相"直译为 duke or prince, general or minister,且 prince 一词很准确,同 king 完全不同,西方读者容易看懂。

3. 精灵鬼怪形象的翻译

韩愈诗歌中有不少妖魔鬼怪的意象,增添其诗歌的神秘性,这与他追求怪僻奇异的风格是分不开的。例如,

火维地荒足妖怪,
天假神柄专其雄。
Toward the fiery pole where the earth is wild,
One fit for goblins,
Heaven lent it divine power,
Making its might unique.

森然魄动下马拜
Darkly my spirit was moved,
I got off my horse and bowed,

鬼物图画填青红
Paintings of demonic creatures filled it
With greens and reds.

中国古代的"妖怪"（妖魔鬼怪）往往是存在于想象与传说中,非人、非神、非仙的怪异生命,青面獠牙,举止怪诞,有妖术,样子凶神恶煞,令人毛骨悚然,常常祸害人类。译者将"妖怪"译为 goblin（哥布林或高扁）,意为西方神话中爱惹是非的身绿、眼红、耳长的小妖精,身材矮小,狡诈贪婪,面目可憎,穿行于地下的黑暗深处,不过没有原诗中"妖怪"邪恶和阴森可怕,意义上也没

有那么强烈的贬义。"神柄"译为 divine power，意为"神权"，这对西方人并不陌生。在古代中国，人的精气曰魂，形体曰魄，"魄"也指精神，英译为 spirit，虽然有西方宗教的意味，但这种归化翻译照顾了西方读者的期待视域，"鬼"在迷信中是指死后的灵魂，译文 demonic creature 就是 demon（亦即 daemon），是古希腊神话中半人半神的精灵，在《圣经》里指魔鬼撒旦。

中国的鬼怪想象不仅是异国想象的参照物，还是西方文学的一部分。正如法国学者巴柔所言："他者形象是一种文化描述，它将永远不可能成为完全的自我参考系。"① 译者的西化翻译在很大程度上消解了异国文化形象的陌生性，在中西文化形象相对契合的条件下，把读者导向了西方之路，尽管这种可读性强的翻译策略有损中国文化的异质性，但译诗并没有彻底颠覆原诗的美学价值。

三、翻译的多重阐释思想

宇文所安早期的唐诗译介和研究，不仅用脚注对相关的难点和重点进行了解释和引证；在著作中对韩孟诗歌的背景和特征进行解释时，还对译文做了某些阐释，文中的解释与文外的注释形成了学术互文性。宇文所安的多重阐释思想深刻影响了其后的学术翻译和中国古典诗文的翻译。他的唐诗史研究，如《初唐诗》《盛唐诗》《晚唐诗》等，都是翻译阐释的产物。

但是，由于受到各种条件的限制，特别是自身作为美国学者，加上研究资料有限，不可避免地会在翻译孟郊和韩愈的诗歌中产生文化误读。他的翻译存在僵化、讹误和过度阐释现象，这些翻译误读背后既有译者自己的局限性，也是翻译目的使然，还有社会文化思潮的影响。

阐释如果超出了阐释对象文本的范围，就是过度阐释。读者在观照"作者意图"和"文本意图"的关系时，应充分尊重文本的"连贯性整体"②，不能无原则地把作者文本外的思想观点硬性塞进文本作为解读的依据，"我们必须尊重本文，

---

① ［法］达尼埃尔·亨利·巴柔《从文化形象到具体想象物》，载孟华《比较文学形象学》，北京大学出版社，2001年，第154页。
② 艾柯《诠释与过度诠释》，王宇根译，生活·读者·新知三联书店，1997年，第78页。

而不是实际生活中的作者本人"①。在正常情况下,译者在翻译过程中理解原文也应如此。有汉学家注意到宇文所安在翻译中所存在"过度阐释"的问题②,他有时把原诗阐释得过于"高大上",远远超出了本来的意义、思想价值,把翻译的权力从笼子里放出来,过度张扬译者的主体性,以自己的主观性代替原诗的客观性,以自己的认知模式推定原诗的审美与文化内涵,过分的"以己度人"必然产生误译。例如,

> 人生处万类,知识最为贤。(韩愈《谢自然诗》)
> Human life is set amid thousands of different kinds,
> It is knowledge most of all that is virtuous. (Owen, 1975: 44)

"知识最为贤"这句诗有点类似于培根的那句著名的话"知识就是力量","贤"在这里是指人的才华出众,而"知识"仅仅是人出众的手段,但宇文所安译为 virtuous(品德高尚的),把智慧伦理化了,不符合原诗的意义,应改为 wise,整句话可改为 It is by knowledge that he becomes the wisest of all③。

韩诗中有不少表示阴冷气氛的词,同阴阳道家思想无关,但宇文所安有时从道家哲学观念出发来理解其含义。请看以下三个例句,

> 十月阴气盛,北风无时休(韩愈《洞庭湖阻风赠张十一署》)
> In November the Yin Essence is ascendant,
> The north wind never ceases. (Owen, 1975: 102)

---

① 艾柯《诠释与过度诠释》,王宇根译,生活·读者·新知三联书店,1997年,第79页。
② Liu, James J. Y.. "Review: The Poetry of Meng Chiao and Han Yu", *Journal of Asiatic Studies* (36), 1976, pp. 294-297.
③ Liu, James J. Y.. "Review: The Poetry of Meng Chiao and Han Yu", *Journal of Asiatic Studies* (36), 1976, pp. 294-297.

> 阴气晦昧无清风（韩愈《谒衡岳庙遂宿岳寺题门楼》）
> The Yin Spirit made it dark and dismal, There was no clear wind.

> 阴霰纵腾糅（韩愈《南山诗》）
> The Yin forms hail, blowing in flurries at will.

韩诗"十月阴气盛"中的"阴气"，主要指大自然中的寒冷之气，同温煦的"阳气"相对，译者把中国传统的阴历"十月"翻译成了November，显示了对中国文化的自觉，但是，"阴气"译为 Yin Essence（阴精），变成了中医的术语，其意义应该是"寒冷"（coldness），同中医理论没有关系。"阴气晦昧无清风"中的"阴气"也是寒冷之意，但译者译为 Yin Spirit，当作"阴灵"来接，又作为中医的概念来翻译。最后一句中的"阴"是（山峰的）北方之意，而非阴阳之"阴"，译者译为 Yin，过于抽象，难以为读者所理解。宇文所安在翻译这几个"阴"字时，当作哲学概念来翻译，过度阐释了具体的含义。

四、结语

宇文所安的早期翻译活动，一开始就是为了唐诗研究所用，唐诗翻译服务于唐诗研究。一方面，其学术翻译的实践伴随着翻译实验——拟古式翻译实验；另一方面，译者也追求翻译的"可读性"，以通俗化的翻译作为引导读者理解和欣赏唐诗魅力的敲门砖，为阅读宇文所安对孟郊和韩愈等诗人的诗歌的研究成果，基本扫除了障碍。译诗的质量和效果也受到一些西方汉学家的高度评价。

宇译的翻译忠实于原诗，刘若愚认为："整本著作中的诗歌翻译总体上忠实于原文，只有个别地方存在误译或有疑问。"[①] 其"忠实"度高的译文无疑对韩孟诗歌解释的准确性奠定了坚实的基础。Duke 评价说："翻译质量好，尤其是最后两

---

① Liu, James J. Y.. "Review: The Poetry of Meng Chiao and Han Yu", *Journal of Asiatic Studies* (36), 1976, pp. 294-297.

章翻译得更好，更有趣。"① 也就是说，译文的"忠实"性与"趣味"性都很重要。Sanders 评论说："译文忠实，有时是直译"，"译文是学术翻译"，"译诗不是为读者欣赏诗意的表达，而是为了对原诗进行解释"。② 评论家注意到翻译的"忠实"性与"学术翻译"之间的关系。

宇文所安翻译的"可读性"也很强。Idema 指出："译文既有可靠性，又有可读性。"③ Schmidt 也认为："译文在总体上可读性强。"④ 两位学者都认为"可读性"对理解韩孟诗歌的重要意义。不过，也有一些学者对译文的僵化性、讹误和诗歌的审美特征重视不足持谨慎的态度。但总体而言，肯定多于批评，这表明宇文所安的翻译还是很成功的，有力配合了韩孟诗歌的学术分析。

译者的翻译思想不可能脱离当时所处的文化和文艺思潮，不可能脱离目标语的学术传统。宇文所安的韩孟诗歌的翻译和研究，不仅有自己的选材偏好，也有西方浪漫主义文论批评传统和英美新批评的影响。宇文所安选择了不少韩孟的古雅和绮丽风格的诗歌，如联句诗等，在翻译选材上契合浪漫主义的诗歌传统——想象奇特、语调铿锵、语言晦涩、辞藻华美、刻意雕琢，有时散发出陈腐的风格。在翻译中，译者有时也使用比较花哨和古旧的英语词语，译文显得古朴雅致，柔和了韩孟诗歌的古怪性和英语诗歌的华美雕饰性，不能说没有英国浪漫主义诗学的影子。

宇文所安在翻译中对"忠实"的崇拜，隐藏在解释分析韩孟诗歌时，对诗歌准确性的注重，甚至用牛顿的光学原理作为"诗歌分析的范式"⑤，强调"科学"

---

① Duke, Michael S.. "Review: The Poetry of Meng Chiao and Han Yu", *Chinese Literature: Essays, Articles, Reviews* (1), 1979, pp. 281-284.
② Sanders, Tao Tao. "Review: The Poetry of Meng Chiao and Han Yu", *Bulletin of the School of Oriental and African Studies* (40), 1977, pp. 184-185.
③ Idema, W. L.. "Review: The Poetry of Meng Chiao and Han Yu", *T'oung Pao* (63), 1977, pp. 336-338.
④ Schmidt, J. D.. "Book Review of The Poetry of Meng Chiao and Han Yu", *Pacific Affairs* (50), 1977. pp. 302-303.
⑤ Duke, Michael S.. "Review: The Poetry of Meng Chiao and Han Yu", *Chinese Literature: Essays, Articles, Reviews* (1), 1979, pp. 281-284.

的真实性。浪漫主义的代表人物之一华兹华斯就十分推崇这种诗歌的科学的"自然研究"的准确描述①,这种思想可能间接地影响了译者的翻译理念。

  宇文所安在翻译中重视细节,尽量不漏掉必要的细节,特别是比喻、象征、描述的细节,如意象和关键词语等。新批评特别关注比喻的分析,重视语象(icon),尽管语象和中国古代诗学中的意象不尽相同。但宇文所安的翻译免不了有硬译和死译的不足,有些句子读起来比较僵化,了无生气,但这是把握细节,强调唐诗意象和结构的结果,只是有失分寸而已。

---

① [美] M. H. 艾布拉姆斯《镜与灯:浪漫主义文论及批评传统》,北京大学出版社,2004年,第386页。

中西文化的传道者：中文圣经翻译家、教育家施约瑟

北京第二外国语学院　刘　燕

作为一个教授外国文学的大学老师，每次我给学生讲授圣经文学时，阅读的一般是和合本《圣经》，而对于此前的白话《圣经》译本，知之甚少，直到近期我要写一篇有关《雅歌》中译本的比较论文时，才蓦然"发现"了一直在我关注视野之外的白话《圣经》翻译者施约瑟（1831—1906），其冗长而奇怪的外语名字 Samuel Isaac Joseph Schereschewsky 引起了我的好奇心。实际上，我是从两位汉学家那里了解到施约瑟这位卓越非凡的伟人的，一位是斯洛伐克科学院东方研究所马立安·高利克（Marián Gálik）研究员，另一位是以色列希伯来大学东亚系伊爱莲（Irene Eber）教授。他们都是八旬以上的老学者，彼此相识，长期热衷于探讨《圣经》对中国现代文学和中国现代知识分子的深刻影响。令人瞩目的是，伊爱莲教授在 1999 年出版了国际学界第一本有关施约瑟的研究论著，书名为 *The Jewish Bishop and the Chinese Bible*：*S. I. J. Schereschewksy*，*1831—1906*（Leiden：Boston：Brill，1999），中译本由台湾的胡聪贤翻译为《施约瑟传——犹太裔主教与中文圣经》，2013 年由新北市橄榄出版社出版。

通过搜寻与施约瑟有关的资料，我开始叩问 19—20 世纪中叶那一段被时代风雨湮没侵蚀却精彩纷呈的中外文化交流史。

一、"译经王子"施约瑟及其犹太身份

施约瑟被美国圣公会的同仁海克斯（John Hykes）誉为"译经王子"（Prince of Bibletranslators）；大英圣书公会（British and Foreign Bible Society）称之为"世界最伟大的圣经翻译者之一"；格雷伍斯（Frederick R. Graves）赞赏他是"世界

英雄之一"（one of the world's heroes）;① 还有学者把他与德国的宗教改革家马丁·路德、天主教传教士利玛窦相提并论。②

　　首先是施约瑟的犹太身份引人注目，其多重复杂的文化身份、杰出的语言天赋与艰难奋进的一生，听起来简直就是一个传奇。施约瑟于1831年出生在俄罗斯帝国统治下立陶宛小镇陶罗根（Tauroggen），从小接触到希伯来语和俄语。他幼时父母双亡，由同父异母的兄弟抚养，家人希望他成为一名拉比（Rabbi）③。于是，16岁时施约瑟开始离家漂泊，就读于乌克兰的日托米尔拉比学校（Rabbinical School of Zhitomir）。当时解放犹太人、接受西方文化的犹太启蒙运动（Haskala）风靡欧洲，到此地传播福音的伦敦基督教犹太人传道会（The London Society for Promoting Christianity among the Jews）把《圣经》翻译成意第绪语，吸引了一些像施约瑟这样思想活跃的年轻犹太人。1852年，施约瑟前往德国的布雷斯劳大学（Breslau University，今弗罗茨瓦夫）攻读东方语言课程，在此结识了伦敦传道会成员、犹太基督徒纽曼博士（Dr. H. C. Neumann，1778—1865），得以了解当时德国的现代圣经批评学，并对基督教产生了好感。在移民大潮的影响下，1854年6月，施约瑟乘船达到美国纽约，认识了犹太裔传教士里拉德博士（M. G. R. Lederer），不久他在一个逾越节的晚上接受洗礼，皈依了基督教。此后，施约瑟继续神学训练，先后就读于宾夕法尼亚州阿勒格尼市的西方神学院（Western Theological Seminary in Allegheny City, Pennsylvania），两年后转往纽约圣公会总神学院（the Episcopal General Theological Seminary in New York）。此时，施约瑟在美国圣公会中国差会首任主教文惠廉（Rt. Rev. William Jones Boone）的感召下，决意前往中国传教，并许愿要把《圣经》翻译成中文。1859年7月，施约瑟被文主教按立为执事（deacon）④。不久，他以美国圣公会海外传教士的身份前往上海，在航行途中开始学习汉语。

---

① *American Church Mission*（District of Shanghai），23 November, 1906.
② George H. Steven. *Jewish Christian Leaders*. London. Oliphants, 1966, p. 61.
③ 拉比：有学问的学者或智者，专指接受过正规的犹太教育，系统学习了犹太经典，担任犹太人社团或犹太教教会的精神领袖，或在犹太经学院传授犹太教教义的学者。
④ 按立为执事：按照一定的仪式，授予在基督教教会中的管理（执事）职位。

施约瑟于1859年12月抵达美国圣公会总部所在地上海，全力学习官话（现在的普通话）、文言文（文理式中文）、上海方言和中国古典文学，并在中国内地进行了两次远游，逐渐熟悉地理民情。对于多样化的汉语与各地方言，施约瑟深有感触："与其说我要学会中文，不如说我要掌握多种中国语文。因为一个渴望能够熟习中文的人，必须研习至少两三种独特的中国语文：第一种是他所居之地的人所说的方言；第二种是全中国的官员，以及很多省份的人都使用的官话；第三种是中国知识分子们所使用的文言文。"他敏锐地意识到中国人"对语言的挑剔"的程度比其他民族更苛刻，他们对只会讲"几句破句子"就想传道的外国人，不屑一顾。①

作为传教士和圣经译者，施约瑟所具备的犹太文化身份、特殊的个人禀赋、深厚的信仰根基和坚定执着的性格决定了他事业的与众不同：属于犹太教改信基督徒的犹太裔美国人（在俄国统治下的立陶宛以及波兰、德国、美国、中国、英国、法国、瑞士、日本等多国居留，有助于他以平等、同情的态度对待异国文化和不同人群）；属于美国圣公会（曾担任美华圣公会华东教区主教）；具有罕见的语言天赋（掌握了希伯来语、意第绪语、俄语、德语、波兰语、希腊语、英语、法语、中文、蒙古语等20多种文字，会讲13种语言）；受到了犹太教—基督教文化、德国启蒙文化、英美盎格鲁—撒克逊文化、中国传统文化等多元文化的熏染，视野开阔，治学严谨，博大精深，形成了尊重异国文化的开放精神。所有这一切使得施约瑟成为一名出类拔萃的《圣经》中译者和伟大的传道人，不过，这个过程却是如此漫长而艰辛，充满着无比的恩典和荣耀。

二、从官话到浅文理：中文《圣经》的翻译者

1860年，施约瑟按立为会长后的第二年，被文惠廉主教派往大清帝国的中心北京，在刚成立不久的美国公使馆担任翻译，并负责开拓圣公会在华北地区的教务事业。在此后的12年（1862—1874）中，他任职于五位基督教传教士组成的

---

① http://www.answers.com/topic/samuel-isaac-joseph-schereschewsky.

"北京译经委员会"(The Peking Translation Committee)。除了他以外,其余四位分别是美国人丁韪良(W. A. P. Martin, 1827—1916,他断断续续参与译经工作)和白汉理(Henry Blodget, 1825—1903),英国人包约翰(John S. Burdon, 1826—1907)和艾约瑟(Joseph Edkins, 1823—1905)。他们于1862—1863年间陆续聚集北京,筹划推动《北京官话新约全书》的翻译事工,并于1866年完成出版。此后,鉴于施约瑟精通希伯来语和具有犹太文化背景,他被"北京译经委员会"指派独自承担把希伯来语《旧约》翻译成北京官话的艰巨任务。在1864年写给美国国外布道团委员会(American Foreign Committee of the Board of Mission)的信中,施约瑟提倡把《圣经》翻译为满洲方言(即北京官话),因为它适用于四分之三的国土,实际上是全中国的官员、商人和文人之间的通用语。[①]

当时通行中国的圣经译本是用文言文翻译的深文理译本(High Wenli Version),如最早的马什曼(J. Marshman)译本(1822)、马礼逊(R. Morrison)《神天圣书》(1823)、委办译本(Delegates' Version, 1852)、裨治文(E. C. Bridgman)《新旧约全书》(1864)、高德(J. Coddard)《圣经新旧遗诏全书》(1868)等;另外有些仅供东南局部地区使用的方言译本(如广东话、厦门话、客家话和吴语等),但还没有一本是使用北方方言(官话)的中译本。不过,随着中西双方在政治、经济和文化等领域的不断接触和时局的发展,这种情况逐渐得以改变:"早期中文《圣经》主要是文理译本,对象是受过教育的中国人。然而,中国教会信徒日益增多,由于教育水平大多不高的关系,在阅读文理译本时感到困难,以致对官话译本的需求渐增。"[②] 施约瑟逐渐认识到"官话就是正式语言的意思,它不但是通俗文学所使用的语言,也是自宋代以来,一些哲学及形而上学著作所使用的语言"[③]。他对于独自承担把希伯来语《旧约》译成北京官话的神圣任务充满信心:"其他翻

---

① James Muller. *Apostle of China: Samuel Isaac Joseph Schereschewsky 1931-1906*. Morehouse Pub. Co., 1937, p. 66.
② 蔡锦图《中国圣经翻译的历史回顾和研究》,载梁工主编《圣经文学研究》第5辑,人民文学出版社,2011年,第202页。
③ 施约瑟致Denision函,转引伊爱莲《施约瑟传——犹太裔主教与中文圣经》,胡聪贤译,新北:橄榄出版社,2013年,第161页。

译者告诉我,将旧约圣经翻译成人口最多的帝国口语,是特别委托给我的责任。一直到这项工作做完为止,我应该将它看作是我在这个国家的使命。"① 1874年12月,在上海美华圣经公会(American Bible Society)的资助下,施约瑟历时十多年完成的第一个北京官话《施约瑟旧约译本》由日本京都美华书院印制出版;1878年,该译本和1872年修订本《北京官话新约全书》合并成《北京官话新旧约全书》,作为英美两国传教士和圣经公会共同合作的硕果。这个《圣经》中译本语言清晰明细,简洁有力,虽浅白却不流于俗气,虽庄重敬虔却不舞文弄墨,具有划时代的意义,成为1919年和合本《圣经》之前通行最广、最受中国信徒欢迎的官话译本,并为此后的《圣经》中译本提供了出色的范本,诚如丁韪良所言:"具有无法被取代的地位",是"译者一生的冠冕之作"。②

以1874年施约瑟翻译的《创世纪》开篇为例:"起初的时候,天主创造天地。地是空虚混沌,水面黑暗。天主的灵运行在水面上。天主说,要有光,就有了光。天主看光是好的,天主就将光暗分开了。天主称光为昼,称暗为夜,有晚有早,就是头一日。"又如《雅歌》:"这是所罗门所作的歌中的雅歌、愿他与我接吻、因你的爱情胜于酒霖。你的膏、香味甚美、你的名如倾出的香膏、因此、众女子都爱慕你。"我们读到的是如此精湛流畅的白话译文,要知道这比1919年的和合本《圣经》早了45年。

1877年,施约瑟被任命为美国在华圣公会的第三任主教(Bishop)。1881年在武汉视察之时,积劳成疾的他不幸中风,导致身体瘫痪。1882—1895年间,施约瑟在英国剑桥、瑞士日内瓦、美国等各地养病,虽饱受病痛折磨,却依然在轮椅中坚持用两个手指头翻译,不仅继续修订北京官话《新旧约圣经》,还将其翻译成浅文理译本(easy wenli version)。对于传教士而言,"19世纪末期,可以说是文言文圣经从深文理向浅文理过渡的中间阶段。以前只有深文理圣经译本的出现,是意料之中的事。对中国人而言,浅显的白话只用于日常生活的口语中,而不运用

---

① 施约瑟致 Denison 函,转引伊爱莲《施约瑟传——犹太裔主教与中文圣经》,第161页。
② 丁韪良,"Notes on Schereschewsky's Bible in Chinese", *The Chinese Recorder and Missionary Journal*, Vol. 34 (3), 1903, pp. 148-149.

于文字表达中。对传统文化和文字颇为自负的文人来说，他们更不会接受用这种浅显语言写成的书。"① 英国传教士杨格非（John Griffith）描绘了一种被称为"浅文理"的语言形式，它既像官话一样容易明白，广泛通用，同时又容易被知识分子接受。在1890年上海举行的中国传教士代表大会后，施约瑟却拒绝了该译经委员会的邀请，独自开始浅文理圣经的翻译工作，并以残疾之身完成了和合本《圣经》翻译团队花费18年才完成的事业，1902年出版了浅文理《旧新约全书》（又称《施约瑟浅文理二指版圣经》），这堪称世界圣经翻译史上的一个奇迹。1910年，由施约瑟修订的《浅文理串珠圣经》（Reference Bible）出版，但他本人却无缘见到，他已于1906年10月14日在日本东京去世，葬在东京最大的公墓青山墓园。在去世的前几年，施约瑟不无感叹地自述道："我坐在这把椅子上二十多年了。一开始很艰难。但上帝知道这样的安排最好。他让我从事最适合我的工作。"② 在写给施约瑟的悼文中，美国圣公会史蒂芬牧师（W. B. Stevens）称赞道："世界上最伟大的英雄所达至的最伟大的成就，当拿来与施约瑟主教所做的相比时，都会变得渺小，……因为他使圣经用中文来向人说话，把福音传遍了半个地球。"③ 当我们了解到施约瑟的后半生竟是以残疾之身完成了一项令人难以想象的伟业时，除了惊叹外，或许只有深深的感恩了。

三、上海圣约翰大学的创始者

施约瑟的另一个惊人之举是创建了中国第一所近代意义上的大学——圣约翰大学。1879年，本着要创办一所"可以使学生兼具中、西文化的知识与基督信仰，以主导未来中国的发展"的教育理念，施约瑟将上海圣公会下属的两所学校培雅书院（The Baird Hall for Boys）和度恩书院（Duane Halls）合并为圣约翰学院（St. John's College），后来于1905年注册为圣约翰大学（St. John's University），首

---

① Marshall Broomhall. *The Bible in China*. London. British and Foreign Bible Society, 1934, p. 50.
② http：//www. bdconline. net/en/stories/s/schereschewsky-samuel-isaac-joseph. php, by Paul Claspar.
③ Dan Graves. *A Feast for Samuel Schereschewsky*. MSL; Church History Timeline.

创校训一为"光与真理"（Light and Truth），二为"德以辅才，学以致用"，兼具了中西文化与教育的最高信念与理想。虽然这所大学一开始重视的是神学方面的课程，如《圣经》、祈祷书、教义神学与系统神学和中文，但随着上海作为通商口岸，越来越国际化和商业化，急需英语方面的人才，1881 年起，学院增加了许多用英语教学的课程，尤其是科学方面的教学内容，逐渐向世界一流大学看齐，建立起神学院、文理学院、土木建筑学院、医学院（后又加了农学院）等。到了 20 世纪初，圣约翰大学的学生人数迅猛增长，成为中国首个全英语授课（后转为双语授课）的国际一流大学，被誉为"东方哈佛"和"中国外交人才养成所"，创下了民国教育的多项第一，培养了林语堂、张爱玲、邹韬奋、顾维钧、施肇基、宋子文、严家淦、荣毅仁、刘鸿生、俞大维、贝聿铭、周有光等一大批影响中国近代历史的杰出人物，他们活跃在政治、外交、农业、医学、军事、文学、建筑和高等教育等各个公众生活领域，成为带领社会变革的"光"与"真理"。一直到 1941 年第二次世界大战爆发之时，圣约翰大学的课程、教育理念与水平皆可与美国任何一所大学媲美。

1952 年，作为在华办学时间最长的一所教会学校，历时 73 年的圣约翰大学在大陆被解散，其新闻系并入复旦大学，土木建筑系并入同济大学，经济系并入上海财政经济学院（现上海财经大学），政治系并入华东政法学院（现华东政法大学），理科各系、教育系、中文系并入华东师范大学；医学院则与震旦大学医学院、同德医学院合并成立上海第二医学院（后改名为上海第二医科大学，现并入上海交通大学）。原校址成为现在的华东政法大学，一代名校从此四分五裂。不过，"光与真理"的星星之火并未完全黯淡。1967 年 10 月，由圣约翰大学、圣玛丽女校（St. Mary's Hall）校友出资购地，并在台湾圣公会王长龄主教竭诚解决各种困难之后，圣约翰大学在台湾复校为"新埔工专"，创校之际，美国渥克兰圣公会救主堂特地赠送一本世界上硕果仅存的《施约瑟旧新约圣经》（1913 年版）祝贺，如今这本《圣经》成为该校的镇校之宝。2005 年 8 月，"新埔工专"不断兴盛发展，最终升格为"圣约翰科技大学"，以"继续施主教遗志，重整圣约翰雄风"为办学目标，并用高清晰的扫描方式再版了 1913 年版的《施约瑟旧新约圣经》,作为校庆纪念日的纪念。2015年7月,在台湾友人的热心帮助下,我终于购买到这本纸质精美的施约瑟版《圣经》,抚摸着黑皮红边、繁体字竖版的厚重《圣经》,查看扉页上施约瑟的画像和汉字手迹,恍若回到一个世纪之前施主教生活的那个中外文化开始频繁接触、交流与合作的年代,我更加怀想他竭尽一生,为中文《圣经》翻译、中国高等教育、福音传播、中犹文化交流等方面做出的巨大贡献,而我们如何才能铭记住这一份珍贵的遗产呢?

2015年11月1日,在这个细雨霏霏的周末下午,我与两位上海女友相约参观当年圣约翰大学遗址——如今的华东政法大学。我们穿过苏州河上的桥,踏进中西合璧、红砖飞檐的美丽校园,依旧可以感受到当年古香古色、辉煌灿烂的校园氛围,雅致的老屋、苍老的古树和青翠的草地依次呈现,空气中弥漫着一种甘醇厚重、美轮美奂的甜美气息。我从伊爱莲撰写的《施约瑟传——犹太裔主教与中文圣经》中得知,在1879年,施约瑟就颇具眼光,以比较便宜的价格在这处当时十分偏僻的郊区购买了30英亩,作为传道部和学校的驻地:"1879年初,即开始新建工程,学院初期有四栋砖头建筑:两栋较大的二层楼房,有铺瓦的屋顶,两侧是二栋较小的建筑。后来又加了几栋建筑。"① 后来成为施约瑟接班人的小文惠廉主教对此称赞道:"学院采中式建筑法,但融合了现代的通风和采光概念。学生们有足够的运动场所。……整个环境充满了理性和实用性。……施主教对中国事务的长期经验与充实知识,让他采用了最适合教会与中国学生需要的规划。我相信这所学院在中国的历史上将会留下它的踪迹。"② 这些精致典雅的建筑、挺拔伟岸的老树、滔滔流淌的苏州河经受了风霜雪雨,见证了圣约翰大学的昔日踪迹依然无形地滋养着在此间穿行的莘莘学子。

我们驻足于校园中最漂亮、核心的标志性建筑——1894年美籍校长卜舫济(Francis L. H. Pott,担任该校50余年的校长)为纪念施约瑟而建的"怀施堂",它在1951年被改名为"韬奋楼",这是一处由环形长廊建筑、钟楼、中心建筑和庭院构成的四合院式中西合璧的学院建筑群,拱门入口的高凸处有一个钟楼(由

---

① 施约瑟致 Denison 函,转引伊爱莲《施约瑟传——犹太裔主教与中文圣经》,第187页。
② 转引伊爱莲《施约瑟传——犹太裔主教与中文圣经》,第191页。

美国马萨诸塞州运来，钟表至今使用，在整点时刻会自动报鸣），庭院中间现在放置了一座基石高高的邹韬奋坐像，正面的建筑物顶部镶嵌了一颗醒目的红五星，显然这都是后来添加上去的。事实上，邹韬奋在圣约翰大学只有读了两年，即1919—1921转入上海圣约翰大学文科三年级，学习新闻专业，获得文学学位。在这之前他是在另一所大学南洋公学（上海交通大学前身）学习了两年机电工程专业，但他不喜欢工科转而学文。由此可见，当时的圣约翰大学持有非常开放的办学理念，只要通过本校考试，学生可以从外校转学，选择自己喜爱的专业插班读书。我想，现在中国高校还从未达到圣约翰大学所具有的这般灵活而自由的办学策略，允许学生自愿转学或转系。

我们登上"韬奋楼"的二楼，环顾四周，立即为这一组的风格典雅美观、设计奇妙的建筑所倾倒，中间的一座主建筑镶嵌庭院中，两边空地长满了高大的绿色植物，体现了实与虚、疏与密、廊与楼相互呼应的中式建筑美学观。圣约翰大学一致秉持在尊重中国本土文化的基础上，传播基督教文化的精髓，让两种文化水乳交融，呈现出一种新的时代精神与信仰追求，这当然与施约瑟的高瞻远瞩分不开。他坚持认为，在中国传教的目的是建立"中国的基督教"（Chinese Christianity），传教士不应破坏中国的民族特性（ethnic characteristics），不应把外国特性（foreign traits）生硬地嫁接到中国文化中，应原封不动地保留中国人的衣食住行、风俗习惯。中国人在接受基督教时，不必西洋化，故其《圣经》的中文翻译、大学的建筑风格和教育理念都体现了这一宗旨。在1860年的一份报告书中，施约瑟声称："若要与中国知识分子沟通，传教士们必须在讲述时引经据典，唯有如此，才能以中国人的思维模式，表达自己的心灵和精神层面。……应该在向中国人讲道时，像是一名中国人。"① 由于中国地域辽阔，方言多种多样，汉语的书面语与口语面对的是不同的阅读对象，只有使用形式多样、风格迥异的文体翻译《圣经》，才能有助于基督教在不同民众中的传播。施约瑟专注于北京官话和浅文理圣经两个译本的工作，目的就是使用"合适的文体"面对不同的中国读者，更好地

---

① "Report of S. I. J. Schereschewsky"，转引伊爱莲《施约瑟传——犹太裔主教与中文圣经》，第226页。

传播上帝的福音。也即，施约瑟是唯一个用白话和浅文理两种语体独自翻译中文圣经的译者，可谓前无古人，后无来者。我们看见在"韬奋楼"正面前的小花园中耸立着一个纪念牌坊——1929年为纪念圣约翰大学50周年而建，这个牌坊本身就是中国建筑风格的醒目标志（原牌楼在1955年被拆毁，1992年由校友捐助在原地基上按原貌复建），其前后两面皆刻有校名和校训，四根柱上刻有对联，既有孔子的《论语》："思而不学则罔，学而不思则殆。"也有几副意蕴深长的对联："环绕平分三面水，树人已半百年功"；"明体达用是为国华天挺之才资造就，新命旧邦广开学舍海通而后此权兴"；"合中西一炉五十载缔造经营蔚成学府，在东南为巨擘千万人涤磨淬厉同扬国光"，如此大度雍容、气势磅礴的隽永之词令人感叹遐思，今昔对比，历史的回转让我们感受到作为教育者的使命与责任。

我们继续穿行在这些红砖的其他建筑之间，路过思颜堂（为纪念为该校做出巨大贡献的颜永京牧师而建）、思孟堂（纪念一位救助落水孩子而牺牲的美国教师孟嘉德而建），来到了一座近百年历史的著名体育馆，接待者是作为志愿者的大一新生，她们热情地让我们进去参观，这里有羽毛球场、篮球场、舞蹈室等开阔的运动空间（据说以前设有中国第一所高校的游泳馆）。我知道，在当时的教会大学中，圣约翰大学的体育课程独树一帜，遥遥领先，体现了培养身心健康的人才的教育理念。在体育馆的出口走廊我们看见了右手边一个正在粉刷一新的小房间，据学生说，这里准备建一个微型的校史馆。我们发现里面放置了一个长方形褐色石碑，大概是清代一个姓王的人送给学校的校训刻字，不过这块残断的碑石只剩下了两个字"真理"，缺失了另一半"光与"二字。当我询问在场学生是否知道施约瑟这个名字时，她们都摇头说"不知道"。在华东政法大学读书的大学生们置身其间，却不知道自己所在校园之历史悠久厚重，不了解真实发生的过去与现在学习的空间之间的隐秘关系，这的确是一件值得我们深思的事。我想起不久前读过的一本由美国汉学家舒衡哲（Vera Schwarcz）撰写的有关燕园（北京大学）的记忆之书《鸣鹤园》，她在结尾处写道："历史的美不仅存在于有限的语言文字中，更存在于无穷的想象力中。历史之美很大程度上在于其含蓄性与残缺性。"① 因此，支离破碎的——有时是被压制沉默的——历史仍然是向我们的想象敞开大门。

而我们只有安静地等待，等待被遗忘、被遮蔽的历史被不断叩问的大门敞开——被重新挖掘与书写，就像这些默默耸立在校园四周的红砖老屋、怀施堂和纪念牌坊，或像百年体育馆的角落里正在修缮一新的校史馆，这一截仅存"真理"二字的残垣断壁，在探寻者深情难忘的一瞥中，它们将魂牵梦萦地诉说着犹太裔主教施约瑟——这位把一生奉献给中文圣经翻译与大学教育的伟人的神奇业迹。

---

① ［美］舒衡哲《鸣鹤园》，张宏杰译，北京大学出版社，2009年，第229页。

《诗经》西译的演进历程

广东外语外贸大学　左　岩

《诗经》是中国第一部诗歌总集，自战国末期被列为"六经"之一，西汉初期正式被官方定为"五经"之一，立于学官。《诗经》不仅是中华民族的文化瑰宝，也是世界文化的宝贵遗产。自17世纪以来，《诗经》就倍受西方译界的重视，产生的译本数量繁多，在中西文化交流中占有相当重要的位置。本文试图描述《诗经》向西方翻译的演进历程，并按照译本的翻译形态对其划分阶段，进而把握《诗经》西译的发展模式。

一、萌芽阶段（17 至 18 世纪末）

1959—1979年，在新疆连续发掘的吐鲁番出土文书中就有《毛诗郑笺小雅》残卷，确证是公元5世纪的遗物。至少说明《诗经》有可能在这一时期通过丝绸之路传入中东甚至罗马。唐建中二年（781），波斯传教士景净受唐政府资助，在国都长安义宁坊大秦寺撰写修建"大秦景教流行中国碑"，其中引用《诗经》二三十处，可见《诗经》经丝绸之路外传历史之悠久。

关于《诗经》西译，目前确切有证可考的是始自17世纪。天启六年（1626），法国耶稣会传教士金尼阁（Nicolas Trigault）用拉丁文翻译了包括《诗经》在内的"五经"，在杭州刊行，附有简注，"不知此译本之归宿，且不知其是否已寄达欧洲"[①]。法国传教士马若瑟（Joseph de Premare）选译《诗经》中的8篇，与《赵氏孤儿》等文学作品一起辑入杜赫德（Jean-Baptiste du Halde）的《中华帝国全志》。法国传教士宋君荣（Antione Gaubit）也翻译过《诗经》，但其译本1749年寄

---

① ［法］费赖之《入华耶稣会士列传》，冯承钧译，商务印书馆，1938年，第141页。

回欧洲后一直收藏在教堂内,未曾面世。精通汉文的法国传教士孙璋(Alexander de Lacharme)于1728—1733年间完成《诗经》的拉丁文全译,该译文手稿在孙璋去世后长期与天文学手稿混杂在一起,被搁置在巴黎天文台,在1830年之前只有几首被转译为法文在欧洲流传,后来经由汉学家阿伯尔·雷穆莎(Abel Rémusat)的学生、来自图宾根的东方学家尤利乌斯·冯·莫尔(Julius von Mohl)整理,1830年由斯图加特和图宾根的科塔出版社出版,书名为《孔夫子的诗经》。这是西方出现的第一部完整的《诗经》译本。

与《四书》及《易经》《书经》相比,《诗经》的翻译相对薄弱。这是因为,传教士肩负传教与考察的双重使命,对于纯文学作品相对忽略。如果对这一时期的《诗经》西译做一个粗略的概括,那么其译本的主要特征是:数量较少,使用拉丁文,大多为选译,内容零散简略,误译严重,带有浓厚宗教意味,语言枯涩,流传不广。欧洲传教士为了成功地在华传教,积极从中国的典籍中寻找《圣经》教义的依据,对中国典籍进行基督教比附。因此,《诗经》译作带有浓厚宗教色彩,采取以耶补儒、以儒证耶的翻译策略,甚至离谱地说从《诗经》中可窥见耶稣来华的迹象。① 此外,翻译质量的粗疏还必须考虑到翻译者自身的汉文学修养和语言能力的限制。

值得庆慰的是,《诗经》西译出现了首个全译本。虽然孙璋译本成书后100年才得以出版,但首次为西方全面认识和研究《诗经》提供了宝贵资料,同时为以后《诗经》的其他欧洲语种的翻译提供了参考和借鉴,这对《诗经》西译的发展影响甚大。1687年,比利时籍耶稣会士柏应理(Philippe Couplet)所编的《西文四书解》出版,该书中介绍儒籍的"导论"把《诗经》放在第二位。18世纪下半叶,法国修士希伯(Le P. Fibot)在其《古代中国文化论》一文中说:"《诗经》的篇什如此优美和谐,贯串其中的是古老的高尚而亲切的情调,表现的风俗画面是如此纯朴和独特,足可与历史学家所提供的资料的真实性相媲美。"② 从中不难

---

① [美]史景迁《文化类同与文化利用——世界文化总体对话中的中国形象》,廖世奇、彭小樵译,北京大学出版社,1990年,第27页。
② 周发祥《〈诗经〉在西方的传播与研究》,载《文学评论》1993年第6期,第71页。

见出,《诗经》的文学性与历史文化价值已开始引起西方的注意。

尽管从雍正元年(1723)清廷下令驱逐西方传教士,到道光二十六年(1846)正式废除禁教令,西方传教士的活动沉寂了一个世纪多,然而17至18世纪末这一批法国传教士却做出了前期传教士所无法企及的成绩,在整个欧洲掀起中国研究的热潮,为19世纪欧洲的汉学确立奠定基础。

二、确立阶段(19世纪)

如果将17、18世纪称之为《诗经》西译的萌芽阶段,那么19世纪无疑迈上了一个新的台阶,且这一关键阶段与国际汉学的进程几乎同步。1814年12月11日,法国法兰西学院在欧洲首次正式设立"汉满鞑靼语言文学讲席",这标志着汉学作为一门学科得以确立,自此,汉学讲座在法国和欧洲的许多大学中相继开设。

与此同时,《诗经》翻译迅速发展,法国依旧充当了极重要的角色。1838年,由法国的拉沙尔穆神父迻译,爱德华·毕欧作注的《诗经》拉丁文本出版。法国是西方汉学研究的中坚,但《诗经》法译全本直到1872年才出现。1872年,法国汉学家鲍狄耶(M. G. Pauthier)完成第一部《诗经》法文本,名为《诗经:作为正统经典的中国古代诗集》。1896年,法国耶稣会传教士顾赛芬(S. J. Couvreur)译成第二部《诗经》法译本,在河间府镌刊。顾赛芬编过辞书并翻译了大量中国典籍,如《四书》《书经》《礼记》等,是这时期翻译中国典籍成绩最为卓越者之一。

俄国是除法国之外第二个欧洲汉学研究最重要的中心。1855年,第一部《诗经》俄译本由俄国传教士西维洛夫译成,未刊行。1882年,俄国汉学家瓦西里耶夫完成《诗经》第二部俄译本,亦未刊行。

德国东方语言教授、浪漫派诗人弗·吕刻特(Friedrich Ruckert)首先把《诗经》译成德文,名为《诗经:出自孔夫子的中国诗集》,主要依据孙璋的拉丁文本转译而成,1833年刊于阿尔托纳。第二个德译本由维克多·斯特劳斯(Viktor Van Straus)译成,1880年在海德堡出版,被称为"最富有欧洲韵律的翻译"。顾维廉说,德国人对《诗经》特别喜爱,就是因为斯氏那种"不可超越的翻译,成了我们最完美的翻译文学中的宝藏"①。此外，尚有克拉默（Joham Cramor）的德译（1844）、加贝伦茨（H. C. Von der Gabelentz）的德译（1864年据满文本转译），皆为选译。左托力（A. Zottoli）另有拉丁文《诗经》选译本（1879—1882）。

英国人对中国及中国文化的了解和研究，从17世纪以来一直比较落后。从19世纪开始到20世纪初叶，英国汉学渐次走上真正确立和发展的阶段。第一部英译选本由威廉·琼斯爵士（Sir William Jones）完成，他用拉丁文将《诗经》分别译成散文本和韵文本，后来又据此译出两种英译本。严格说来，琼斯的译文是在中国古诗影响下所写的诗，并非纯粹翻译。1834年，德庇时（John Francis Davis）在《汉文诗解》（*On the Poetry of the Chinese*）中选译《诗经》数篇。1861—1872年，伦敦布道会传教士詹姆斯·理雅各博士（James Legge）翻译的《中国经典》第一版在香港陆续出版，第四卷为《诗经》（1871）。1876年，理雅各用韵体重译《诗经》，在伦敦出版。之后，理雅各应邀整理《诗经》选译本，编入穆勒（Max Muller）主编的《东方圣书》第三卷，于1879年由牛津大学出版社出版。1891年，在伦敦又相继出版阿连璧（Clement Francis Ronmilly Allen）和詹宁斯（William Jennings）的《诗经》英译本。詹氏的译本之前曾在香港出版的英文汉学期刊《中国评论》上刊载。

国际汉学的蓬勃兴起，包括汉籍翻译的日益兴旺，很大程度借助于19世纪西方资本主义的空前发展。尤其是鸦片战争以来一系列不平等条约的签订，为大批传教士涌入中国提供了护身符。传教士为了传教，努力学习中国的语言文字和典籍，了解中国社会，顺应中国风俗，并且不断向自己的国家提供中国的真实信息，这反映了西方资本主义国家扩张在华殖民势力的实际需要。此时传教士仍作为汉学研究的主力，对汉学的发展起到了举足轻重的作用；然而，我们也必须看到19世纪中叶以后的自然科学革命，以及由此引起社会科学、语言学、历史学、人种学等学科的突飞猛进，是19世纪汉学发展的原动力。汉学研究之所以能打开一个

---

① 陈铨《中德文学研究》，商务印书馆，1936年，第160页。

新天地，其中最重要的原因是，对现代科学观念和方法的接受与借鉴，一改以往以简单介绍为主的格局。所以，尽管这一时期的欧洲汉学，带有较多的外交和商业成分，却有明显的学院派的特点，这对于造就一批职业化的汉学家和建立一门独立的学科，有着重大的作用。①

19世纪欧洲汉学的确立与发展，为汉籍翻译家的专业化提供了关键条件。单以《诗经》翻译而论，首先译者开始逐渐从传教士和外交官转变为依托汉学讲座的专业汉学家。最能说明这一趋势的是理雅各，理雅各于1839年受伦敦会的派遣，以传教士的身份来华，并着力于汉籍翻译。1867年，向伦敦会提出退会的请求，原因是伦敦会不支持其汉籍翻译活动，而理雅各选择全身心投入到汉籍翻译中。译者身份最明显的变化是像毕欧、瓦西里耶夫等职业汉学家的出现，特别是毕欧、加贝伦茨等，与传教士不同，终身未曾到过中国，仅是通过书本了解中国。当时不少汉学家在研究的同时兼顾翻译，但实际上《诗经》翻译最为成功、对后世影响最大的是像顾赛芬、理雅各这样一生致力于汉籍翻译者的译本。值得注意的是，在理雅各翻译中国典籍的过程中，中国学者王韬为其提供了详尽的各家评注及解释，对《中国经典》典范地位的确立起到至关重要的作用，而这种中外学者合作的翻译模式无疑具有创新性的示范意义。

《诗经》的译本数量不断攀升，但最受翻译界欢迎的汉籍当推中国哲学文本典籍。比如，《道德经》在英语世界迎来了第一次翻译高潮，1868—1905年这短短三十多年有14个译本面世。②《道德经》之所以成为西方译界关注的热点，主要缘于译者将其作为英语世界了解中国哲学和宗教的工具，并不同程度带有基督教的痕迹。尽管如此，较之上一阶段充斥着明显错误甚至荒诞不经的译本，此时西方译者特别是传教士对汉籍的翻译在诠释形态上已经有了长足进步。就理雅各《诗经》翻译而言，最能体现这一特征的是1871年无韵体译本，体例包括181页的绪言、译文与原文组成的正文、题解与文字训诂组成的注释、附录索引，王韬

---

① 陈铨《中德文学研究》，商务印书馆，1936年，第152页。
② 辛红娟、高圣兵《追寻老子的踪迹——〈道德经〉英语译本的历史描述》，载《南京农业大学学报》2008年第1期，第81页。

称:"先生独不惮其难,注全力于十三经,贯穿考核,讨流溯源,别具见解,不随凡俗。其言经也,不主一家,不专一说,博采旁涉,务极其通,大抵取材于孔、郑而折中于程、朱,于汉、宋之学两无偏袒。"①

这一时期汉籍西译的范围进一步扩大,古典诗歌成为新的动向,不仅《诗经》日渐受青睐,《离骚》、唐诗、宋词、清诗也都有所翻译。尽管多数译本将《诗经》作为《五经》之一存在且影响甚大,但《诗经》的独立文学身份已逐步得到西方译者重视,出现不少诗体的译本,且它们在《诗经》翻译史中占据相当重要的地位。诗体译本基本上可分为"经""诗"并重(如詹宁斯译本)、纯诗歌(吕刻特译本、斯特劳斯译本)、诗歌体改译(如琼斯译本、阿连璧译本)三种类型,强调《诗经》的文学性是这些译者的自觉追求。

同时,翻译界就《诗经》韵译与散译的问题展开讨论,德庇时认为:"为了欣赏中国诗歌和其他诗歌,韵文正是迻译它们的形式。"② 理雅各则认为,以诗译诗固然好,但须透彻了解原文。他批评某些转移者歪曲《诗经》原意,并申明他"倾向尽可能贴近字面","不增译,不意译"。③ 两者当然并非绝对对立,可各有各的评价标准。倾向散译的理雅各于1876年出版用韵体翻译的《诗经》,其中删掉绪言和注释。为了迎合韵律,译者不得不多采用意译,译文基本上已无法追求字面与句法的对应。对此,理雅各不甚满意。实际上,译者采取散译还是韵译,不只是翻译方法的问题,这一选择的背后更牵涉学术的《诗经》和文学的《诗经》两种截然不同的定位。

19世纪,伴随着欧洲汉学的兴起,《诗经》西译实现了结构性转化,开始从宗教形态分途向学术、文学两种不同形态发展。一般说来,文献型将《诗经》作为忠实可靠的社会历史文献翻译,注重其文化内涵和文献特征,并采取与之相适应的翻译策略的一类翻译文本;文学型将《诗经》作为文学作品,侧重其艺术内涵和审美特征,并采取与之相适应的翻译策略的一类翻译文本。可以说两种类型

---

① 王韬《弢园文录外编·送西儒理雅各回国序》,上海书店出版社,2002年,第181页。
② [英] 德庇时《汉文诗解》,伦敦:阿谢尔出版社,1870年,第34页。
③ [英] 理雅各《中国经典(第四卷)·绪论》,华东师范大学出版社,2011年,第116页。

并驾齐驱,且互相影响与互相渗透,使得《诗经》英译不论在文献性还是文学性上都得到较为充分的发展。因而,这两种类型的互相对峙、互相影响及其间消长起伏的趋势,也就构成了《诗经》英译发展的一个重要侧面。《诗经》具有"诗"与"经"的双重含义,同时又与周代礼乐紧密联系在一起,呈现出典型的文史哲混合的特征;如果说耶稣会士让整个欧洲对《诗经》有了初步的认识,那么理雅各和这一时期其他来华传教士、外交官及汉学家则让西方真正认识到《诗经》的独特魅力。

三、转型阶段（20 世纪初至 80 年代）

19 世纪末,随着在华传教士、外交官陆续回国,汉学研究逐渐转移到西方本土。理雅各时代结束后,汉籍翻译以归国传教士、外交官为主导的局面被打破,新一代汉学家开始成为主体。

马塞尔·葛兰言（Marchel Granet）一生的著述几乎全部围绕着中国古代文化这一主题,所采用的研究方法是"将中国学的研究与法国学派的方法结合起来"①。1911 年,葛兰言发表《古代中国的节庆与歌谣》,书中选《诗经·国风》68 首,通过解读《诗经》,考察先秦时期的节庆习俗,进而探究其社会结构。

苏联汉学家什图金从 19 世纪 30 年代开始翻译《诗经》,历时二十多年,于 1957 年在莫斯科国家文学出版社和苏联科学院分别出版《诗经》选译本和全译本。什图金《诗经》译本在苏联流传甚广。

英国汉学家、文学翻译家阿瑟·韦利（Arthur Waley）被《大不列颠百科全书》称为"本世纪前半叶最杰出的东方学家,也是将东方语言翻译成英语的最杰出的翻译家"。1937 年,韦利的《诗经》全译本在伦敦爱伦昂文公司出版,1954 年、1969 年,该公司分别出版了第二版和第三版修订版;1996 年,美国树林出版公司出版由约瑟夫·R. 艾伦（Joseph R. Allen）对韦氏译本重新排序,并加以补

---

① 杨堃《葛兰言研究导论》,载王铭铭编《西方与非西方——文化人类学述评选集》,华夏出版社,2003 年,第 34 页。

译和补注。

瑞典的汉学作为一门专门的学科始自高本汉（Burnhard Karlgren），他对于中国古代汉语音韵训诂、青铜器研究和古籍整理、辨伪做出了重要贡献。1946年，高本汉出版《〈诗经〉注释》一书，该书是利用语言学训解《诗经》；1950年，高本汉的《诗经》英译本在斯德哥尔摩问世，两部作品被一致认为是《诗经》西播史上的又一个里程碑。

美国意象派诗人埃兹拉·庞德（Ezra Pound）在革新英美传统诗歌、探索新的诗歌形式和写作技巧时，曾从中国古典诗学和诗歌中汲取了丰富的营养。1954年，庞德的《诗经》英译本在哈佛大学出版社出版。1955年，哈佛大学出版社出版该书修订版。

比较重要的《诗经》选译本则有：1908年，英国汉学家克莱默·宾（Launcelot Alfred Cranmer-Byng）的《诗经》英译本，共计38篇；1913年，海伦·华德尔（Helen Waddell）在波士顿出版《诗经》英译本；1922年，英国驻华外交官、汉学家翟理斯（Herbert A. Giles）在其翻译的中国诗文选《古文选珍》（Gems of Chinese Literature）中选译《诗经》的若干首；1971年，威廉·麦克诺顿（William McNaughton）在美国马萨诸塞州怀恩（Twayne）出版公司出版他选译的《诗经》英译本；1976年，特纳（John A. Turner）在《中诗金库》（A Golden Treasury of Chinese Poetry）一书中选译《诗经》数篇；1984年，美国汉学家伯顿·沃森（Burton Watson）在《哥伦比亚中国诗选：从早期到13世纪》（The Columbia Book of Chinese Poetry: from Early Times to the Thirteenth Century）一书中选译《诗经》数篇。20世纪以来，波兰、捷克、罗马尼亚、匈牙利也都有《诗经》全译本或选译本。

如果说在上一阶段《诗经》翻译形成学术型与文学型并存的基本格局，那么在本阶段两种类型并驾齐驱，都得到较为充分的发展。《诗经》的学术型译本，无疑很大程度上受制于《诗经》学的研究进展。在韦利译本中，打破原诗风、雅、颂的编排顺序，按照主题重新编次，分求爱、婚姻、勇士和战争、农作、游宴、歌舞等17类，并删掉《毛诗序》、经学注疏，甚至"二雅"中具有明显政治意图的 15 篇作品。这是《诗经》的第一个彻底摆脱传统经学束缚转入现代《诗经》学的全译本。此译本的另一大特色是，较为成功地调和《诗经》的学术性与文学性。韦利在不损害原诗旨意的前提下，以抑扬格为基础，采用散译，不使用韵脚，每行诗的音步不尽一致，但保持诗歌的节奏感；此外，对意象的选择兼顾审美与原始意味。阐释《诗经》的人类学或民俗学内涵，兼容其诗歌特征，成为这一时期《诗经》西译的主流。比如，苏联汉学家什图金、孟列夫和玛丽在《诗经》翻译中都分别表现出类似的特点。①

实际上，韦利这一批译者都不同程度借鉴理雅各、顾赛芬等的经学译本。对《诗经》的中国传统学术内涵的阐释是学术型译者绕不开的遗产，甚至可以说，这些中国传统学术类型译本，不但过去长期而且仍将深刻影响整个《诗经》西传的发展。20世纪注重从中国传统学术角度翻译《诗经》的译者不绝如缕，最具代表性的是高本汉（Klas Bernhard Johannes Karlgren）。他的译本侧重文字、音韵、训诂三个方面，参照《诗经》他篇和先秦古籍，来确定字义、句义、篇义，在内容精确方面达到了前所未有的高度，对于英语读者了解中国先秦时代的政治制度、社会风尚、风土人情等历史文化具有不可替代的作用。作为同一类型，与理雅各 1871 年译本的最大区别是，高本汉译本不以《诗经》为经。在题旨方面，高本汉大部分参考《毛诗序》与清儒的解释，但也会根据自家的理解解诗，多有臆造之嫌。其实，如何确定《诗经》题旨，在现代《诗经》研究中始终是个棘手的难题。因特定的翻译目的，高本汉在翻译形式上自觉放弃音韵，而保留赋比兴等修辞手法。较之理雅各对赋比兴的忽略，高本汉的译法显然更有利于在注重学术性的同时，最大程度上体现原诗的表现技巧。

在《诗经》文学型翻译方面，庞德的译本于20世纪独树一帜。庞德调用多种西方传统与现代诗风对《诗经》进行再创造，风格之多样，令人惊叹。当然，这是以牺牲翻译的准确性，较大幅度歪曲原作之原貌为代价的。对于庞德的这种改译，国内外译评界褒贬不一，但多数承认庞德将《诗经》翻译的艺术水平提高到

---

① 刘亚丁《异域风雅颂 新声苦辛甘——〈诗经〉俄文翻译初探》，载《中国文化研究》2009 年第 4 期，第 194—200 页。

一个新境界。其中比较持中的看法是:"他的译诗跟原文不太贴切,但旨趣离原文不远,且又符合当时英美读者的口味,自成一家体系。"① 或许,重神似轻形似是庞德译本艺术上之所以大有进展的关键所在。必须指出的是,庞德翻译《诗经》的主要目的是借助翻译宣扬西方社会急切需要的儒家思想,但由于他受到法西斯思想的影响,有意渲染《诗经》中的极权主义。这也是庞德译本饱受诟病之处。

总的来说,这一时期的《诗经》翻译步入现代化阶段,并为其多样化开辟了广阔前景,促进中西文化深入交流与融汇。

四、选译阶段(20世纪80年代至今)

20世纪下半叶,海外《诗经》学的中心逐渐转移到北美,且对于《诗经》的全译暂告一段落,而以研究、选译为主。反过来,自20世纪80年代至今,在中国出现不少《诗经》的译本。伴随着改革开放的推进,从扩大国家影响力和建构国际形象的目的出发,中国对外文化交流步伐逐步加快。短短三十多年里,在政策扶持、资金支持、多方协作下,国内掀起一场较大规模的汉籍外译热潮,《诗经》外译的出现便是这一进程的实绩。从主动参与中外文化交流的角度来说,汉籍外译是很有必要的。

1981年,中国外文出版发行事业局(简称"外文局")推出"熊猫丛书",由杨宪益主持编译,旨在系统地将中国优秀文学作品介绍到国外。1983年,杨宪益、戴乃迭翻译的《诗经选》(Selections from the "Book of songs")作为其中一种出版。

1986年,丁祖馨、拉菲尔在辽宁大学出版社、中国出版对外贸易公司出版《中国诗歌精华——从〈诗经〉到当代》一书,选译《诗经》数篇。

1992年,许渊冲在北京大学出版社出版《中诗英韵探胜——从〈诗经〉到〈西厢记〉》,选译《诗经》10篇。1993年,许渊冲翻译的《诗经》全译本在湖

---

① 汪榕培《漫谈〈诗经〉的英译本》,载《外语与外语教学》1995年第3期,第41页。

南出版社出版。1994年,许渊冲的《诗经》译本也被"熊猫丛书"收录。2009年,许渊冲的《诗经:汉英对照》由中国对外翻译出版公司出版。2012年,《许译中国经典诗文集:诗经(汉英对照)》在五洲传播出版社、中华书局出版。

1995年,汪榕培、任秀桦合作翻译的《诗经》在辽宁教育出版社出版,该书采用汉英对照的形式,汉语原文带有现代汉语拼音。

"大中华文库"是由新闻出版署直接策划并组织实施的国家"九五"重大出版工程,选取一百余种最有影响、最具代表性的中国经典作品以汉英对照方式出版(部分难度较大的作品还采用文白对照的形式),内容涵盖哲学、宗教、政治、历史、文学、科技、经济、军事等方面,由湖南人民出版社、外文出版社和新世界出版社等分辑出版。1995年该丛书第一辑出版。2008年,汪榕培英译,程俊英、蒋见元今译的《诗经》作为"大中华文库"的一种出版,该书较之辽教95版"除了对若干细节略作调整以外,总体没有做大的变动"①。

本阶段的《诗经》译者考虑到"欧美国家很少有人知道世界上最早的诗集是中国的《诗经》"②,故重译旨在文化普及,称"我们的译文不是以西方的学者或研究者为主要对象,而是以当代西方普通读者为对象,所以没有任何考证和注释,以便西方普通读者能够顺利阅读"③,并明确表示以《诗经》为诗。在中西文化巨大逆差的大背景下,普及型译本对提高海外读者对中国文化的认知度具有重要的现实意义。

作为普及型文学译本,力求准确无误且通俗易懂地传达典籍中所蕴含的文学、文化信息,再加上国家机构对于对外翻译准确性的规定性制约,使本阶段《诗经》译者倾向于忠实原文的策略,方法上以直译为主。在这方面,译者下了不少功夫,广泛参考前人译本和现代《诗经》研究成果,每遇到有疑难与争议

---

① 汪榕培《前言》,载《诗经》,汪榕培英译,程俊英、蒋见元今译,湖南人民出版社,2008年,第35页。
② 许渊冲《诗经:汉英对照·前言》,北京:中国出版集团、中国对外翻译出版公司,2009年,第1页。
③ 汪榕培《〈诗经〉的英译——写在"大中华文库"版〈诗经〉即将出版之际》,载《中国翻译》2007年第6期,第33页。

之处，译者一般会查阅现代学者的主要观点，其译本的忠实与准确是翻译界所公认的。

由于译者皆为国内一流翻译家，在文学性方面力求完美的翻译境界，如许渊冲的译诗"三美论"（意美、音美、形美）、汪榕培的"传神达意"说。在《诗经》翻译中，最能代表这一倾向的是对韵律的重视。两个译本的共同特点是，兼采汉诗的通韵模式和英诗的双行体和四行诗的韵律模式，进而创造出一种既译成英诗，同时基本保持原诗韵味的韵律模式。这一尝试无疑有利于中西语言与文化的渗透和融合，从长远来看对中国文化走向世界具有不容忽视的积极意义。这批《诗经》译本在国内受到普遍重视与好评，但在西方社会的反响却不尽如人意。当然，这也与出版相关机构重翻译、轻传播的思路有着密不可分的关系，即将复杂的外译传播简单理解成译文质量，而对译作的体例、装帧及营销等传播环节缺乏深入的研究与策划。①

尽管本阶段的《诗经》外译活动尚未成熟，但毕竟迈出了可喜的一步。值得期待的是，2009 年 7 月 27 日，国家汉办宣布组织海内外相关学者共同翻译《五经》等中国典籍，并计划在 3 年半内推出英译本。这是新中国成立 60 年以来，中国政府首次在全世界范围内开展对中华文化典籍的翻译工作。实践证明，中外合作是外译效率最高、收效最好的办法。有鉴于此，这次中外学者的共同努力有可能在《诗经》翻译上获得实质性突破。

通过梳理《诗经》西译的演进与分期，不难看出各阶段在译者身份、翻译目的、翻译策略与传播效果等方面均形成了不同的特点，呈现出继往开来的发展脉络与分期特色；同时，这一进程中也多有失误与粗疏之处，都为之后汉典籍翻译提供了足以借鉴的经验教训。汉籍翻译的研究，首要任务是准确地把握和描述汉籍翻译这一复杂性活动，更理想的情况是根据具体的研究推演出一种带有规律性的理论模式，进而为汉籍翻译实践提供理论指导。从汉籍翻译理论建设的角度来

---

① 耿强《国家机构对外翻译规范研究——以"熊猫丛书"英译中国文学为例》，载《上海翻译》2012 年第 1 期，第 4 页。王辉《盛名之下，其实难副——〈大中华文库·论语〉编辑出版中若干问题》，载《华中科技大学学报》2003 年第 1 期，第 37—43 页。

看，这门学科要有所发展，其动力之一就是来自变化的实践。经典著作以其深厚的文化积淀成为民族文化主体性的重要载体，理应作为汉籍翻译演变叙述的重心。今天，中国文化"走出去"已成为重要的国家文化战略，更加有必要深入认识《诗经》西译各个阶段的基本特征及演变趋势，这对于汉籍翻译研究，包括相关理论的建设，都是一种源头性基础工作。

西方汉学与中国经学的互动

——以《论语》"信近于义,言可复也"的英译与诠释为例

沈阳师范大学 姜 哲

众所周知,西方汉学的形成和发展与明末清初天主教耶稣会士来华传教有着直接且重要的关系。当时来华的耶稣会士大都博学多能,除了传教之外,他们还带来了大量有关西方近代科学技术的知识与成果。其中的天文历法对明清经学产生了不小的影响,梁启超在《中国近三百年学术史》中指出:

> 明末有一场大公案,为中国学术史上应该大笔特书者,曰:欧洲历算学之输入。……于是利玛窦、庞迪我、熊三拔、龙华民、邓玉函、阳玛诺、罗雅谷、艾儒略、汤若望等,自万历末年至天启、崇祯间,先后入中国。中国学者如徐文定、李凉庵等,都和他们来往,对于各种学问有精深的研究。……要而言之,中国智识线和外国智识线相接触,晋唐间的佛学为第一次,明末的历算学便是第二次。在这种新环境之下,学界空气,当然变换,后此清朝一代学者,对于历算学都有兴味,而且最喜欢谈经世致用之学,大概受利、徐诸人影响不小。①

的确,清代乾嘉学者大都精通天文历算,因此,有些研究者不免认为"乾嘉学派"注重"实证"与"归纳"的学风亦是源于耶稣会士。然而,迄今为止尚未

---

① 梁启超《中国近三百年学术史》,载梁启超《饮冰室合集·专集》(第十七册),中华书局,1936年,第8—9页。

有突破性的研究成果可以确切地证明这一论断。

其实，耶稣会士对中国传统经学及传统文化的影响，更主要的还是体现在对儒家典籍的翻译与研究，以及中文书写的传教著作上。在面对强大的儒家文化之时，耶稣会士无法直接向士大夫及普通民众传教，只能采取调和基督教与儒家思想的"适应主义"（accommodationism）策略。因而，翻译儒家典籍和以中文撰写传教著作遂成为这一策略的两个互为补充的重要举措。一方面，传教士在翻译儒家典籍的过程中，必然有意无意地会将基督教的思想与观念植入其中；另一方面，他们的中文传教著作也同样会大量地使用儒家思想中的重要词汇与概念。后者如利玛窦（Matteo Ricci）的《天主实义》，以"性""情""迹""形""体"等儒家思想的概念来谈论奥古斯丁（Aurelius Augustine），介绍西方哲学的经验论和认识论等。① 因此，这既是儒、耶思想的深层交流与会通，也是传教士汉学与中国传统经学的互动与共进。

在儒家典籍的翻译方面，《论语》以其在中国文化中不可替代的地位所当然地成为较早地被译为西方语言的中国经典。1687年，柏应理（Philippe Couplet）等耶稣会士在巴黎出版了《中国哲学家孔夫子，或以拉丁语表述中国人的智慧》（*Confucius sinarum philosophus, sive Scientia sinensis latine exposita*）一书。除《论语》的拉丁语译文之外，该书还包括《大学》和《中庸》的译文以及译者们撰写或编译的一些资料。次年，在阿姆斯特丹又出版了该书的法语编译本，书名为《中国哲学家孔夫子的道德教训》（*La Morale de Confucius, philosophe de la Chine*）。1691年，这个法语编译本的英语转译本又在伦敦出版，书名为《孔夫子的道德箴言——一位中国哲学家，他的鼎盛期在我们的救世主耶稣基督降生前500多年——本书是该国知识遗产的精粹之一》（*The Morals of Confucius. A Chinese Philosopher, Who Flourished Above Five Hundred Years Before the Coming of Our Lord and Saviour Jesus Christ. Being One of the Most Choicest Pieces of Learning Remaining of That Nation*）。该书虽是转译本且又非全译，但就现有资料而言，其仍可勉强算作《论语》

---

① 李天纲《简论明清"西学"中的神学和哲学》，载《复旦学报》1999年第3期（总第182号）。

的第一个英译本。

其后，在新教传教士时期，《论语》已有了多种英译，其中影响最大的应为理雅各（James Legge，1861）[1] 和苏慧廉（William Edward Soothill，1910）[2] 的译本。时至今日，《论语》的英译本已蔚为大观，按初版本的时间顺序，传教士之后主要有阿瑟·韦利（Arthur Waley，1938）[3]、刘殿爵（D. C. Lau，1979）[4]、雷蒙德·道森（Raymond Dawson，1993）[5]、黄继忠（Chichung Huang，1997）[6]、西蒙·莱斯（Simon Leys，1997）[7]、戴维·欣顿（David Hinton，1998）[8]、安乐哲和罗思文（Roger T. Ames and Henry Rosemont, Jr.，1999）[9]、森舸澜（Edward Slingerland，2003）[10] 及华兹生（Burton Watson，2007）[11] 的译本。这些现代英译本中，除了刘殿爵与黄继忠，其译者均为西方汉学家或中国古典著作的翻译家。

《论语》的译本繁多自与其在中国文化中的重要地位有关，但很大程度也是其自身的文本特点所致。由于《论语》文本语境的相对缺乏以及古汉语语词的多义性，即使是在中国传统经学之内，对《论语》的注疏与诠释也一直存在着诸多分歧。而就《论语》的翻译而言，除了纯粹的误读之外，出现不同译文的主要原因之一即在于其所依据的经学注本的不同。而且，只要这些分歧在经学语境下无法解决，即使有新译本的不断涌现也不可能将其完全消除。此外，还有一个相关的

---

[1] James Legge. *The Chinese Classics*: *With a Translation*, *Critical and Exegetical Notes*, *Prolegomena*, *and Copious Indexes*, Vol. I. Containing Confucian Analects, The Great Learning, and The Doctrine of the Mean. Hong Kong. At the Author's; London: Trübner & Co., 1861.

[2] William Edward Soothill. *The Analects of Confucius*. Yokohama: Fukuin Printing Company, 1910.

[3] Arthur Waley. *The Analects of Confucius*. London: G. Allen and Unwin, 1938.

[4] D. C. Lau. *The Analects*. New York: Penguin Books, 1979.

[5] Raymond Dawson. *The Analects*. Oxford: Oxford University Press, 1993.

[6] Chichung Huang. *The Analects of Confucius*: *A Literal Translation with an Introduction and Notes*. Oxford: Oxford University Press, 1997.

[7] Simon Leys. *The Analects of Confucius*. New York: W. W. Norton, 1997.

[8] David Hinton. *The Analects*. Washington: Counterpoint, 1998.

[9] Roger T. Ames and Henry Rosemont, Jr.. *The Analects of Confucius*: *A Philosophical Translation*. New York: Ballantine Books, 1999.

[10] Edward Slingerland. *Confucius Analects*: *With Selections from Traditional Commentaries*. Indianapolis: Hackett, 2003.

[11] Burton Watson. *The Analects of Confucius*. New York: Columbia University Press, 2007.

问题也很值得我们注意：虽然《论语》的某些注疏在中国传统经学中存在着分歧，但在汉语语境内部，其问题似乎并不突出或并未引起足够的重视；然而，当《论语》的经文需要被转换成另一种语言时，译者就必须在不同的理解与解释中有所取舍，从而使某些本不太受重视的诠释问题变得亟待解决。因此，西方汉学与中国传统经学的互动，使得某些多少为自身语言的同质性所缓解的经学诠释问题，以一种极为"醒目"的方式重新引起本土学者的关注，并促使其对相关问题进行更加深入地思考与阐释。

《论语·学而》中有"信近于义，言可复也"一句，在传统经学中即对其有不同的解释，但绝不如"子罕言利与命与仁"那样聚讼纷纭。对于此句，新教传教士的英译大体可以分为两种。前者以马士曼（Joshua Marshman）和詹宁斯（William Jennings）为代表，其译文分别为"your sincerity being tempered with gentleness, your advice can be even repeated"① 和 "When truth and right are hand in hand, a statement will bear repetition"②。显然，二人都将"复"理解为"重复"，而这一翻译选择若非望文生义的话，则似应出自何晏。何晏在《论语集解》中指出："复，犹覆也。义不必信，信非义也。以其言可反覆，故曰近义。"③ 此处的"反覆"即为"反复"，但"反复/覆"一词在古汉语中却有多种意义内涵。《论语笔解》就曾直言此处的"反覆"非"反覆不定之谓"，这一解释毫无问题；但是，其将"复"理解为"反本要终"，则似有过度阐释之嫌。④ 如若将"反复/覆"简捷地理解为"重复"，那么两位传教士"repeated"和"repetition"的译文正好与之相一致。

对"复"的第二种翻译与理解，以同为新教传教士的理雅各和苏慧廉为代表，他们将"信近于义，言可复也"分别译为"When agreements are made according to

---

① Joshua Marshman. *The Works of Confucius*; *Containing the Original Text*, *with a Translation. To Which is Prefixed a Dissertation on the Chinese Language and Character*, Vol. I. Serampore: The Mission Press, 1809, p. 56.

② William Jennings. *The Confucian Analects*: *A Translation*, *with Annotations and an Introduction*. London: George Routledge and Sons, 1895, p. 44.

③ （魏）何晏等注，（宋）邢昺疏《论语注疏》，载《十三经注疏》（下册），中华书局，1980年，第2458页。

④ （唐）韩愈等《论语笔解》（《墨海金壶》本），博古斋景行，1921年，第1页。

what is right, what is spoken can be made good"① 和 "When you make a promise consistent with what is right, you can keep your word"②。尽管两处译文在翻译"复"的具体措辞上有所不同，但在意义的理解方面却基本一致，无论是"made good"还是"keep your word"都是将"复"理解为"履行诺言"。而这一理解又可追溯至朱熹，其《论语集注》载曰："复，践言也。……言约信而合其宜，则言必可践矣。"③

反观中国传统经学的内部，其对《论语》"言可复也"之"复"的释义亦以"反复"与"践言"二义最为学者所主张。而且，香港学者刘殿爵还曾专门撰文，并通过与其他古典文献的对比来讨论"言可复也"的确切含义。该篇文章的题名为《论"复言"一词》（On the Expression *Fu Yen* 復言），其中并未提及《论语》翻译，因此，其表面上似乎是在经学内部解决《论语》经文注释的问题。然而，颇为有趣的是，这篇文章是以英文发表于1973年《东方与非洲研究院通报》（*Bulletin of the School of Oriental and African Studies*）第36卷第2期上，那么刘殿爵撰写此文的受众又必然以西方汉学家为主，并一定会引起他们关注《论语》翻译及解释中的相关问题。我们甚至有理由认为，该文的写作与其日后的《论语》英译存在着某种内在的关联；或者可以更大胆地推测，这篇论文就是其《论语》英译过程中所关涉的一个具体的经文释义问题。因此，在很大程度上，这一问题也是暗自针对汉学家以往的《论语》翻译而提出的。

具体而言，刘殿爵在其文章中首先认为，何晏以"覆"及"反覆"来解释"复"并未使其意义明确。④ 如前所述，"反覆"本身就有多种意义内涵。其次，刘殿爵也同样反对朱熹将"复"训为"践言"的主张，并引程树德在《论语集

---

① James Legge. *The Chinese Classics: With a Translation, Critical and Exegetical Notes, Prolegomena, and Copious Indexes*, Vol. I. Containing Confucian Analects, The Great Learning, and The Doctrine of the Mean. Hong Kong. At the Author's; London: Trübner & Co., 1861, p. 7.
② William Edward Soothill. *The Analects of Confucius*. Yokohama: Fukuin Printing Company, 1910, p. 137.
③ （宋）朱熹《四书章句集注》，中华书局，2005年，第52页。
④ D. C. Lau. "On the Expression *Fu Yen* 復言". *Bulletin of the School of Oriental and African Studies* (2), 1973, p. 324.

释》中的观点为佐证。① 程树德在该书中指出:"复训反覆,汉唐以来旧说如是,从无践言之训,《集注》失之。"② 然而,就在这段按语的开始处,程树德引桂馥《札朴》曰:"据《左》哀十六年《传》'复言,非信也',杜《注》'言之所许,必欲复行之,不顾道理'。谓不顾道理,则信不近义,故曰非信。"③ 在此,杜预将"复"训为"复行",而"复言"即是"复行诺言",其与朱熹之"践言"并无太大分别,而此亦可见朱注并非毫无根据。

其实,朱熹在《论语或问》中解释"践言"之训时用到的也是《左传》中的这个例子:

> 或问:"所谓约信而合宜,则言必可践,何也?"曰:"人之约信,固欲其言之必践也。然其始也,或不度其宜焉,则所言将有不可践者矣。以为义有不可而遂不践,则失其信。以为信之所在而必践焉,则害于义。二者无一可也。若约信之始而又求其近于义焉,则其言无不可践,而无二者之失矣。"或曰:"然则,叶公所云复言非信者,何耶?"曰:"此特为人之不顾义理,轻言而必复者发,以开其自新之路耳。若信之名,则正以复其言而得之也。"④

然而,特别令我们不解的是,刘殿爵在《论"复言"一词》中也征引了《左传》中的相关文字,⑤ 但其对杜预的注释却只字未提。而在对朱注进行质疑时,他还提到了《朱子语类》中对"践言"与"信"的解释,⑥ 但对前引《论语或

---

① D. C. Lau. "On the Expression *Fu Yen* 復言". *Bulletin of the School of Oriental and African Studies* (2), 1973, p. 326.
② 程树德《论语集释》(上册),国立华北编译馆,1943年,第45页。
③ 程树德《论语集释》(上册),国立华北编译馆,1943年,第44页。
④ (宋)朱熹《论语或问·卷一》,载《朱子遗书》(第五册),清康熙中御儿吕氏宝诰堂重刊白鹿洞原本,第22页。
⑤ D. C. Lau. "On the Expression *Fu Yen* 復言". *Bulletin of the School of Oriental and African Studies* (2), 1973, p. 327.
⑥ D. C. Lau. "On the Expression *Fu Yen* 復言". *Bulletin of the School of Oriental and African Studies* (2), 1973, p. 326.

问》中这一更为切题的材料却同样未予理会。

由于朱熹"践言"之训依据西晋杜预《左传》之注,所以程树德"汉唐以来旧注如是"之说也似乎难以成立。再者,南朝梁皇侃对"信近于义,言可复也"的注释为:"信,不欺也;义,合宜也;复,犹验也。夫信不必合宜,合宜不必信。若为信近于合宜,此信之言,乃可复验也。若为信不合宜,此虽是不欺,而其言不足复验也。"① 皇侃训"复"为"验"虽不知何据,但"汉唐以来旧注"并非总是训"复"为"反覆"则可明矣。

刘殿爵对于朱注的第二个质疑集中在"句法关系"上,他认为"信近于义,言可复也"的逻辑关系必须以何晏为是。何晏对于该句的理解为,"信"之所以能近于"义",是因为"其言可反复"。然而,这一问题清人刘宝楠在《论语正义》中已经提及,其曰:"《注》以'近义'是由'复言'后观之,盖知其人言可反复,晓其近于义也。下《注》以其能'远耻辱',故曰'近礼',义同。"② 不过,刘宝楠自己的解释却采取了与朱熹相近的句法(尽管其对"复"的理解仍依从何晏),其曰:"人初言之,其信能近于义,故其后可反覆言之。"③ 这一解释是说,只有能近于"义"的"信",或因为此"信"近于"义",其"言"才可"反覆"(在朱熹而言则为"践履")。这两种解释的因果关系正好相反,但是,在缺乏前后语境的情况下,我们似乎并没有充分的证据来表明朱熹或刘宝楠的句法关系选择一定是错误的。

刘殿爵将"复"训为"再"或"反复"的证据来自于《管子》,《管子·形势》载曰:"言而不可复者,君不言也;行而不可再者,君不行也。凡言而不可复,行而不可再者,有国者之大禁也。"④ 而《管子·形势解》对前两句的解释

---

① (魏)何晏集解,(梁)皇侃义疏《论语集解义疏》(《丛书集成》初编本),商务印书馆,1937年,第11页。

② (清)刘宝楠《论语正义·一》,清光绪十四年南菁书院刻《皇清经解续编》本(卷千五十一),第20页。

③ (清)刘宝楠《论语正义·一》,清光绪十四年南菁书院刻《皇清经解续编》本(卷千五十一),第19页。

④ (周)管仲撰,(唐)房玄龄注,(明)刘绩增注《管子》,载《二十二子》,上海古籍出版社,1986年,第93页。

亦为：

> 人主出言，不逆于民心，不悖于理义，其所言足以安天下者也，人唯恐其不复言也。出言而离父子之亲，疏君臣之道，害天下之众，此言之不可复者也，故明主不言也。故曰："言而不可复者，君不言也。"人主身行方正，使人有理，遇人有礼，行发于身而为天下法式者，人唯恐其不复行也。身行不正，使人暴虐，遇人不信，行发于身而为天下笑者，此不可复之行，故明主不行也。故曰："行而不可再者，君不行也。"①

在上述两段文字中，"复"与"再"可以互训是较为清楚的。刘殿爵也正是以此为据，认为《论语》中"言可复也"的"复"也是"再"的意思。因此，其将"言可复也"的具体内涵解释为"Unless one is truthful in, and faithful to, one's word, one can never say the same thing again"②，即"除非某人诚于并忠于其言，他绝不能再说出同样的事情"。在此，刘殿爵确实比何晏更加明确了"言可复也"的内涵，即某一言说之所以能被重复是因为其所言说之物是信实的。然而，宋代邢昺对前引何晏注之疏文为："人言不欺为信，于事合宜为义。……言虽非义，以其言可反复不欺，故曰近义。"③ 由是可知，刘殿爵的解释似乎也并未真正超越邢疏。

在论文中，刘殿爵将"信近于义，言可复也"译为"Truthfulness is close to being moral in that [true] words are capable of being repeated"④；在其之后的英译本

---

① （周）管仲撰，（唐）房玄龄注，（明）刘绩增注《管子》，载《二十二子》，上海古籍出版社，1986年，第170页。
② D. C. Lau. "On the Expression *Fu Yen* 復言". *Bulletin of the School of Oriental and African Studies* (2), 1973, p. 331.
③ （魏）何晏等注，（宋）邢昺疏《论语注疏》，载《十三经注疏》（下册），中华书局，1980年，第2458页。
④ D. C. Lau. "On the Expression *Fu Yen* 復言". *Bulletin of the School of Oriental and African Studies* (2), 1973, p. 331.

中，则译为"To be trustworthy in word is close to being moral in that it enables one's words to be repeated"①。可见，前后两处译文变化不大。而他的学生安乐哲及其合译者罗思文也将该句译为"That making good on one's word（*xin* 信）gets one close to being appropriate（*yi* 義）is because then what one says will bear repeating"②。显然，无论在句法的逻辑关系上还是在对"复"的理解上，安乐哲与其老师的翻译都具有较高的一致性。

然而，刘殿爵以《管子》释《论语》的方法并非无懈可击。《管子》中"言""行"对举，进而"复""再"互训似无可争议。但是，《论语》之文所强调的是"言"与"信"及"义"的相关性，两个文本的整体语境是不尽相同的。而朱熹依杜预"复行"之训，以"践言"来解释"信"与"义"的关系其实是可以成立的，而且《左传》与《论语》的相关语境也更为接近。当然，我们在此也绝不是要完全否定刘殿爵的解释，只是其论证过程中的问题必须予以阐明。平心而论，就"信近于义，言可复也"一句而言，在"复"的训释上，我们不妨兼存"反复"与"践言"两义，而在句法关系上也不必唯何晏是从。华裔学者黄继忠对此句的翻译虽基本上依从朱注，但在其《论语》英译本中，对一些释义有分歧的字句会在注释中给出不同的译文。相较而言，这一处理方式似乎更加可取，也更加妥当。

此外，如前所述，"信近于义，言可复也"的翻译与解释，其实充分体现了西方汉学与中国经学的双向互动。正是由于汉学的存在，经学才得以借助"他者"的眼光重新审视自身的注疏与诠释中的问题。扩而言之，这种互动甚至可以进一步促进中西方在道德、伦理、哲学及宗教等领域的相互敞开与融通互释。因此，西方汉学与中国经学的相遇必然会催生出某种"间性文化"（interculture），而当人类在面对当代社会的种种危机之时，这种"间性文化"也许会起到至关重要的作用。

---

① D. C. Lau. *The Analects*. London: Penguin Books, 1979, p. 61.
② Roger T. Ames and Henry Rosemont, Jr.. *The Analects of Confucius: A Philosophical Translation*. New York: Ballantine Books, 1999, p. 74.

传教士翻《易》之道

——以理雅各英译《周易》为例

上饶师范学院外国语学院　熊谊华

理雅各（James Legge）是牛津大学教授、欧洲汉学巨擘、首个儒莲翻译奖获得者，与德国学者卫礼贤、法国学者顾赛芬，并称汉籍欧译三大师。欧洲翻译《周易》肇始于金尼阁，其译本为拉丁本，后来，白晋、马若瑟、雷孝思等学者都对《周易》进行了翻译。英国传教士理雅各在中国学者王韬的帮助下翻译《周易》，历经20余年，其译本被认为是《周易》英译的最好版本，被誉为"欧洲易学研究的旧约"[1]。国内外学者认为，理氏的译本体现了其对中国文化的"平等的尊重"[2]，是"汉学家的永久典范"[3]。

不容置疑，理氏的译本具有很高的学术价值，但是作为殖民时期传教士汉学的翻译作品，必然与译者的意识形态和殖民欲望有着千丝万缕的联系。笔者不揣固陋，试图通过理雅各对《周易》中"帝""天""命"以及"凶""悔"的翻译进行探讨，以期发现其中的端倪。它们不仅是《周易》中非常关键的概念，也是中国传统文化中非常重要的概念，我认为，对相关的翻译进行研究，不仅可以考察理雅各对待东方文化的态度，也可以挖掘传教士是如何在被誉为"群经之首，大道之源"的《周易》中渗透其基督教思想的。

---

[1] 管恩森《传教士视阈下的汉籍传译——以理雅各英译〈周易〉为例》，载《周易研究》2012年第3期，第58—65页。

[2] 管恩森《传教士视阈下的汉籍传译——以理雅各英译〈周易〉为例》，载《周易研究》2012年第3期，第58—65页。

[3] Ride, L.. "Biographical Notein James Legge", *The Chinese Classics*, Vol. 1, 1960, p. 24.

一、"援易以为说"

《周易》分为《易经》和《易传》两部分。五四运动以前,史学家认为,《周易》的成书,"人更三圣,世历三古",伏羲氏画八卦,周文王演为六十四卦,作卦辞和爻辞,孔子作传以解经。大多数易学家认为,《易传》是解释《易经》的标准文本。至汉代,经学家把原本单行而不与《易经》相杂的《彖传》《象传》《系辞》等分附于《易经》之中,乃至于"这种经传合编本《周易》………汉以后两千多年来,学人演习既久,遂成通行文本"①,这给理雅各造成了很大的困扰。理雅各于1854年、1855年分别译出《周易》的经、传,但是一直没有发表,因为他认为,"对这本书的范围和方法知之甚少"②。不过,他坚信总有一天智慧之光会指引他找到理解《周易》的方法。1874年,理氏意识到"前二十多年来的努力根本就是白费的"③,并确信已经找到解《易》的钥匙,这把钥匙就是经、传分译。理雅各认为,《易传》模糊了《易经》的本质,两者内容并不一致。他认为,"经、传在大约700年前就是分开的",而"正确理解《周易》的第一步就是把经与传分开,单独研究经"④,也就是将《易经》作为一个完整独立的体系进行探讨。

在经传分别翻译的过程中,理雅各发现"《易传》中的许多文字,在《易经》文中是找不到的",他认为,"对《易传》的语调和风格了解越多,我们就更有理由相信《易传》并不都是由孔子所著"⑤。

实际上,宋代欧阳修在《易童子问》一文中,就已经怀疑《十翼》之中的《系辞》非孔子所作。欧阳修认为,《易传》文辞重叠反复,繁衍丛错,文意矛盾甚多,因而并非出自一人之手,更非出于孔子之言。⑥ 理氏认同欧阳修的观点,他

---

① 黄寿祺、张善文《周易译注》,上海古籍出版社,2010年,第18页。
② James Legge. *The I Ching*. New York: Dover Publications, 1963, p. xiii.
③ James Legge. *The I Ching*. New York: Dover Publications, 1963, p. xiii.
④ James Legge. *The I Ching*. New York: Dover Publications, 1963, p. xiii.
⑤ James Legge. *The I Ching*. New York: Dover Publications, 1963, p. xiv.
⑥ 杨庆中《周易经传研究》,商务印书馆,2005年,第151页。

认为，如果《易传》为孔子所著，那么每段的开头，就不用加上"the Master said"（子曰）这样的语句。针对《象传》中的"易有圣人之道四焉。以言者尚其辞，以动者尚其变，以制器者尚其象，以卜筮者尚其占。子曰《易》有圣人之道四焉此之谓也"的这句话，理氏说道，"我不能理解这段话怎么会向我们传达这样一个概念，即《传》的编者就是孔子"①。因为，"如果《传》都是孔子所著，那么他不应该自己加上'子曰'这样的话语"②。

笔者认为，理雅各考察《易传》的学派归属，实为醉翁之意不在酒。理氏在其《周易》英译本序言中写道："如果《易传》的大部分内容不为孔子所著，或者说不能确认哪部分来自孔子，那么我们完全可按自己的理解去判断他的内容，用我们的理智来评判。"③ 理氏否认《易传》为孔子所著，强调按自己的理智去判断、解释《易经》，更多的是"援易以为说"，在客观上为其在《周易》中植入基督教思想和渗透殖民思想奠定了基础，打开了缺口。

二、"帝""天""命"与"God"

在翻译《周易》时，理雅各摒弃了其他传教士将儒家与基督教对立的做法，他采用德裔英国东方学家、宗教学家麦克斯·缪勒（Max Müller）的"以思想对思想"（意译）的翻译原则代替"以词对词"（直译）的翻译方式，利用比较宗教学的方法，在《周易》中寻找与基督教传统的各种"关系"与"类似"。

"理雅各欣喜地发现，在中国传统文化中有那么多关于上帝的内容。"④ 在《周易》中，"帝"出现了11次。除了用"（King）Ti-yi"表示"帝乙"，以及用拼音"Hwang Ti"表示"黄帝"外，理雅各将其余地方出现的"帝"或"上帝"，均译为"God"，并添加了适当注释。例如，对"帝出乎震，齐乎巽，相见乎离，致役乎坤，说言乎兑，战乎乾，劳乎坎，成言乎艮"这句话，理雅各认为，此中

---

① James Legge. *The I Ching*. New York：Dover Publications，1963，p. 29.
② James Legge. *The I Ching*. New York：Dover Publications，1963，p. 29.
③ James Legge. *The I Ching*. New York：Dover Publications，1963，p. 29.
④ 吉瑞德《朝觐东方——理雅格评传》，广西师范大学出版社，2011年，第192页。

的"帝"既非雷孝思（P. Regis）拉丁文翻译的"Supremus Imperator"，也非麦格基（Canon McClatchie）翻译的"the Supreme Emperor"，"帝"正确的英译应是"God"。① 对于将"帝"作为"God"的对应词，理雅各感到相当满意，他得出结论说，除非是与尧舜在一起使用，否则他不会采取音译的方法（即把"帝"译为"Ti"）或者将这个词翻译成"Ruler"或者"Supreme Ruler"。②

其实，理雅各并非一开始就把"帝"译为"God"。1865年，理雅各翻译《尚书》时，将其中"帝"译为"emperor"。到了1879年，他采用译音的方法，把"帝"译为"Ti"。在经过认真研究和深思熟虑之后，理雅各将他此前所有完成并已出版的中国经典中的"帝"和"上帝"全部改换成了"God"③。他认为，"帝"这个汉字在五千年就出现了，"我们无法知晓'帝'的词源意义，正如我们也不知道'God'确切的最初的意义一样"④，但是他坚信，"中国人的祖先第一次使用'帝'的时候，他们所要表达的正是我们的祖先用 God 传达的同样概念，此后这种用法一直沿用下来，未尝更改过"⑤。对于理雅各来说，"英文单词'God'及其所包含的思想观点，自然地贴合古代中国经典中任何一处出现'帝'这个汉字的句子所包含的寓意"⑥。

理雅各将《大有卦》的"上九，自天佑之，吉无不利"译为"The Topmost line, undivided, shows its subject with helpaccorded to him from Heaven. There will be good fortune, advantage in every respect"，其中的"天"被译成了"Heaven"。自然，理雅各所用的"Heaven"并不是自然界的天空，而是基督教中的天主。他在1887年上海传教士大会发表的《论儒教与基督教的关系》一文中明确指出，《新约》中的"Heaven"就是"God"。⑦ 理雅各认为，中国汉字中的"天"的结构和符号象征内

---

① James Legge. *The I Ching*. New York: Dover Publications, 1963, p. 28.
② 吉瑞德《朝觐东方——理雅格评传》，广西师范大学出版社，2011年，第232页。
③ 吉瑞德《朝觐东方——理雅格评传》，广西师范大学出版社，2011年，第231页。
④ James Legge. *Confucianism in Relation To Chritianity*. Shanghai, London: Kelly & Walsh; Trubnner & Co., 1887, p. 3.
⑤ James Legge. *The I Ching*. New York: Dover Publications, 1963, pp. ix-xx.
⑥ 吉瑞德《朝觐东方——理雅格评传》，广西师范大学出版社，2011年，第232页。
⑦ James Legge. *Confucianism in Relation To Chritianity*. Shanghai, London: Kelly & Walsh; Trubnner & Co., 1887, p. 9.

涵，暗示"这中间存在着一个转换，即从天空转换到包含着上帝（God）的观念"，这种情形和人称名词"帝"和"上帝"中所表达的意义内涵是一样的①。

"命"在《周易》中出现得较少，理雅各对"命"的翻译处理较为特殊。在《否卦·九四》"有命无咎，畴离祉"中，他将"命"翻译成宗教意味十分浓厚的"ordination"，并在其后加上"Heaven"。由此可见，他将"命"理解成了基督教中"God"发出的命令。

其实，在中国文化中，"帝""天""命"，尤其是"天"具有非常丰富的含义。在古人心目中，"帝"被视为大自然的主宰②。"帝者，生物之主，兴益之宗，出震而齐者。"③ 这个主宰，有的人会理解为人格神，也有的人并不这样理解，比如《周易集解》引崔憬言曰"帝者，天之王（即'旺'）气也。至春分则震主，而万物出生"④，这样理解的"帝"，指的是主宰大自然生机的元气，与西方基督教"God"鲜有共通之处。在《周易》中，与基督教"God"意义最相近的是"殷荐之上帝"中的"上帝"，此中的"上帝"是殷人信仰的至上神，是具有情感、意志的人格神，在殷人所有的神祇中，他的权力最大，是宇宙的主宰，支配自然界、主宰人类祸福、决定战争胜负和政权兴衰并主管日常事务。⑤ 从这点来讲，殷人的上帝确实与"God"不无相似之处，但是，它们之间也存在着明显的差别。殷人的"上帝"有"帝庭"，设官任职，诸神都必须服从上帝，他们共同构成一个彼岸的等级社会，而犹太人反对信仰其他神祇，反对偶像崇拜，他们也从未虚构过一个 God 的朝廷。⑥ 此外，在殷商时期的宗教观念中，还出现了"宾帝"的概念，即先王在上帝左右，帝对王有护佑之功能，也有惩戒之能力。⑦ 所以，我

---

① James Legge. *Confucianism in Relation To Chritianity*. Shanghai, London: Kelly & Walsh; Trubnner & Co., 1887, p. 238.
② 黄寿琪、张善文《周易译注》，上海古籍出版社，2010年，第432页。
③ 黄寿琪、张善文《周易译注》，上海古籍出版社，2010年，第432页。
④ 黄寿琪、张善文《周易译注》，上海古籍出版社，2010年，第432页。
⑤ 牟钟鉴、张践《中国宗教通史》，社科文献出版社，2007年，第88—98页。
⑥ 吴礼敬《理雅各〈易经〉中的"帝"与解释者的"前见"问题》，载《学术界》2015年第5期，第128—137、326页。
⑦ 葛光兆《中国思想史：第一卷》，复旦大学出版社，2001年，第31页。

们认为,不能简单用"God"来替代"帝"。

"天"也是如此。冯友兰指出,在中国古人的观念中,"天"有五种含义:物资之天,即与地相对之天;主宰之天,即有人格的天;运命之天,指人生中吾人所无奈何者;自然之天,指自然之运行;义理之天,指宇宙之最高原理。① 著名易学家吕绍刚认为:"《周易》是一部讲天、地、人及其相互关系的书。"②《周易》中"天"的概念首先源自原始社会晚期尧时的天文历法。天文历法所认识的以日月星辰为内容的天,就是《周易》天概念的原本,因此它首先是自然之天。或者换句话说,太阳运行、四时变化、寒暑往来、昼夜更替,就是天。它的特点是不言而信,默而成之,没有意识,没有主宰,是"默默不言地有规律地运动着的具有健特征的事物"。而《周易》中的"自天佑之"乃是"以神道设教"的政治用意使然。③ 此外,中国人信仰的"天"是一种把世俗和宗教表现形式融为一体的概念,而基督徒所信仰的"God"纯粹是一种神灵,"在基督教徒们看来,'天'字仅为一种指上帝及其天使、天堂及'上帝选民'的隐喻,而中国人则认为该词具有实际意义。它同时是神和自然、社会和宇宙秩序的表现"④。

"命"字作始于西周中叶,盛用于西周晚期⑤。"命"的意义有:"1. 上天的意志和命令。2. 决定人们生死,祸福的命运和国家兴亡的力量。"⑥ 唐代李泌曾说:"其告君曰:凡人皆可言命,独君相不言命,君相言命,则政教为无权矣。苟能审察时变,用人行政,一专力于其所当为,则人谋既臧克,天休自至。"⑦ 凡人皆可言"命",独君相不言"命",表明君王可以超脱于"命"之外。孟子曰:"尽其心者,知其性也。知其性,则知天矣。存其心,养其性,所以事天也。夭寿不贰,修身以俟之,所以立命也。"这里的"天"与"命"不再是高高凌驾于人

---

① 冯友兰《中国哲学史(上)》,华东师范大学出版社,2000年,第35页。
② 吕绍刚《周易阐微》,吉林大学出版社,1990年,第113页。
③ 吕绍刚《周易阐微》,吉林大学出版社,1990年,第128页。
④ 谢和耐《中国与基督教——中西文化的首次撞击》,商务印书出版社,2013年,第128页。
⑤ 傅斯年《性命古训辨正》,河北教育出版社,1996年,第10页。
⑥ 方克立《中国哲学大辞典》,中国社会科学出版社,1994年,第39页。
⑦ 牛钮《日讲易经解义》,海南出版社,2012年,第40页。

的外在权威，而是可以通过存、养、修等方法人为了解和掌握的事物。"天"是可以"事"的，"命"是可以"立"的，事、立之主体在人，天、人在相通的主动权在人的手中。但在西方基督教中，"God"为最高的神，是全能神，"God"的命令可不可违背的，每个基督教信徒都必须服从上帝的意志。

由此可见，《周易》中"帝""天""命"与"God"概念相差甚远，理雅各的翻译，将这几个概念的含义简单化了。《周易》中"帝""天""命"反映的是中国传统的"天人合一"思想，与基督教对"God"的信仰断难会通。理雅各的这种做法，植根于其基督教信仰背景，植根于他作为一个译者和作为一个"阐释者"的混合学术身份。也就是说，理雅各的翻译，离不开他的传教士身份，他的目的是在《周易》中树立"God"的概念，这样就可为基督教在中国的传播奠定理论基础。

三、"凶""悔"与"Sin"

《易经》中"凶"出现了 58 次，如，《易·大过》："上六，过涉灭顶，凶。"① 《易·旅》："上九，鸟焚其巢，旅人先笑后号咷，丧牛于易，凶。"② 高亨在《周易古经今注·释凶》中说："盖事有恶果为凶，故凶训恶，恶果者，祸殃也；故凶者，祸殃也。《周易》凶字，均为此义。"③ 这种理解是可取的。国内学者把"凶"翻译为"disaster"④，或与"disaster"意义相近的"misfortune"⑤，与高亨的释义大致相同。

理雅各则把"凶"译为"evil"，这种做法自然容易使人联想到基督教中的"原罪"。"evil"的意义是"恶"，有"自然恶"，也有"人为恶"。前者如火山、地震、洪水等造成危害的自然现象；后者如战争、谋杀、道德败坏等人类行为及其引发的结果。在基督教中，"evil"（恶）是与"sin"（原罪）相互联系在一起

---

① 黄寿祺、张善文《周易评注》，上海古籍出版社，2010 年，第 168 页。
② 陈永正《中国方术大辞典》，中山大学出版社，1991 年，第 89 页。
③ 高亨《周易古经今注》，中华书局，1987 年，第 136 页。
④ 傅惠生《周易汉英对照》，湖南人民出版社，2008 年，第 33 页。
⑤ 汪榕培、任秀桦《英译易经》，上海外语教育出版社，1996 年，第 7 页。

的，基督教认为道义上产生的恶是罪的直接结果。不仅如此，自然界的灾害也同罪有着因果关系。因为，人犯了罪以后，原本和谐的创造秩序被打破，导致人与上帝为敌，人与自然对立。

"悔"在《易经》中出现了34次，是懊悔、悔恨之意。如《易·家人》："九三，家人嗃嗃，悔，厉，吉。"其意是说，一家人仇怨嗷嗷，尽管有悔恨，有危险，但可获吉祥。高亨《周易古经今注·释悔》："按悔恨之情比悲痛为轻，悔恨之事不及咎凶之重。"① 国内翻译家傅惠生、汪榕培皆译为"regret"，可谓是比较正确译法。

而理雅各则将"悔"译为"repentance"。"repentance"是基督教术语，是对自己的罪行表示忏悔之意。基督教认为，人类自从亚当、夏娃背叛上帝起，都是有罪的，这种罪自从人出生时就有，伴随着人的生老病死，所以人要时时忏悔自己的罪恶。

综上，"evil"和"repentance"都与基督教的罪恶（sin）观念密不可分。然而，从根本上来说，《周易》所阐述的，却是善的概念。《易·系辞上传》中说："一阴一阳之谓道，继之者善也，成之者性也。仁者见之谓之仁，知者见之谓之知，百姓日用而不知，故君子之道鲜矣。"其意思是，一阴一阳的矛盾变化就叫作"道"，传继此道（发扬光大以开创万物）的就是"善"，蔚成此道（柔顺贞守以孕育万物）的就是"性"。"'继之者善也，成之者性也'，指能继承附合道者是善，依循善性来成就事物者，是道的性能，故而主张道外无性，性乃道之所涵，故能完成造就人性的，是道（阴阳之推移）的化育之功。无论人本身是否已具备了善的本性，皆能因为有道的普遍流布存在而具有善的本质。"② 显然，这与西方的原罪思想是格格不入的。

理雅各的上述翻译，是其翻译策略使然。理雅各明确地说，传教士应当"尽可能最充分地利用中国文化体系里那些善与恶的部分……唤醒'中国人的罪恶意

---

① 高亨《周易古经今注》，中华书局，1987年，第132页。
② 刘大钧《大易集说》，巴蜀书社，2003年，第97页。

识'"①，以期能得到上帝的救赎，让基督教能在中国得到广泛的传播。

四、结语

理氏翻译中国经典，为向西方传播中国的传统文化做出了巨大贡献。但是，理氏作为一个传教士，他来中国最主要的目的就是传教。把"帝"翻译成与西方人共有"God"，其目的是减少来自中国儒家文化的抵制，使中国人能主动彻底地皈依基督教。因为，如果中国人认识到他们视为神圣的经典原来就是《圣经》的隐喻式表现，经典中原本就包含着基督教教义，那么他们信奉基督教思想就不会违背中国古训了。

与异教徒传教方式的不同在于，理氏不是把基督教思想暴力地强加在中国文化上，而是通过努力寻找基督教思想在中国传播的文化土壤。他曾告诫在华传教士，要"避免驾驶着自己的马车粗暴无理地驶过孔子的陵墓"②。这一方面反映了其尊重儒家文化的心态，另一方面则反映了其在中国传播基督教思想时的处心积虑，正如他在《儒家与基督教关系》中所说的那样："当我们启示性的《圣经》在这个国家里逐渐成为熟悉的书籍时，非人称的'天'将越来越被有人称的'天'所取代，并且现在被教导的对上帝的敬畏终将会把爱的关注和真诚的信赖加入他们中间，而这种关注和信赖应归于我们的在天之父（father）、拯救的上帝。"③ 其良苦用心可谓昭昭。

---

① 吉瑞德《朝觐东方——理雅格评传》，广西师范大学出版社，2011年，第7页。
② James Legge. *Confucianism in Relation To Chritianity*. Shanghai, London: Kelly & Walsh; Trubnner & Co., 1887, p. 12.
③ James Legge. *Confucianism in Relation To Chritianity*. Shanghai, London: Kelly & Walsh; Trubnner & Co., 1887, p. 7.

中国诗歌中隐喻的法兰西解读

——以程抱一和于连为例

华东师范大学　海丽玮

对于中国诗歌的研究是国际汉学的一个重要部分。从 18 世纪传教士对《诗经》的译介与研究，到 19 世纪德理文的《唐诗》（法语：Poésies de l'époque des Tang），再到 20 世纪众多汉学家对中国诗歌的研究：如宇文所安（Stephen Owen）对唐诗、诗论的研究，叶维廉对中国诗学的研究，叶嘉莹对杜甫、陶渊明诗歌的研究，经久不衰。然而，对于中国诗歌隐喻的分析和研究并不常见。

路易斯（C. Lewis）说，隐喻是诗歌的生命原则，是诗人的主要文本和荣耀。巴克拉德（Gaston Bachelard）说，诗人的大脑完全是一套隐喻的句法。费尼罗撒（E. Fenellos）指出，隐喻是自然的揭示者，是诗歌的实质。[1] 中国的唐诗宋词堪称隐喻的语料库。[2] 同样身处法国的汉学家程抱一和于连从不同角度对中国诗歌进行研究，都关注到了中国诗歌语言隐喻的特点。

在法兰西，你对任何一位法国人提起"Francois Cheng"，对方都会以敬佩的口吻告诉你：他是法兰西学院院士，是个了不起的人！2002 年 6 月 14 日，程抱一（Francois Cheng），这位被法国媒体称为"中国和西方文化间永不疲倦的摆渡人"的华裔作家，荣幸地当选为法兰西学院第 705 位院士。的确，程抱一对于中国文化的传播，以及对法国文化的充实贡献颇丰。程抱一的《中国诗语言研究》一经出版便在法国引起反响，他运用中法两重视角对中国诗歌进行了反传统的解构。一方面采用法国 20 世纪六七十年代兴起的结构主义和符号分析学的研究方法，从

---

[1] 束定芳《论隐喻的诗歌功能》，载《解放军外国语学院学报》2000 年第 6 期，第 12 页。
[2] 冯晓虎《隐喻——思维的基础篇章的框架》，对外经济贸易大学出版社，2004 年，第 45 页。

表层结构和深层结构对诗歌进行分析。另一方面，他指出中国诗语言构建的思想基础是中国道家三元论的宇宙观。

无独有偶，与程抱一同处一片法兰西天空下的巴黎第七大学教授，法国当代汉学家、哲学家、希腊文化学者于连（Fransois Jullien）对于中国文学以及思想的研究也不可小觑，在狄艾里·马尔塞斯（Thierry Malthus）对于连的采访中这样写道："很多人要见您，很多人在读您，很多人……现有十五六个国家翻译了您的作品。德乐滋援引您，索莱尔推崇您，巴拉杜尔在沉思您。"① 于连的《迂回与进入》一书，借道中国，回归希腊，借助东方文化的"妙处"，反思西方文化的"盲点"。正如他在前言中说："正面对着中国，间接通过希腊。但是我最努力要接近的是希腊。"② 于连通过一个西方学者的视角，对中国诗歌的特点进行分析，从而得出了中国诗歌是隐喻的，中国人的思维和表达都是迂回的结论，而这种迂回的本质在于诗歌语言的隐喻性质。

程抱一和于连都对中国诗歌的隐喻进行了分析，二者既有共同之处，又存在着不同，本文将从隐喻的含义、思想根源，以及与象征、换喻的关系几个方面对程抱一和于连的研究进行比较。

一、研究思路

也许是华人，而且在中国生活时间较长的缘故，程抱一虽然借用了西方结构主义和符号分析学的研究方法，但无论是他对中国诗歌的解读，还是他的小说《天一言》等作品，都体现着强烈的道家思想，阴阳、虚实、天地人三元论思想可谓无处不在。例如：程抱一用"阴—阳—中空"的三元空间来进行诗律研究，中国诗歌的音韵（押韵、停顿、平仄）、句法（对仗）都体现了阴阳的对立与互补，而"中空"则是诗歌所体现出的意境，前者激发了"阴"和"阳"并将两者引入

---

① 弗朗索瓦·于连、狄艾里·马尔塞斯《从外部反思欧洲——外部对话》，大象出版社，2005年，第253页。
② 弗朗索瓦·于连著，杜小真译《迂回与进入》，生活·读书·新知三联书店，1998年，第4页。

相互作用和相互转变之中。

于连毕业于巴黎高等师范学校希腊文专业，师承让-皮埃尔·韦尔南（Jean-Pierre Vernant），于连在20世纪70年代中来到中国，游学于北京、上海两地，后辗转至香港新亚学院跟随牟宗三、徐复观等新儒家潜心研习中国古代典籍。但他毕竟成长于法国社会，他所接受的教育和思想是西方的，研究中国文学也许并不是他的最终目的，在他那里，中国用于再开放，用于让人们拉开距离，用于从外部反思。中国不是又一个要清点的大抽屉，而是一种理论工具。由此可见，他是通过对中国文学的研究，了解中国人的思想和习惯，从而反观西方的文学乃至哲学。

所以从研究思路来看，程抱一和于连恰恰是相反的，程抱一是在已有的对中国道家思想的理解之下，用西方的研究方法研究中国诗歌，但他的研究最终还是回归到了中国。而于连则是通过对中国诗歌的解读，来寻找中国人的思维方式、思想特征，与西方思想文化进行对比，他的研究最终回归到西方文化本身。研究思路的差异也是造成研究成果不同的主要原因。

二、隐喻的含义

隐喻按照最通俗的理解就是"打比方"，但是这种解释并不能说明隐喻的本质。中国和西方对于隐喻的研究渊源已久，在西方，从古希腊至今大致经历了四个发展阶段：修辞学—诗学、诗学—语言学、语言哲学—人类学以及思维认知研究。[1] 古希腊时期，亚里士多德认为隐喻只能用于诗歌中，是添加在语言上的一种修辞手段。18世纪的浪漫主义隐喻观则强调隐喻与语言的本质联系，隐喻增强了语言特有的活动，并创造着新的现实。20世纪50年代，隐喻研究进入多元研究高潮，特别是70年代后期以来，欧美隐喻研究进入到了白热化阶段。现代学者对中国古代文学中的隐喻的研究可分为三大阶段：先秦时期的哲学研究、汉魏六朝至隋唐时期的的诗学研究、唐宋至明清时期的修辞学研究。清末

---

[1] 张沛《隐喻的生命》，北京大学出版社，2004年。

民初至 20 世纪末属于转型期。1949 年之前,传统隐喻研究向西方隐喻研究范式靠拢。1949 年以来,汉语学界的隐喻研究开始注重引进并且评述西方当代隐喻理论。由此可知,隐喻包括三种基本含义,中国固有的"隐—喻"范畴、作为修辞学术语的隐喻以及西文"metaphor"的汉语对译,第一种是"比兴""意象""意境"等古典诗学的基型,第二种大众理解的修辞的"隐喻"仅在隐喻层面与"隐—喻"和"metaphor"相对应,而"metaphor"包含了修辞学、诗学、语言学、认知哲学层面的隐喻。本文以中国诗歌中的隐喻为研究对象,主要指中国固有的"隐—喻"范畴。

程抱一认为隐喻是与"比"相对应的概念。"比"和"兴"是中国文体学的两种基本手法,而在西方修辞学中与之对应的是"隐喻"和"换喻"。"比"的含义是诗人求助于一个意象(通常来自大自然)来形容他想表达的意念或感情。"隐喻"与"比"接近,但又不完全相同,它们的区别在于,在中国这方面,"比"寓于一个普遍化了的系统中,而"隐喻"所指向的并不是一个封闭的系统,隐喻与换喻相关联,从而更新了含义,避免诗歌落入窠臼。

于连认为隐喻的本质是归于某种没有说出来但以间接方式指明的东西,它相应于同时囿于重视暗含意义的理论传统,即中国评论家们有关景的观点。[①] 于连认为隐喻的价值在于它的多义性,它使诗的意义层出不穷,使感情的表达间接而含蓄,使诗歌只微露情感就得以使情丝绵长难尽,诗的生命力正是系于这种不定性。例如:

> 行行重行行,与君生别离。
> 相去万余里,各在天一涯。
> 道路阻且长,会面安可知?
> 胡马依北风,越鸟巢南枝。
> 相去日已远,衣带日已缓。

---

① 弗朗索瓦·于连著,杜小真译《迂回与进入》,生活·读书·新知三联书店,1998 年,第 182 页。

> 浮云蔽白日,游子不顾返。
> 思君令人老,岁月忽已晚。
> 弃捐勿复道,努力加餐饭。①

这首诗的优美之处在于微妙而间接的表达,诗中无一字涉及所述之情,而忧伤之情却已经寓于诗歌的每个字中,隐喻使情感的间接表达成为可能。诗中出现的"越鸟""胡马""衣带渐缓""浮云蔽日"等形象在那个时代早已是老生常谈了,但是对于诗歌的解读却不止一种,这首表达忠诚之心的诗的作者可能是被诽谤的贤臣、被抛弃的妻子抑或是朋友。

程抱一和于连都认为中国诗歌是高度隐喻的,而且都认为隐喻具有某种不确定性。程抱一是在隐喻与比的对比中得出的结论,而于连是在隐喻与象征的对比中得出结论。比和象征所指向的是在一个普遍化了的系统之中,而隐喻是具有多义性、模糊性的,这对我们理解诗歌具有启发性。正如古人所说"诗无达诂",诗歌并不是具有固定的解释的,美国汉学家宇文所安也曾说过:"诗歌就是我们对它的阐释。"② 程抱一所研究的隐喻更接近于中国传统固有的"隐—喻"范畴,而于连对隐喻概念的界定带有一些哲学的意味,例如他说:"隐喻的距离以一种'隐—显'的方式说明它所引述的现实,而又不去定义或表现它,也就是说不是从同一性的角度观察它;它显示的是事物的内涵,而不是本质(使存在与显现相对立的本质)。"③ 于连在这里从哲学的角度对隐喻进行分析,认为隐喻显现的并非全部"真实"或核心本质,但也绝未变幻出假象或幻象,而是最大限度地还原了"真实"的原生风貌。隐喻是一种非真非假、亦真亦假的"幻境"或曰仿真的隐喻现实。

---

① 选自(南朝梁)萧统辑,(唐)李善注《文选》,吉林文史出版社,1987年。
② 宇文所安《迷楼》,生活·读书·新知三联书店,2004年,第7页。
③ 弗朗索瓦·于连著《迂回与进入》,杜小真译,生活·读书·新知三联书店,1998年,第366页。

三、隐喻的根源

中国诗歌为什么会形成隐喻的特征？程抱一与于连都进行了探索。程抱一认为中国诗歌的高度隐喻性要从特定的宇宙观和文字本身的性质去寻找。他所说的宇宙观是道家的宇宙观，即天地人三元，在这三元中，对人和地的关系而言，天代表了一种另外的秩序，一种对人地之间亲密结合的超越，而意象正是人的精神与世界精神的相遇。在中国人眼中，在人的想象能力和形象化的宇宙之间的持续和必然的交流之所以可能，是因为坚信二者形成一个整体，它们由同样的生气所激发，生气将它们结成有机的和表意的组合。从文字本身的性质来看，整个表意文字，通过它们与所指称的事物之间的关系以及字与字之间的关系，构成了一个隐喻—换喻（metonymy）系统。从某种方式上说，每一个表意文字都是一个强有力的隐喻，它在与其他表意文字的结合上享有极大的灵活性，并创造出丰富的引申寓意，更胜于一种指称语言所能做的。程抱一在书中还举了一些例子来说明：

  a. 由两个成分构成的表意文字
   心+秋＝愁，哀愁
   人+木＝休，休息
  b. 形成隐喻的两个字的词
   天—地＝宇宙
   手—足＝亲情[①]

于连则把中国诗歌隐喻性归结为两个方面。首先是中国语言的普遍特征，即迂回，它体现在中国的作战战术、外交辞令、历史文献等方方面面，它意味着中国文化示意方式的独特性。美国传教士阿瑟·史密斯也在他的《中国人的性情》中用一整章的篇幅来评论中国人"迂回表达的能力"，例如文中写道："中国人能

[①] 程抱一《中国诗画语言研究》，江苏人民出版社，2006年，第85页。

够以千百种不同的方式宣布一个人的死亡，而每一种方式都极优雅地掩饰了事件的残酷。"[1] 于连认为这种迂回的微妙并不产生于语言的复杂，而产生于间接的说明，中国传统习惯在词外理解真正的意义，例如《论语》，于连认为其中的对话既无意于构建一种"科学"，亦不想构建一种道德，它也从不会去定义什么，尽管它含义深远，可往往是引而不发。在古代中国，"理论"和"本质"的范畴没有建立起来，透明的象征没有出现，而更加及时、自发、间接、多义的隐喻存在于诗歌中。其次，回归到诗歌本身，于连站在评论诗歌的角度对隐喻进行解释，认为隐喻的存在与"诗缘情"的诗歌理论紧密相关。[2] 听凭不同观点的解释使诗歌进入隐喻的结构，也正由于此，诗的主题为不尽的境界所激动并且抒发最深远的情感，诗意应从"寄情"出发理解，并不希求转向另一种观念。

对于诗歌语言隐喻性根源的探寻，二者得出了不同的答案，程抱一把它归结为宇宙观和表意文字的特征，正是由于中国人把自己与天、地视为互相沟通、联系的，才在诗歌中大量引入景物以表达自己的情感，而表意文字本身的隐喻性质也影响了诗歌语言的隐喻性。语言与思维是隐喻互为表里的二维，隐喻不仅是一种修辞手段，更是一种思维方式，它与语言符号产生的文化、历史等息息相关。程抱一用道家宇宙观来分析隐喻，体现了思维方式在隐喻的形成中所起的作用。于连则从中国语言迂回的特征及其产生的原因、"诗缘情"的诗歌理论进行探寻，使得中国诗歌的隐喻性有迹可循，说明了隐喻是一种情感表达需求，也是一种修辞策略。

四、隐喻与换喻、象征

在隐喻和象征（symbolize）的关系上，程抱一认为，隐喻使语言组织成一个广大的结构化的象征的整体，由此使自然的大部分得到清点、开发与教化。中国诗歌是民间的共有财富，构成一部真正的集体神话，通过这个象征网络，诗人寻找打破能指、所指的闭合路线，并借助类比和内在联系的游戏建立符号与事物之

---

[1] 阿瑟·史密斯《中国人的性情》，长征出版社，2009年，第102页。
[2] 弗朗索瓦·于连著，杜小真译《迂回与进入》，生活·读书·新知三联书店，1998年，第184页。

间的另一种关系。另一方面，他认为，系统化的、因袭的象征整体并不会使诗歌落入窠臼，因为隐喻又形成了一个换喻网络，而这一网络得到由五行出发加以精致化的整个感应系统的强化。诗人以这一敞开的网络为依傍，便能够避免落入窠臼的危险。他举了一首杜甫的《月夜》：

香雾云鬟湿，
清辉玉臂寒。

其中，"云鬟"和"玉臂"的意象是因袭的，云鬟用来比喻女人的头发，玉臂用来形容皮肤白皙柔滑的女子的臂膀，这些意象都是平庸的，看上去非常陈旧。幸而有了与它们相伴的其他意象，它们显得非常清新，并且必不可少。如云鬟与香雾相连接，因为这两个意象都含有大气的成分，它们的共同本性给人一种一个受另一个激发而生的印象。因此，因袭的隐喻不但没有使诗句沦为"窠臼"，而且当它们被巧妙地组合，反而得以创造出意象之间的一些内在的和必然的联系，并且自始至终，将它们如此保持在隐喻层。

于连则认为中国诗歌本身就是隐喻的而不是象征的："如果说中国诗几乎没有在象征意义上得到解释，那它却在隐喻的范围内得到发挥。在一方面难以开辟的道路，于另一方面则通畅无阻。"[①] "它并不会让我们进入另一范围之中——人们以某种名义命名的：即普遍的、抽象的、精神的名义。"[②] 于连发现中国的注释者在解释《诗经》中的种种形象时，并不是从普遍性和各种本质范围内展现它们，而是偏向于历史角度在政治范围内阅读，对每一首诗的理解都是结合特殊的历史境况的，不是从中寻找象征意义而是发掘隐喻。

隐喻与象征不同。原始时代，象征是物体与观念之间在人的心理上形成的某种神秘而特殊的等同结构；古希腊时期，象征获得了形而上的维度；中世纪时期，

---

① 弗朗索瓦·于连著，杜小真译《迂回与进入》，生活·读书·新知三联书店，1998年，第177页。
② 《迂回与进入》，第187页。

象征是宗教社会的生活方式；18—19世纪，象征的理论形态逐步走向系统和完整，成为浪漫主义文学的新语言，更被源起于法国的象征主义文学作为诗歌乃至一切艺术的基本原则，登上了诗学领域的神坛；进入20世纪，象征不再囿于表现手段、思维方式和创作原则，而被界定为人类的生存方式，广泛渗透于文化学、语言学、人类学、心理学和符号学等多种学科。于连所说的象征指诗歌的表现形式。象征代表的是具体而特殊的某种东西，任何象征意义都是以足够稳定和逻辑的方式构建的，象征指向更普遍、更本质的范畴，把诗的主题引导向普遍性的新领域，象征更加透明。而隐喻则把诗的主题变成为无尽而不定的情的向量，它的本质是归于某种没有说出来但以间接方式指明的东西，它并不会让我们进入另一范围之中——人们以某种名义命名的：即普遍的、抽象的、精神的名义。例如，在中国传统中，没有人把"浮云蔽日"的景读作描写景物的现实记录，也没有人把它读作"障碍"或"距离"的纯粹形象，而是作为一种隐喻，一种情感的记忆。

程抱一和于连都认识到了中国诗并非是落入窠臼的固定象征系统，这是他们的共同之处，但是程抱一是从隐喻与换喻（metonymy）的关系中说明的，而于连是通过隐喻与象征的不同说明的。同时，程抱一也并没有否定中国诗歌中存在着象征，并认为隐喻构成了一个完整的象征网络，隐喻使自然界中的事物得到清点、开发与教化，中国诗歌是一个集体神话。程抱一从符号与事物的联系中，看到了隐喻与象征的联系，同时又从符号与符号的联系中看到了隐喻与换喻的联系，从而全面地解释了中国诗歌既高度隐喻又不会落入窠臼的原因，相比之下，于连只看到了符号与事物的联系，否定中国诗歌是象征的。"说有容易说无难"，于连对于中国古代诗歌中象征的否定还稍显薄弱。

两位有着相似经历的法国汉学家，一个带着对中国文化深厚的理解，又站在语言文字的角度，采用西方结构主义的方法解读中国诗歌；一个带着思想雄心，不愿只做中国汉学的重述，而是站在哲学的视角，试图探寻中国文学背后隐藏的思想。从此观之，为我们重新认识西方汉学，重新认识中国的诗歌以及语言，不乏振聋发聩的作用，也使中西有关隐喻的诗学理论互相补充，丰富了隐喻的含义。

三 跨文化研究
KUAWENHUA YANJIU

论刘若愚的"诗言志"阐释

广东外语外贸大学 陈彦辉 张欢欢

"诗言志"是我国古代文论家对诗之本质特征的认识,是中国诗论的起点。在中国古典文学传统里,"诗言志"这一诗学命题因其丰富的内蕴而不断被诠释,深刻影响了中国诗歌、诗论,乃至整个中国文学的发展;在现代文学里,"诗言志"也成为抒情传统等新的文学解读方式的灵感来源。刘若愚(James J. Y. Liu)长期担任斯坦福大学中国文学和比较文学教授,名望颇高,是华人中较早影响西方学界的学者之一,与其比肩而称的"东夏"夏志清称其为"自成一家言的中国诗学权威"①。作为一名专治中国古典诗歌和文论的学者,刘若愚对"诗言志"命题也有自己独特的阐发,然而对其这一研究的专门讨论较少,本文旨在论评其"诗言志"观及其相关诗论,希冀臻至其诗学思想的特殊之处,发掘其独特价值。

一、"诗言志"中的表现论

刘若愚的"诗言志"阐释集中体现在他的《中国文学理论》一书中,他将"诗言志"安置在自己设计的文论概念图式中。这一图式,是根据艾布拉姆斯(M. H. Abrams)《镜与灯——浪漫主义文论及批评传统》(*The Mirror and the Lamp*: *Romantic Theory and the Critical Tradition*)一书中的艺术批评四大要素理论关系图变化而来。在刘若愚重新创造的图式里,"宇宙""作家""作品""读者"分处四个方位,相邻的两个因素发生双向联系,由此形成一个环状图。宇宙影响作家,作家因此创造作品,作品又因此影响了读者,读者从作品中得到的触动可以改变他对于宇宙的反应,由此形成了一个"宇宙—作家—作品—读者—宇宙"

---

① 夏志清《东夏悼西刘——兼怀许芥昱》,载《中国时报》(台北)1987年5月25日《人间副刊》,《香港文学》(香港)第30期,1987年6月5日,出自香港中文大学图书馆香港文学资料库。

的圆环。反之，读者由于受到自身看待宇宙方式的左右，对作品会产生独特的反应，又借由作品与作家的心灵发生接触，进而体会作家看待宇宙的方式，因而又形成了一个"宇宙—读者—作品—作家—宇宙"的圆环。基于这一图式，并结合中国传统批评，刘若愚将中国古代文论归纳为六个分论——形上论、决定论、表现论、技巧论、审美论和实用论，通过分别阐释"诗"及"志"，刘若愚将"诗言志"纳入此"六论"中的表现论中。

刘若愚所归纳的表现论指出，诗歌表现普遍的人类情感，即诗人的个性、个人的天赋与感受、道德性格等。他认为"诗言志"属于早期的表现论，即原始主义，并指出这一诗观可以从"诗"字的字源察觉出来。他参考周策纵的观点，指出"诗"字最早载于《诗经》，然而其最早书写形式则更晚一些，于战国时期的小篆字体中才出现，即许慎《说文解字》中记录的 䇖 或 𧥻（后者为简化字体）。① 刘若愚分析，前者字体，由意符 言（"言""言语"），加上音符 寺（"寺"，古意"宫廷"或"侍从"）组成；后者字体，意符同样为"言"，而写法不同，音符则为 㞢（"之"，"足"之象形，有"往"和"止"意）。因而刘若愚总结"诗"＝"言"＋"寺"或"之"，在字源上有"足"的联想。刘若愚在书中引用了周策纵和陈世骧的分析来佐证"诗言志"属于早期表现论的观点。周策纵认为"寺人"指残废的侍从，可能与"诗人"一样，在仪式中执行吟诗、舞蹈职责；② 陈世骧则自创一词"同反义字"（syno-antonym），指出"之"同时含"往"与"止"义，意指节奏和舞蹈。③ 就二者的释义来看，刘若愚指出周论含有部分的实用概念，但仍属于表现论；陈论则被他直接归结为表现论中的原始主义诗观：诗是感情的自然表现，使用配合音乐、舞蹈的语言。

接着，刘若愚释"志"之义。"志"（古写为 𢗍）由声符"之"（古体为 㞢，意"走"）和意符"心"（古写为 ψ）组成，因而"志"释为"心之所之"。此释义

---

① Chow Tse-tsung，周策纵. *Wen-lin*: *Studies in Chinese Humanities*. Madison，1968，p. 160.
② Chow Tse-tsung，周策纵. *Wen-lin*: *Studies in Chinese Humanities*. Madison，1968，pp. 163-166，196-207.
③ 陈世骧《中国诗字之原始观念试论》，载《"中央研究院"历史语言研究所集刊外编》第四种下册，1961年，第50—52页。

仍然具有模糊性，因为对"心"的解释不同，直接导致"志"的含义区别。如若将"心"释作"意念"，"心之所之"则指"意愿"或"志向""理想"（意念前进的方向或意念到达的地方），体现了写诗者的怀抱、胸怀、理想、道德目的。而将"心"释作"人心"，"心之所之"则指"志""欲""情"，是"心"的表现，体现作者的唯我主义。一为"心意"，表达意志的倾向性；一为"心愿"，表达情感上的意旨。但无论"心愿"还是"心意"，都说明诗歌表现人的情感、志向。

如此，"诗言志"字面意思为："诗以言语表达心愿、心意。"参考闻一多所阐明的"诗""志"同源，刘若愚做出结论：古代中国的原始主义诗观结晶于"诗言志"这句话中。"诗"与"志"兼有双义，这样的模糊性本不利于"诗言志"的归类，然而通过分别阐释"诗""志"之双义，表明诗歌是人内心世界的外化，是诗人情感、思想的表现，刘若愚将此命题看作是表现论的典型。作为六论中最古老的诗观之一，刘若愚指出"诗言志"所表现的诗观流行于公元前4世纪，或者更早。因为除了《尚书》外，几乎与"诗言志"相同的句子，也出现在《左传》与《庄子》中。①

二、"诗言志"中的唯我观与教化观

刘若愚在早期著作《中国诗学》里揭示了《诗大序》在表达"诗言志"时的模糊性，指出其中既阐明了教化思想：

> 故正得失，动天地，感鬼神，莫近于诗。先王以是经夫妇，成孝敬，

---

① 《左传·襄公二十七年》载："文子告叔向曰：'伯有将为戮矣，诗以言志，志诬其上。'而公怨之，以为宾荣，其能久乎，幸而后亡。"《庄子·杂篇·天下》言："《诗》以道志，《书》以道事，《礼》以道行，《乐》以道和，《易》以道阴阳，《春秋》以道名分。"马叙伦、罗根泽、梁启超等认为，《天下篇》乃庄子自著，刘若愚根据罗根泽的观点，在此处指出了与"诗言志"相近的句子出现在《庄子》，以佐证"诗言志"至少已流行于公元前4世纪或更早。而晚近以来的多数学者（钱玄同、叶国庆、杨柳桥、王运生）则认为《天下篇》非庄子所作，虽然他们对何人何派写作的《天下篇》仍有争议，但在写作年代上，总体认为应当不是先秦的作品（李叔华认为写作年代应在西汉文景之治，任继愈相信其时代不能早于秦汉之际，黄长泉则指出其创作年代应在百家争鸣后的秦或汉初）。

厚人伦，美教化，移风俗。

却同时又表现出"唯我观念"：

> 诗者，志之所之也，在心为志，发言为诗，情动于中而形于言，言之不足，故嗟叹之，嗟叹之不足，故咏歌之，咏歌之不足，不知手之舞之足之蹈之也。

《诗大序》的含糊引发了持"教化观"和"唯我观"两种完全不同的解读流派，在刘若愚看来，这两种互相牴牾的诗观争论的焦点，在于两派对"志"的理解不同。由此，他再次用自己设计的图式对二者进行分类：认为"志"是"心意"或"道德目的"的批评家，将表现概念和实用概念结合在了一起；而认为它是"心愿"或"情感意旨"的批评家，则发展出表现理论。

在对此二者诗观评价的时候，刘若愚更认可后者。他指出持"教化观"的道学家，与西方从柏拉图到现在时而可见的一些文人一样，"犯了把作诗的动机、诗歌的作用以及诗歌本身全然混为一谈的错误"[①]。从作诗动机来谈，刘若愚指出作诗是一种情、智盎然的个人创作。一个人完全可能出自道德、政治或社会动机来做诗，但这不能使其成为诗人，除非他善于把胸中怀抱用诗的形式表达出来。从诗的作用来谈，刘若愚承认诗歌可能会影响人们的道德与政治观点，然而这一影响并不能决定诗所以为诗的意义。他揭示出读者有权从政治、道德，甚至个人角度，去"反对"一首诗，但在同样角度上，他无权把它"斥之为一首坏诗"。

简言之，道学家是将非艺术的标准用之于艺术作品。持唯我观的批评家，也不因对立诗观的谬误而占据高地，刘若愚指出他们犯了与道学家类似的错误：将作诗动机与诗歌本身混同了。他们认为诗人应心有"挚情"，这一点刘若愚予以肯定，但同时点出了他们的盲点所在：不管情感本身多么真挚和强烈，都不能成为

---

① 刘若愚著《中国诗学》，赵帆声译，河南人民出版社，1990年，第108页。

诗。他批评了典型的唯我观批评家金圣叹，指出每一个人都可能成为诗人，但像金圣叹那样认为任何一个人，即使是啼哭的婴儿也是诗人，则是无稽之谈。同时，刘若愚不满唯我观者将"情"入诗的范围设定得过于宽泛，泥沙杂下，指出这可能导致诗风平庸、浅薄、愚陋；反之，却又对诗歌概念的理解过于狭隘，局限于情感、性情的表现，令纯理想的思绪、对外部的观感难以在诗歌中表现出来。最后，在作诗问题上，刘若愚指出唯我观者仍然过分强调了"情"字，忽视了语词的重要性（既要有天赋的词语，又需遣词琢句的技巧）。他再一次指出：自发的情感本身不可能自动表现为诗。

实际上，刘若愚对此"教化观"和"唯我观"在动机上的批评是相同的，即无论出于何种目的，道德的或唯我的，诗都不可能自动成为诗。在这里刘若愚注重的是诗人由内向外表达心意或心愿时感发、构思、遣词、炼句的能动作用，注重语言的修辞。可以说，他更注重"诗言志"中"言"的过程，而不在于"志"的目的所在。这与宇文所安的观点相左，宇文所安同样谈到《诗大序》中的"情动于中而形于言，言之不足，故嗟叹之；嗟叹之不足，故咏歌之；咏歌之不足，不知手之舞之足之蹈之也"，他认为按照此说法，诗歌以生理过程（情动、形言、嗟叹、咏歌、舞蹈）为基础，所以就物质层面看，诗歌是"自然的"："诗歌属一般意义上的人所有；诗人和非诗人没有什么质的差异。"[①] 这一观点是典型的表现论，但是他忽视了情动、形言、嗟叹、咏歌、舞蹈过程中每一环节可能造成的断裂，过于强调诗歌表现的力量。

三、"诗言志"语境中的形上论

"诗言志"被奉为金科玉律，然而刘若愚指出尽管中国诗学受到"诗言志"这一表现论的支配，中国诗评家和诗人实际上均极为强调诗歌中超越个体的东西，他们醉心诗歌中等同于宇宙之道的非个性，沉浸于创造和发现诗中"情"与

[①] ［美］宇文所安著《中国文论：英译与评论》，王柏华、陶庆梅译，上海社会科学院出版社，2003年，第43页。

"景""物"与"我"的交融。① 在这里刘若愚注意到诗人与世界的互动关系，关注诗歌哲学上的层面，也注重批评家对这一互动关系的认识。从诗人及其诗作来说，刘若愚举王维《鹿柴》和柳宗元《江雪》作例，指出它们虽然均属于抒情诗，然而却不像西方世界认为的那样，即抒情诗表达的是个人的情感，而是给出了对诗歌所植根的那个世界的看法，捕捉时间中的瞬间，并把它解释为无时间概念的永恒，从而将个人的看法转换为非个人的真实。从诗评家来说，他们热衷发现诗中的超越，创造诸如"言外之意""神韵""味""无我之境""兴趣"等批评术语，来尽力描绘超越语词的诗歌韵味，用如此的象喻批评重建诗的意境，这种诗评就如叶维廉所言是"近似诗的表现形态"②。

刘若愚将诗人和诗评家寻求非个人的超越的做法，看成是"诗言志"支配下的其他追求。实际上，这些问题仍然由"诗言志"这一诗学纲领引发，他所认为的"非个人的个性"，将诗人个体的情感转换为更浩大的真实时，实际上是"诗言志"内涵下的一个部分。也就是说，更广泛含义上的"诗言志"应当将形上论囊括在内。从诗人与诗歌创作来看，"诗言志"本身含有明确的主体意识，即究竟谁在言志？"诗言志"指"诗表达人的心愿、心意"，这个"心"的来源是什么？是来源于自己，是社会或宇宙？"诗言志"的主体处于怎样一种时空位置？主体和主体之"志"不是单纯地来自世界，或是来自诗人自我，而是在"诗—言—志"过程中主体与诗作、世界的复杂的建构关系。对诗歌中主体的时空定位本身也是刘若愚的诗学研究方法论之一：

> 由于一个虚构的世界必须存在于虚构的时间和空间之中，对诗歌的作者确定他自己在时间和空间中的方位所用的方式作一个考察，将帮助我们更好地在那首诗歌的世界中确定我们自己的方位，又由于这种考察必然包括对语言的各个方面的分析，它也将帮助我们更好地理解一首诗

---

① James J. Y. Liu, *Language-Paradox-Poetics*: *A Chinese Perspective*, Princeton University Press, 1988, pp. 124-125.
② 叶维廉《中国诗学》，生活·读书·新知三联书店，1992年，第5页。

所表现的世界是怎样从它的语言结构中显现出来的。①

因为关注诗歌中主体的时空位置，"诗言志"中表现诗人情感和意志的表现论，便转换成注重超越的形上论。刘若愚在辨别形上论和表现论时，指出二者有相似性，即都对主观与客观的合一感兴趣。然而不同的是，表现论导向作家，形上论导向宇宙；表现论中诗人将情感投射到外界事物，形上论中诗人是以虚静心灵以"容受"道；表现论中诗人与个别事物合一，形上论中诗人与道合一；表现论强调感官的作用，形上论则使感官中止。就刘若愚所言的"非个人的个性"则是表现论和形上论的综合，借此来丰富"诗言志"的内涵，这一命题才不至于在表现论和实用论的纠缠中愈感狭隘和滞涩。对此方葆珍（Paula M. Varsano）有独到的见解，"中国的风景本身就是一个普遍的与个体的感知相交织的复杂网络，方位感是口头与视觉暗示的诗人位置最有效的表达方式。表现在字里行间的这些景色，既反映了诗人当下即刻的情志，也反映他的内心特质。传统与当代的文学思想家常常着眼于'世界—诗人—诗作'的关系构成对创作与阐释的影响的理解，来深思这三个因素构成之间错综复杂的关系。"② 诗人的个人情感，深入为哲学上的超越，将诗人对自我情感的表现扩大到形上层次，从而表现作品、世界、诗人三者的复杂关系，这就是在刘若愚遗作《语言与诗》中"非个人的个性"中可挖掘出来的含义。从诗评家的阐释来看，他们致力于寻找诗歌中情景一体，物我不分的"无我之境""神韵""韵外之致"的形上追求，也许正是因为"诗言志"这一纲领使"借诗知人"得以实现，因而从中挖掘诗人的言外之意成为可能。其方

---

① 刘若愚《中国诗歌中的时间、空间和自我》，载莫砺锋编《神女之探索——英美学者论中国古典诗歌》，上海古籍出版社，1994年，第193页。
② Paula M. Varsano, "Getting There from Here: Locating the Subject in Early Chinese Poetics", *Harvard Journal of Asiatic Studies*, Vol. 56, 1996. 方葆珍《由此及彼——寻找早期中国诗学中的主体》，载《古代文学理论研究》（第三十五辑）——中国文论的思想与主体，2013年。翻译采取冯若春版本部分译文，见《"他者"的眼光——论北美汉学家关于"诗言志""言意关系"的研究》，巴蜀书社，2008年，第162—163页，在此书中，方葆珍译为瓦沙诺。

法有二,诗评家往往本身含有作者身份,这是中国传统诗文评的逻辑基点,① 因而他们更能窥得诗人用心,更能从"诗"以"言志"这一纲领联系自己的创作经验,洞察诗作的隐曲处,此其一;其二,诗评家多采取感觉式甚至感官式的象喻批评(如"味外味""无味之味"),用诗情来体会诗心,重建诗境,从而得以把握诗人言外之意的超越处。

从创作和阐释二方面,即诗人对"情景"不分、"物我"一体的"非个人的个性"的追求,以及批评家对诗人"言外之意"的解读来看,"诗言志"的含义不只局限于表现论的解读,其外延可扩大到形上论,由此才可看出其丰富而复杂的内蕴。在刘若愚的诗学观中,他认为"诗是不同境界和语言的探索"。"境界的探索"指"诗人对外界的内省和整个意识的表现",是生命内面与外面的综合;"语言的探索"则指将经验与读写诗歌的现在体验融合的过程,亦即以修辞的方式用语言表达境界的过程。② 其实,"境界的探索"可以看成是"志","语言的探索"则可以说是"言"的过程,其诗学观也可看作是"诗言志"在现代诗学影响下的良好注脚。

四、结语

刘若愚归纳的中国古代文论的六种理论系统,从"诗""志"字源上看出"诗言志"中的表现论,并对《诗大序》中唯我观和教化观做了评述。然而通过解读诗人创作和诗评家阐述中的"非个人的个性",我们可将"诗言志"的内蕴扩大到刘若愚所言的形上论中,由此可以较为有效地解释"诗言志"相关文本中不同层面的概念,令其丰富性得以展开讨论。按照刘若愚的图式将"诗言志"等中国文学理论归入其中,也不可避免地存在着问题,这个系统过于理论化、条理化,因而在具体分析过程中可能造成文本和理论的割裂。即"诗言志"是否仅仅就处于表现论之中呢?"诗言志"有没有可能含有更多的理论?如审美论、决定论

---

① 彭玉平《诗文评的体性》,北京大学出版社,2012年,第10—16页。
② 詹杭伦《刘若愚:融合中西诗学之路》,北京出版社,2005年,第193页。

等？这样的归纳有没有只是说明"诗言志"的一部分，而忽略了其余？这揭示了在中国文学理论体系建构中的诸多勉强之处。造成中国文论系统的混乱、割裂，用西方理论之壳来套中国理论之实，是《中国文学理论》长久以来遭受的批评。乐黛云曾指出刘若愚的中国文论分类框架，认为这是一种体系对另一种体系的切割和强加；曹顺庆在肯定刘若愚的《中国文学理论》是"典范之作"的同时，也指出这种"以西释中"法，仍颇多牵强之处。① 康德言"我们所谓的体系，是指许许多多的知识总类在一个理念下的统一性"②，有学者认为刘若愚的分类法在于缺少这个"理念"，缺乏一个"诗意存在的理念系统"，归根结底仍是艾氏西方哲学主客二分的认识论。③ 不可否认刘若愚此理论有以概念代替历史的不足，然而有学者指摘刘若愚将中国文学批评搞得面目全非，却也是过于严苛的指责了。④

在刘若愚闯入北美汉学界的时期，西方学者对中国文论还有很多误解，刘氏作为华裔汉学家能在当时中心主义仍盛行的西方学界开创中国古代诗学，并为中国文学理论抽提出体系，其开拓的学术精神值得我辈学人尊敬。刘若愚有深厚的汉学功底，又深谙欧洲文学研究传统，他的比较诗学体系，建立于对中国批评思想传统，以及西方文学研究理论的深入了解之上，立论上创见颇多。他致力于建构一种"世界性的文学理论"⑤，因而用"堂吉诃德式的"精神驱策自己，在学术实践上孜孜不倦，为这一宏愿做出努力与尝试，积极倡导中西理论的融会贯通。当如陈寅恪所言："其真能于思想上自成系统，有所创获者，必须一方面吸收输入外来之学说，一方面不忘本来民族之地位。"⑥ 而如何在曾经失落的中国古代文论中发掘当代理论价值，如何"以中融西"，避免跟着西方文论跟跄前行，是《中国文学理论》留给我们的启示和警惕。

---

① 曹顺庆《中国文学理论的世纪转折与建构》，载《中州学刊》2006年第1期，第248页。
② 康德《纯粹理性批判》，人民出版社，2008年，第629页。
③ 林衡勋《中国古代文论体系建构的启示和构想》，载《文艺理论研究》2005年第3期，第69页。
④ 毛庆耆、谭志图《评中国文学理论》，载《文艺理论与批评》1996年第2期，第91页。
⑤ 刘若愚《中国文学理论》，台北：联经出版社，1981年，第3页。
⑥ 陈寅恪《金明馆丛稿二编》，上海古籍出版社，1980年，第252页。

程抱一的汉学研究与诗歌创作的关系初探

华东师范大学　蒋向艳

哈尔滨工业大学　牛竞凡

1735 年，法国耶稣会学者杜赫德（Jean Baptiste du Halde）编辑的《中华帝国全志》第二卷首次提到了李白、杜甫的名字，并将唐诗带入法国，开启了唐诗法译之旅，至今已经持续了将近 300 年。在这近 3 个世纪的时间里，欧洲汉学家对唐诗的翻译和研究根据时代的发展、译者的身份、译入国（法国）文学的发展等因素，经历了更迭和变化：18 世纪法国耶稣会士仅限于传奇式地介绍李、杜生平，19 世纪中叶出现了第一部唐诗法译集以及据此改译的诗集《玉书》，20 世纪上半叶主要由留法中国学者将唐诗法译掀起小高潮，法国学者则主要在 19 世纪成果的基础上探索着诗歌创作的创新；20 世纪下半叶，主要在法籍华人学者程抱一（François Cheng）于 20 世纪 70 年代出版的两部唐诗研究论著的激励和推动下，法国汉学家和诗人所从事的唐诗法译掀起了一个新高峰。同时，也是程抱一真正将中国古典诗歌的精粹融入了法语诗歌和法国文学创作中。

一、程抱一的汉学研究——唐诗翻译和唐诗研究

20 世纪 70 年代对唐诗法译和研究做出最重要贡献的人当数法籍华人程抱一。他出版了两部作品，分别是《张若虚诗之结构分析》（硕士论文，1970）[①] 和《中国诗

[①] François Cheng. *Analyse formelle de l'oeuvre poètique d'un auteur des Tang*, Zhang Ruo-Xu, Paris: Mouton, 1970.

语言研究——附唐诗选》(1977)①。这是法籍华人学者、法兰西学院院士程抱一在20世纪70年代所从事的唐诗研究主要成果。程抱一对张若虚诗的研究又以其对传世名作《春江花月夜》的结构分析为主。程抱一分析《春江花月夜》，意欲运用一种"严密的"(rigoureuse)、"尽可能详尽"(d'une manière aussi exhaustive que possible) 的分析方法，在跟以往研究者"不同的层面上"(à différents niveaux) 分析张若虚的诗。"江"和"月"是《春江花月夜》这首诗的两大主题，它们各自按照自身的规律运行，仿佛是具有意志的有生命之物。程抱一指出，在中国诗歌的发展历程中，"江"和"月"被赋予了各种各样的象征含义：流逝的时光、团聚的愿望、难以逾越的空间、无尽的时间等；而张若虚在《春江花月夜》中把"江"和"月"的所有这些象征性意蕴都汇集到了一起。他通过巧妙处理诗中两个主体来做到这一点：江水流—宇宙浩瀚—时间无穷—永恒的意念。将月亮升起，在宇宙中的运行及其坠落，跟人世间的众多现象联系起来，如新生命的诞生、情人的分离、对团聚的渴望、生命的终结等。诗人面对这些形象提出关于生命本质的一系列问题，对形象的含义穷根究底，把它们上升到玄学的高度。从而，张若虚大大开拓了"江"和"月"这两个形象的象征性内容，使后世的诗人受益无穷。由此，程纪贤总结认为，《春江花月夜》"是那些具有决定性意义的作品之一"②，它使唐代诗歌走出了一味模仿六朝风格的贫乏时期，使诗歌在中国诗歌的黄金时代——盛唐时期得到了充分的发展。

程抱一曾如此自陈当年他的结构主义研究方法："面对分析对象时，分清层次，明确视角。在每一层次，辩认出具有表意价值的构成单位，寻觅出它们之间的对比牵连，以及对比兼牵连的种种关系，然后穿过这些关系承托出表意背后的引申寓意(connotation)，引申寓意的最高层次乃是象征。上述规则在分析诗时达到最高度应用，因为在诗中，所有属于形式的成分——这里所指形式是广义的，

---

① François Cheng. *L'écriture poétique chinoise, suivi d'une anthologie des poèmes des Tang*, Paris: Éditions du Seuil, 1977. 该书与程抱一的另一部著作《虚与实：中国画语言研究》已由涂卫群译成中文，合成一部《中国诗画语言研究》，江苏人民出版社，2006年。

② *L'écriture poétique chinoise, suivi d'une anthologie des poèmes des Tang*, p. 125.

超过普通理解的'诗式'——都具有特殊含义,都成为'内容'的有机部分。"①

程纪贤先生运用结构主义方法论,对诗歌的内部规律进行了充分的揭示,从而达到了更高境界的艺术赏析的效果。从批评方法上看,无疑是个重大突破。②

如果说,对《春江花月夜》的分析,还只是运用结构主义批评方法探讨一首唐诗的一种尝试,那么,《中国诗语言研究》,则是他更系统地运用这种方法论对中国古典诗歌,特别是对唐诗进行全面艺术探讨的一部精湛之作。③

《中国诗语言研究》的主体部分为中国诗歌语言研究论文,在论述后面附有87首唐诗。程抱一以其对中国诗语言的理论认识指导其翻译,具体方法为首先将中文原诗以逐字对应的方式,找出对应的法语译文,即所谓"mot à mot"(逐字译、直译)的译法,然后再重新用法语组织为诗句。1978年,法国比较文学大师艾田伯认为,程抱一的这种译法有益于传达中文原诗的简洁,而这一点尤其吸引对中国古典诗可谓"外行"(profanes)的法国读者。④

在主体的理论部分,程抱一运用现代语言学理论、结构主义和符号分析学等现代西方研究方法研究中国古诗。首先是现代语言学理论的运用。程抱一运用了索绪尔关于具体的整体语言(les langues)和抽象的整体语言(la langue)之分的学说,将中国诗视为由整个汉语言体系生发出来的一种具体语言,又将书法、绘画、神话和音乐等艺术形式视为由中国诗语言生发出来的不同的具体语言。根据程抱一的论述,书法、绘画等艺术形式语言既从诗语言这个母体中生发出来,又

---

① 程纪贤《〈中国诗语言·中国画语言〉中文版序》,载《跨文化对话》2005年第17期,第111—112页。
② 钱林森《牧女与蚕娘——法国汉学家论中国古诗》,上海古籍出版社,1990年,第378页。
③ 《牧女与蚕娘——法国汉学家论中国古诗》,第379页。
④ *Colloque sur la traduction poétique.* Paris: Gallimard, 1978, p. 273.

在各个方面丰富了诗语言；它们之间是相互启发、相互丰富的关系，其共同点在于它们本质上都体现了汉语言的整体体系。这就使程抱一以现代语言学理论厘清了各种中国古典文艺形式之间的内在关系，将它们有机地联合起来，构成一个有机整体，对于从一个新的角度重新认识各种中国文艺形式具有开创性的意义。其次，程抱一的中国古诗研究对现代语言学的运用，还表现在发挥了雅各布森关于相似和相关的理论：程抱一将中国古诗语言视为一系列义符的串连，构成一个自足的体系；将中国古诗中富含的隐喻形象视为按"相似"原则产生，以诗中一个个隐喻形象的连接视为按"相关"的原则产生；认为中国诗中的名词语汇通过选择而产生，对应于"相似"原则，而名词语汇的连接则通过动词来实现，这些动词对应于雅各布森所说的"相关"原则。程抱一的这种分析同时也是对拉康的"能指连环"理论的发挥。程抱一以此新理论观照中国古典诗歌，既是以对中国古典诗歌的研究验证了他们的理论，又由于这种新理论的观照，对中国古典诗歌做出了崭新的阐释，富有创见性。

程抱一分析中国古诗语言，重点分析律诗，着重强调其用词简约的特征，称它为一种"经济简约"（économique[①]）的"最小完成体"（minimum complet[②]），并重点分析了律诗的对仗句。他认为中国诗语言的深层结构，在于充满主观内容的象征性意象（les images symboliques[③]），或隐喻性形象（figures métaphoriques[④]）。这种象征性意象或隐喻性形象体现在以自然事物来表现的蕴涵人思想感情的语汇和表达之中，即所谓"情景"的交融，诗的"境界"由此产生。程抱一追溯了气、意象、意境、情景等概念在中国传统诗论中的孕育、发展和逐渐成熟的历程，认为这些概念实质上是中国古典诗歌创作的灵魂与核心，体现了宇宙第三元的因素，人与宇宙天地之间的关系由此建立。程抱一进而认为，在中国诗中，这第三元因素的介入，人—地—天三元关系在诗中的构建，是通过

[①] François Cheng. *L'écriture poétique Chinoise, suivi d'une anthologie des poèmes des Tang*（《中国诗语言研究》）. Paris：Éditions du Seuil, 1996, p. 61.
[②] *L'écriture poétique Chinoise, suivi d'une anthologie des poèmes des Tang*, p. 61.
[③] *L'écriture poétique Chinoise, suivi d'une anthologie des poèmes des Tang*, p. 85.
[④] *L'écriture poétique Chinoise, suivi d'une anthologie des poèmes des Tang*, p. 95.

"比""兴"两种修辞手法来完成的；正是"比"和"兴"的修辞手法造就了中国诗中的隐喻性形象。在程抱一看来，"比"和"兴"不仅仅是一种修辞手段，更是一种语言艺术，在语言中引起了独特的效果，使语言内部产生一种循环运动，将主体与客体联系起来，在两者之间创造对话，从而产生"第三元"，体现了"道"的本质。

程抱一总结认为中国诗是"高度隐喻性"（hautement métaphorique①）的诗歌。所谓"高度隐喻性"，首先，普通汉语中存在着大量隐喻性的表达方式，用来表达抽象的思想。程抱一认为每个表意文字在某种程度上都是某种隐喻，自成一个统一体，能非常自由地与其他表意文字进行联合。如"愁"由"秋"加"心"组成，"忠"由"心"加"中"构成，"人""木"为"休"，"人""言"为"信"；"天—地"隐喻"宇宙"，"鼓—舞"隐喻"激励"；由象征性表达形成的意义，如"红尘"表俗世，"青松"表正直，"东流水"表时间飞逝等。程抱一认为，以隐喻的形象表现自然事物，比普通的语言符号更富有"隐喻的潜在性"（virtualités métonymiques②），如"云鬟"的表现力强于"头发"，"朱门"的表现力强于"富家"。而且隐喻的形象能以比普通符号更节约的用字来表现比普通符号更多的内容：如"朱门"指"在富家里"，"玉阶"指"妇人滞留之处"。这样，象征性形象构成了一张网络，内部有着四通八达的"通道"，将各个形象联系起来；在这张网络中，句法的束缚被降低到最低程度。程抱一认为，这些能使人引起联想的"形象"的汉语词汇往往起源于诗歌，同时中国诗语言又在自身发展的过程中滋养和丰富了普通语言。

程抱一通过分析以唐代律诗为代表的中国古典诗歌的语言，触及了中国诗语言的深层结构，即中国诗语言隐藏在词汇、句法、诗律形式等表面结构背后的隐形结构——中国诗语言蕴涵的丰富的象征性、隐喻性形象，体现了自然事物与人之间建立的关系。用程抱一的话来说，可将中国古典诗歌视为一个集体神话，诗语言的本质就是集体神话形象的构建。这个集体神话，正是建构在人—地—天三

---

① *L'écriture poétique Chinoise, suivi d'une anthologie des poèmes des Tang*, p. 94.
② *L'écriture poétique Chinoise, suivi d'une anthologie des poèmes des Tang*, p. 105.

元关系基础上的；诗这种文学形式和具体语言就其本质而言，反映了人与自然界的本质关系。在程抱一看来，这种关系并不是西方二元论传统的非此即彼的严重对立关系，而是人类面对自然界事物所凝结和升华出来的东西，是二者的精华，超越了人类和自然物本身，是真正的"第三元"。

在20世纪初叶，美国现代派诗人庞德（Ezra Pound）对中国古诗的特征有过相似的揭示——庞德本人并不懂汉语，他是通过阅读美国日本学家费诺罗萨留给他的汉诗笔记，领悟到了汉语语言的这一特质，从而启发意象派诗人描绘出清晰而精确的客体对象。赵毅衡在《远游的诗神》中对中国古典诗歌带给美国现代诗人的启示做了细致而深入的考察。由庞德的《神州集》起步，中国古诗的优异特质——简洁凝练的用语和自然天成的意象成功融入了美国的现代诗歌创作。

二、汉学研究对程抱一诗歌创作的影响：中国古典诗精华的融入

异于庞德等中国古诗精华的采撷者，对程抱一而言，中国古典诗是他整个身心沉浸的东西，于他是血肉相连、刻骨铭心的，甚至可以说是他母国文化的象征。当程抱一于20世纪80年代开始转入文学创作时，不仅创作小说，也创作法语诗歌，出版了《树与石》（*De l'arbre et du rocher*，1989）、《永恒的季节》（*Saisons à vie*，1993）、《36首情诗》（*36 poèmes d'amour*，1997）、《托斯坎咏叹》（*Cantos toscan*，1999）、《双歌集》（*Double chant*，2000）、《谁来言说我们的夜晚》（*Qui dira notre nuit*，2001）、《沿着爱之路》（*Le long d'un amour*，2003）、《中空之书》（*Livre du Vide-médian*，2004）等一系列诗集。在这一系列诗集中，中国古诗成为程抱一法语诗歌创作的一大灵感和源泉，他早前对中国古代诗的研究此时化成了一滴滴晶莹的露水，悄无声息且无痕地化入到他的法语诗歌创作中。可以说，程抱一的法语诗歌创作融入了中国古典诗歌的精华，以一种独特的方式发展和丰富了法语诗歌，体现了程抱一在诗歌创作上融汇中西的实践。具体而言，程抱一的法语诗歌创作主要在以下三方面体现了中国古典诗的特征。

首先，形式上的探求。程抱一的法语诗歌不拘泥于某一传统法国诗体，诗句长短不一，诗句的数目也不固定，而其简洁和整齐度颇近于中国古典诗。在词汇

上，诗中多用实词，省略虚词，用词简练，诗句不重视押韵，但相当重视音美，时有类似对仗的诗句。例如：

  Ici venus, les dieux　　　　来到此地，诸神
  Ont caché leur secret.　　　深藏它们秘密。
  De nos sangs nous avons　　我们以己之血，
  Tracé les sentes fleuries.　　画出鲜花小径。
  Puis nous avons couru　　　然后我们跑过
  De colline en colline　　　　座座山丘，在不可
  Sous l'intouchable azur.　　触及的天蓝下。
          ——《托斯坎咏叹》①

多实词、少虚词的例子：

  L'olivier mûrit son huile；　　橄榄树孕育橄榄油；
  La vigne mûrit son vin.　　　葡萄园酝酿葡萄酒。
          ——《托斯坎咏叹》②

  Toute fêlure semence　　　任何爆破：播种；
  Toute fracture naissance　　任何缺裂：萌生。

类似对仗句的例子（上下句中词汇的词性和分词形式都是相同的）：

  Frayeur bue（名词+动词的过去分词）
  Douleur tue（名词+动词的过去分词）
  伤痛吞咽了，

---

① 程抱一著《万有之东——程抱一诗辑》，朱静译，同济大学出版社，2007年，第107页。
② 《万有之东——程抱一诗辑》，第143页。

恐惧饮尽了。
　　　　——《双歌集》①

Sol craquelé（名词+动词的过去分词）
Ciel constellé（名词+动词的过去分词）
遍地裂痕，
漫天繁星
　　　　——《双歌集》②

Récifs hantés par les vagues（名词+动词的过去分词+介词+名词）
Rochers battus par le vent（名词+动词的过去分词+介词+名词）
海浪拍击礁石，
海风吹打高岩。
　　　　——《双歌集》③

用语如此简洁的诗句，在形式上十分接近中国古典诗，甚至在一定程度上打破了法语语法的束缚，每个诗句尽可能由实词组成，就像中国古典诗的对仗句，用两组相对应的事物为全诗建构了一个空间，增强了诗歌的立体感和表现力。庞德在《神州集》中为李白《胡关饶风沙》中的"荒城空大漠"译出"Desolate castle, the sky, the wide desert"这样奇异而优美的英语句子，震惊了当时美国的评论界，他是"有意借中国大师之名进行英语诗歌语言技巧实验"④；程抱一则是以其深厚的中国古典诗修养，以自己的诗歌创作在自主地实践这一点，为法语诗歌语言带来弥足珍贵的创新。

---

① 《万有之东——程抱一诗辑》，第11页。
② 《万有之东——程抱一诗辑》，第13页。
③ 《万有之东——程抱一诗辑》，第26页。
④ 赵毅衡《远游的诗神：中国古典诗歌对美国新诗运动的影响》，四川人民出版社，1985年，第230页。

其次，中国意象（象征）的频繁运用。典型的意象是"树"和"石"。程抱一有一部诗集《树与石》，书中吟咏的主要对象就是"树"和"石"。在程抱一看来，"树"是"人"的象征：它自大地生出，扎根大地，努力向上生长，并向旁侧伸展枝丫——就像人，成长时努力向高处企及，同时向两侧张开友爱的双手：

> Droite est notre loi　　　　　　挺拔乃是法则，
> Tentés par l'en-haut　　　　　　奋发向上，
> Nous tendrons à deux　　　　　　在最高处，
> Sur la hauteur extrême　　　　　双双张开
> L'arc de la lumière　　　　　　　光之弧弓。
> 　　　　　　　　　　　　——《两棵树的讲述》①

而"石"则代表永恒之物，不像人受制于时间法则，会衰老、死亡，石则稳固不变，不会因时间的流逝而腐蚀：

> Nous sommes soumis au temps　　我们屈居时间之下
> Elle, immobile　　　　　　　　　它，巍然不动
> au cœur du temps　　　　　　　　稳居时间之中
> 　　　　　　　　　　　　——《双歌集》②
> Rocher d'un jour　　　　　　　　一日岩石，
> Ou de toujours　　　　　　　　　岩石终生。
> 　　　　　　　　　　　　——《双歌集》③

---

① 《远游的诗神：中国古典诗歌对美国新诗运动的影响》，第64页。
② 《远游的诗神：中国古典诗歌对美国新诗运动的影响》，第5页。
③ 《远游的诗神：中国古典诗歌对美国新诗运动的影响》，第10页。

在程抱一笔下,"树"与"石"同时具有另一番含义。在中国绘画中,这两者是学画者必须学会的基本内容,画中国山水画者必先习得如何画树和石。这是国画构成的基本单位,就像书法的横竖撇捺等基本笔画。程抱一在其画论专著《石涛,世界的味道》(1998)中介绍石涛的绘画艺术,而石涛正是一位擅长画树和石的画家。

除了树和石,松树(pin)、柏树(cyprè)、柳树(saule natal)、兰(orchidée)、大雁(l'oie sauvage)、乌鸦(corbeaux)、布谷鸟(coucou)、八哥(geai)、蝉(cigale)、蟾蜍(crapaud)、玉(jade)等中国古典诗歌中频繁出现的树木、花草、鸟类、昆虫、动物、玉石,也是程抱一的法语诗歌中喜用的物象。在程抱一的法语诗歌创作中,这类物象绝非仅仅是为了迎合法国读者文化猎奇心理的中国文化点缀,或仅仅是为了增添一份异国情调,它们本身是深深镌刻于诗人自身生命里的事物,来自诗人所来自并度过青春岁月的母国,也来自诗人所钟爱和钻研过的中国古典诗,是已经高度凝练和结晶了的中国文化象征①。

其三,一些中国概念通过程抱一的法语诗歌创作得以推广。这些概念主要有气(le Souffle)、阴阳(Yin;Yang)、有无(l'être; non-être; Rien)、道(la Voie; le Tao)、三(le Trois)、冲虚(le Vide médian)等。如程抱一在诗中使用直接化自《道德经》的句子("万物负阴而抱阳"):

  Embrassant Yin(抱阴)
  Endossant Yang(负阳)
    ——《双歌集》②

---

① 牛竞凡在《对话与融合:程抱一创作实践研究》(上海社会科学院出版社,2008年)中将程抱一的这部分诗歌创作尤其是关于石、木主题的诗歌创作归为"自然中生命的对话主题",并对此展开了精湛的分析。详见此书第158—173页。

② 《万有之东——程抱一诗辑》,第13页。

老子"无"（Rien）的概念也出现在他的诗中：

Re-devenons ce qui surgit du Rien	让我们再入无中而生，
Ré-habitons ce qui du Rien advient.	让我们重自无中而来。

——《托斯坎咏叹》①

在《冲虚之书》(*Le Livre du Vide Médian*) 这部诗集里，程抱一着力呈现了源自《道德经》的宇宙自然之道，其中融入了他对这份文化遗产的体会，也即他早在《中国诗语言研究》中就已经提出过的"三元"的宇宙观和文化交流观。他写道：

Non l'entre-deux	并非两者之间
Mais bien le Trois	而是真三
Souffle de vie	冲虚之气
à part entière	自成一体。
Qui, né du Deux	它，生自二，
mû par l'Ouvert	因大开而起
N'aura de cesse	从此不停地
De voir le jour	提升，超越。

——《冲虚之书》②

程抱一在诗中不断地表达着他对老子哲学的理解和对于"冲虚之气"的诠释：

L'infini que traverse le souffle	生之场活跃着

---

① 《万有之东——程抱一诗辑》，第 171 页。
② 《万有之东——程抱一诗辑》，第 327 页。

```
        du Vide médian                    冲虚之气
        Là est le lieu de vie             无穷无尽
                                              ——《冲虚之气》①
```

事实上，已"归化"法国文化的程抱一虽然身在法国，却始终如一地以介绍母国文化"最精华的部分为己任"②，对他来说，在自己的法文诗歌创作中融入他的"中国根"是应有和必有之义。对那些非汉学专业的西方人来说，若没有程抱一的大力引介，他们可能至今还对"冲虚"等概念一无所知③。

三、对法国诗人汉学家传统的继承

另一方面，程抱一是法国具有东方色彩诗歌创作倾向的继承者。这一诗歌创作的倾向由19世纪中叶的朱迪特·戈蒂耶（Judith Gautier）创始，法国诗人、戏剧家克洛岱尔（Paul Claudel）在20世纪上半叶极大地发扬了这一传统。保尔·克洛岱尔1895年以外交官的身份来到中国，在福州、汉口、天津等地任职和游历，在中国度过了15年的人生时光。尽管克洛岱尔在中国工作了10余年，但在中国这个国度，他始终保持像一名完全的"陌生人"——不懂中文、不会说汉语的"陌生人"。克洛岱尔曾经向法国诗人维克多·谢阁兰（Victor Segalen）坦言他在中国待了10多年，连一个中文词也不认识，对中国文学更是一点直接的认识也没有。④ 虽然克洛岱尔对中文毫无感觉，不过在中国的所见所闻和生活经历却成为他日后的创作灵感和源泉。这位热衷于文学创作的诗人在居留中国期间一直笔耕不辍，用母语法语创作出描绘中国地方风情的优美散文诗，后结集为散文诗集《认

---

① 《万有之东——程抱一诗辑》，第329页。
② 程抱一著《美的五次沉思》，朱静、牛竞凡译，人民文学出版社，2012年，第13页。
③ Madeleine Bertau 著《程抱一——走向开放生命的旅程》，李佳颖译，复旦大学出版社，2016年，第7页。
④ Henri Bouillier. *Victor Segalen*. Paris. Mercure de France, 1986, p. 194. 转译自 Lucie Bernier. *La Chine littérarisée: Impressions-expressions allemandes et françaises au tournant du XIXème siècle*. Bruxelles. Peter Lang S. A., 2001, p. 95.

识东方》(1928)。除了创作散文诗，克洛岱尔还对中国古代文学产生了兴趣，尤其注意到了以唐诗为主的中国古典诗歌。尽管不懂汉语，但他研读由前人译成法文的中国古诗，主要是朱迪特·戈蒂耶的《玉书》，并以这些具有东方风味的诗为灵感的源泉，创作了新的法文诗。自20世纪30年代起，克洛岱尔发表了《拟中国小诗》(Petits poëmes d'après le chinois，1935) 和《拟中国诗补》(Autres poëmes d'après le chinois，首版于1952)，后来都被收在1957年的集子《诗歌作品》(L'Œuvre Poétique) 中。在《拟中国小诗》中，译者在附注中表明这些译文是由中文翻译成法语，再由法语转译成英语。其中有李白的《送孟浩然之广陵》、李频的《渡汉江》、张祜的《瓜洲闻晓角》、卢纶的《塞下曲》三首、刘长卿的《送灵澈上人》、贾岛的《剑客》等。如对李白《玉阶怨》的拟作，原诗："玉阶生白露，夜久侵罗袜。却下水晶帘，玲珑望秋月。"克洛岱尔的法语拟作诗题为"白霜"(la gelée blanche)：

J'ai dormi toute la nuit dans les rayons de la lune
Et mes cils au matin sont tout gelés de gelée blanche.

回译成中文为：

我整夜睡在月光中
次日清晨，我的睫毛上结了一层白霜。

卢纶《塞下曲》原诗："林暗草惊风，将军夜引弓。平明寻白羽，没在石棱中。"克洛岱尔拟作如下：

La Flèche
Le héros a tiré une fleche dans la nuit
Et le monde entier devant moi

Et toutes les armées sans nombre derrière moi pendant des siècles
Ne suffiront pas à la retrouver.

回译成中文如下：

《箭》
英雄在夜里引弓射出一箭
几百年来
在我之前的整个世界
以及在我之后数不胜数的部队
都没能找到这根箭。

可见克洛岱尔的中国诗"拟作"，确实并非逐字逐句对应于原诗的翻译，而是从原诗诗义出发的重新创作，如把《玉阶怨》的"闺怨"主题改为"白霜"，并把原诗中的女主人公化为第一人称"我"，以"我"露天度过秋夜之体验来形容和描绘秋凉；第二首则是重写了原诗的叙事，原诗的夸张成分在新版叙事中得以加强。

再如《拟中国诗补》中对张若虚《春江花月夜》的拟作：新题为《江上》（sur la rivière）：

Un seul nuage dans le ciel	空中飘着一片浮云
Seule ma barque sur le fleuve	江上荡着一叶孤舟
Voici la lune qui se lève	月亮升起来了
Dans le ciel, sur le fleuve	挂在空中，映在江里
Il fait moins sombre dans le ciel	天空不再那么阴沉
Il fait moins triste dans mon cœur.	我的心也不再那么忧伤

拟作中保留了原诗所吟咏的两大主体"江"和"月",短诗由景而景,终至以自我的心情为短诗结尾——典型的法国诗歌关心所在,而克洛岱尔的创作,或者他从中国古典诗汲取的营养在于借景抒情,以景物来烘托人的心情,这显然是典型的中国诗写作手法。另外,有法国研究者指出,克洛岱尔创作的"拟中国小诗"具有形式简短(formes brèves)的特征,这种简洁接近于中文原诗的美学。[1] 这可谓克洛岱尔借鉴自中国古典诗的精髓。

类似的诗歌灵感和语言的简洁同样适用于克洛岱尔自己的创作。比如这首标明为张若虚诗之拟作,却显然是克洛岱尔自己创作的诗:

J'ai Voulu Écrire	我想写作
J'ai voulu écrire des vers	我想写作诗行
Mais ce saule, qu'il est vert!	可这柳树多绿!
J'ai voulu prendre mon pinceau	我想拿起毛笔
Mais ce printemps, qu'il est beau!	可这春天多美!
La métaphore commencée	隐喻开始了
Se dissout en réalité.	却已消散于现实。
A peine née, cette odeur	一朵抓不住的花
D'une inaccessible fleur,	还未发出芳香,
C'est mon amie à l'œil brillant	是我那有着明亮眼睛的女友
Qui l'écarte en souriant!	微笑着把它撇开了!

---

[1] Dominique Millet-Gérard. François Cheng et Paul Claudel: Formes brèves: Petits poëmes (d'après le) chinois. in Madeleine Bertaud et Cheng Pei éd.. *François Cheng à la croisée de la Chine et de l'Occident*. Genève. Librairie Droz S. A., 2014, pp. 75-85.

事实上，克洛岱尔是在读了朱迪特·戈蒂耶的《玉书》以及曾仲鸣的中国古诗译作后开始对中国古典诗产生浓厚兴趣，并尝试这种拟作的。他的拟作与戈蒂耶《玉书》中那些超越单纯翻译意味的诗歌有着异曲同工之妙——确实是在中国古典诗这片沃土上开出的新鲜花朵。诗句语言的简洁、譬喻的生动、意象的清新、节奏的明快成为克洛岱尔中国诗拟作的鲜明特征，这是克洛岱尔给20世纪上半叶的法国诗坛带来的一缕新风。

当克洛岱尔拟作中国诗时，依然大体上遵从法国诗歌的格式，尽管诗歌语言较为简洁，但仍然遵从基本的法语语法。程抱一的法语诗歌创作同样具有语言简洁的特征，而其语言的简洁度远超他的前人，甚至以新颖的手法挑战传统的法语语法。我们前面已经讨论过程抱一的法语诗创作极其明显地受到中国古典诗的影响，其中一条就是语法的束缚被降低了——这原本是中国古典诗的典型特征之一。程抱一尽情地在其法语诗歌创作中尝试这种新式语法，尽量运用短促的句式（短至一两个词）造成对仗句的效果，而以这种新的形式体现新的意义，发前人之所未发，从而给法国诗坛带来更新的面貌——具有比克洛岱尔更进一步的革新意义。

从程抱一的法语诗歌创作来看，诗歌创作超越了单纯的国度局限，甚至东西方局限，东西方的诗神在此真正遇合，使法国的法语诗坛真正融入了中国古典诗的精华。这一切在克洛岱尔、谢阁兰那里都曾经实验过，而使这一切成为真正现实的正是程抱一。从程抱一法语诗歌创作的例子我们可以看到中国文学的世界性意义，即中国文学的意义不仅仅局限于中国，而是通过具有双重文化背景作家的创作与另一国家的文学相交相融，在另一种语言里散发魅力和光彩。如同菲茨杰拉德（Edward Fitzgerald）翻译奥玛·海亚姆的《鲁拜集》、庞德创造性翻译中国古诗的《神州集》丰富了英语现代诗一样，程抱一以自己独特的中国古诗法译，以及独具中国古典诗神韵的法语诗歌创作丰富和影响了法国的现代诗。

民国时期英文《北京导报》(1917—1931)的沉浮与特色

北京外国语大学　叶向阳

一、《北京导报》的沿革

英文《北京导报》(*The Peking Leader*, 1917—1931) 最先是由华人创办的，据称其支持者是以梁启超为首的进步党，① 为除周一、节假日外的日报，报社地址设在北京东城区煤渣胡同2号 (2 Mei Cha Hutung, East City, Peking)。该报在创刊之初，即在报头显著位置宣称："A Morning Daily Advocating Liberal Opinions in China (一份在华主张自由思想的早报)"，"Justice, Fairplay and Progress Our Motto (我们的座右铭：公正、公平与进步)"。1917年创刊时，该报为英报风格，即第一版为整版分类广告，其他各版以评论为主，新闻报道为辅。② 据笔者所见，该报在1920年10月1日已经改版，采用美国报纸风格，即转为以新闻报道为主，评论为辅。第一版为国际、国内重大新闻，广告穿插其后各版。后来，在原刊登广告的位置，陆续增加了"书评""读者来信""在你的日历上"(For Your Calendar，专登当地重大活动的预告)、"家庭开放日"(At Home Days，一般由西方女士尤其是在教会中比较活跃的西方女士主持)、"北京新闻"(Of Local Interest)、"本埠街谈巷议"(Talk of the Town)、"中国电讯"(Chinese Wireless Notes)、"来自燕京大学的短讯"(Notes from Yenching Ta Hsueh)、"妇女专栏"

---

① 参见 J. C. Sun, *The Reminiscences of Mr. J. C. Sun*, 孙瑞芹英文自传，非正式出版物，无刊印日期，p. 238。

② 民国时期英文报资深报人董显光 (Hollington K. Tong) 在谈到其曾任副主笔的民国时期上海的一份英文报《中华共和人》(*China Republican*) 时说："报纸格式仿照英国报，即第一版刊有很多广告，不像美国报纸之首页充满了要闻。所有外电几乎都是路透社的。"参见行政院新闻局编印《三十年来的中国新闻事业》，《时事参考资料172》，1961年，第30页。

(Specially for Women Readers)、"北京生活"(Peking Life, 自 1927 年 9 月开设)等栏目。本报最先为 8 个版(页)面, 1921 年 4 月中旬后扩为 10 版, 后又恢复为 8 版。在 1924 年 11 月所有权转手后, 本报的订数与广告量均增加, 8 版篇幅已显不够, 1926 年 2 月中旬后旋扩至 12 版, 同年 6 月 20 日, 由于广告持续增多, 再扩至 16 版。① 但此后, 为了节省开支, 版面缩小为标准 4 开本, 但各版面的原有内容安排基本不变, 增加了一些商业、体育、娱乐方面的内容, 并对原有的"本埠街谈巷议"(Talk of the Town)、"他山之石"(What Others are Thinking) 栏目内容进行扩充。②

中国国际问题专家、30 年代出任国民党南京政府外交办公室宣传和情报部主任的本刊创办者刁敏谦博士(Dr. M. T. Z. Tyau)③ 担任《北京导报》的第一任主笔(编)。刁博士于 1919 年离职, 随后有布什(J. D. Bush)、Dr. Y. W. Chan (中文名不详)④、约瑟夫·霍尔(Josef Hall)⑤、余天休博士(Dr. Yu Tinn-hugh, 1921 年 1 月 20

---

① "Result", in The Peking Leader, June 20, 1926, p. 1.

② 《导报的新形式》(社论),《北京导报》1926 年 2 月 18 日, 第 4 版。

③ 刁敏谦, 广东人, 出生于 1888 年 8 月。毕业于上海圣约翰大学与伦敦大学, 获法学学士(1914)与法学博士学位(1916)。在 1916 年 9 月至 1919 年 9 月间任清华大学国际法与政治学讲师。伦敦格鲁特厄斯(国际法)学会名誉会员。《北京导报》的创办者与前主笔。1920—1921 年国联大会中国代表团的技术专家。1921 年 11 月到 1922 年 2 月华盛顿裁军大会中国代表团秘书。1926 年任外交部秘书。关税大会起草助理主任。治外法权调查中国委员会秘书兼任中俄谈判翻译与编撰组负责人。北京扶轮社社长。著有多部有关中国涉外法律问题的专著, 主编《中国于 1918》(China in 1918), 并自 1922 年 10 月开始主编期刊《中国社会与政治科学评论》(The Chinese Social and Political Science Review)。H. G. W. Woodhead, H. T. M. Bell, The China Year Book 1926—1927. 国家图书馆出版社, p. 481.

④ 在刁敏谦与约瑟夫·霍尔(Josef Hall)之间, 尚有布什(J. D. Bush)与 Y. W. Chan 两位承担主笔之责。参见本报 May 28, 1920, p. 4 的"Social Items"(社会新闻栏)以下报道: Mr. J. D. Bush, who has been editor of the Peking Leader since last fall (1919), has obtained one year's leave of absence during which time he will travel around the world collecting funds for a big extension work planned by the students and faculty of Peking Government University for that institution. Beginning from the 1st of June, Dr. Y. W. Chan, who was educated at Oxford, London, and Washington D. C., had been connected with the Chinese Legation in Cuba, and has been assistant editor for the last few months, takes charge of the editorial department in the absence of Mr. Bush, who departs in the latter part of June when the University, with which he is connected as Professor in the College of Letters, closes. (布什先生自 1919 年秋季以来担任《北京导报》的主笔, 现有一年的假期, 在此期间他将周游世界为北大师生所计划的该校扩张工程募集资金。从 6 月 1 日开始, 曾在牛津、伦敦与华盛顿特区接受过教育并曾在古巴的中国使团工作过的 Y. W. Chan 博士已担任助理主笔若干个月, 并在主笔布什不在岗时负责编辑部工作。布什在 6 月下旬离开北京, 此时他担任教授的北大文学院开始放假了。)

⑤ 约瑟夫·霍尔以笔名"Upton Close"为大家所知, 但北大图书馆现存最早也是笔者目前所能看到最早的该报 1920 年 2—6 月一直未标明主笔的姓名, 不过 6 月 24 日的社论署名 Upton Close。1920. 10. 1—12. 30、1921. 1. 1—7 本报社论页标明。

日正式上任，在同年 4 月 2 日前卸任)①、柯乐文 [Mr. Grover Clark，主笔任期为 1921 年 4 月 2 日至 1922 年 4 月 29 日。于 1923 年 (在本年 7 月 1 日前，具体日期不详) 再次担任本报主笔，并在 1924 年 11 月取得该报的所有权，② 同时有 J. G. Reid (李佳白) 担任主笔助理]③、Mr. K. P. Wang (中文名不详，1922 年 4 月 30 日接任，1922 年 5 月份的社论版一直有其署名标注，担任主笔的具体持续时间不详)、洪德 [Edward Hunter，1929 年 3 月 19 日后 (具体日期待考) 至 1930 年 4 月 23 日]、Mr. Edward

---

① 本报 1921 年 1 月 20 日第 8 版刊登有 Joseph Hall 从《北京导报》主笔职位上辞职、主笔职位由余天休博士 (Dr. Yu Tinn-hugh) 暂行担任的 "附带消息" (Incidentals)。其实，从 1 月 6 日开始，社论即由社长梁秋水 (1 月 6 日)、余天休 (1 月 7、9、15、19 日) 撰写。余天休博士任职于北大 (Peking Government University)，除了担任本报主笔外，还兼任中国社会学学会 (Chinese Sociological Society) 会长。

② 笔者所见改变注册地点与负责人署名的是 1925 年 8 月 1 日的本报社论版 (第四页)，情况如下："Published by the *Peking Leader*, Incorporated (Delaware, U. S. A.)" (《北京导报》有限公司出版 [美国特拉华市])；Grover Clark, President and Editor (柯乐文，社长兼主笔)。在该页已不见了梁秋水、李佳白、英庞等人及其职位。由于馆藏缺失，笔者未见到 1924 年 4—12 月及 1925 年 1—7 月的报纸，因此从报纸本身无法确定柯乐文取得本报所有权并主持该报大政的确切时间。然而，如果以注册地的迁移至美国以及柯乐文职位变化在报纸上的显示作为衡量标准的话，他取得本报所有权至少在 1924 年 4 月后，因为此前的注册地与职位分配情况的签署还是照旧的。后来笔者发现本报 1925 年 10 月 6 日第一版的显著位置有 "Chairman Pettus States Reasons For 'Leader' Stock-Selling Drive" (《北京导报》股权出售活动主席佩特斯阐述出售导报股权理由) 一文，里面说："去年 11 月，少数一些人决定支持柯乐文，为其取得对于导报的完全掌控权，以实现其将本报办成一份独立、公正报纸的理想。自此以后迄今，本报不得不在设备不足、人员不够的条件下维持。" (Up to the present time, ever since last November, when a small group of men decided to back their faith in Mr. Clark by securing for him complete independence in making The Leader the impartial newspaper which was his ambition, the paper has been forced to operate on insufficient equipment and with a seriously limited staff.) 同日本报在第六版重刊了当时获得本报所有权后柯乐文所撰社论《为满足一种需求》(To Meet a Need)，签署日期是 1924 年 11 月 14 日。以上说法出自《北京导报》自身，应该比较可信。那么，柯乐文取得本报所有权应该就是在 1924 年 11 月 14 日。另戈公振称："*Peking Leader* (原名《北京导报》) 为华人所创办，现已入美人之手。" 见戈公振著《中国报学史》(1924 年初版)，上海古籍出版社，2003 年，第 107 页。曾经在 20 年代担任过本报 Chinese sub-editor 的赵敏恒 (Thomas Ming-Heng Chao) 在其英文专著《中国的外国报刊》(*The Foreign Press in China*) 中对《北京导报》的沿革有如下记载："1925 年，政府中的政治变化促成了该报的改组，美国报人柯乐文先生被选为主笔，同时担任社长之职。" 参见 Thomas Ming-Heng Chao (赵敏恒), *The Foreign Press in China*. Shanghai-China: China Institute of Pacific Relations, No Date (无出版年，但很可能是 30 年代)。综合以上各种线索，笔者决定采用柯乐文 1924 年 11 月 14 日掌管《北京导报》并取得该报所有权之说。

③ 本报 1921 年 4 月 3 日第四版刊"中美电讯"《[美国财团代表] 史蒂文斯在北京大饭店宴请外国报人》中列出的出席名单中有 "Mr. Grover Clark, Managing Editor of the *Peking Leader*"，同时还列有北京当时的另两家英文报负责人 "Mr. J. S. Willes, Managing Editor of the *North China Standard*" "Mr. Wong, Associate Editor of the *Peking Daily News*"。本报 1922 年 5 月 2 日第四版刊登报道《柯乐文即将任职外国报刊服务公司 [纽约]》。根据该报道，自 1922 年 4 月 30 日开始，柯乐文的主笔之职由 Mr. K. P. Wang 继任。关于此人简历如下："…formerly with the *Shun Pao* of Shanghai and the *Peking Daily News*. Mr. Wang attended the World Press Congress at Honolulu last October on behalf of the *Shun Pao*, and later he went to Washington attending the Conference of Limitation of Armament, representing the same paper. (曾供职于上海的《申报》与北京英文报《北京每日新闻》，去年 10 月曾代表《申报》参加在檀香山举行的世界报刊大会，随后代表同一份报纸参加在华盛顿举行的裁军会议。)" 据笔者查核《北京导报》，柯乐文在 1921. 4. 2—12. 30 期间被持续标注为主笔，主笔任期持续到 1922 年 4 月 29 日，笔者再次见到柯乐文担任主笔为 1923 年 7 月 1 日。

Bing-Shuey Lee（中文名不详，由国民党中央宣传部派遣而来，笔者在 1931 年 5 月 1 日第四页的社论栏首次见到标注其担任主笔。与洪德共事）①、辛博森（B. Lenox Simpson，1930 年 4 月 24 日担任主笔，持续四十余天）②。

长期以来，《北京导报》聘美国记者约瑟夫·霍尔（Josef Hall）、柯乐文（Grover Clark）担任主笔（Managing Editor），华人梁秋水（Leong Chiu-shui）任经理（Managing Director）。中国近现代时期的英文报一般均设有这两个主要职位，其分工在报纸版权页以上两个职位底下的文字说得很清楚："All communications with regard to material for the news columns of the LEADER should be addressed to the Editor. Correspondence relating to advertising and other business matters should be addressed to the manager.（所有与导报的新闻栏目相关的材料均发给主笔，而与广告

---

① 关于 Mr. Edward B. S. Lee 及其与洪德的关系，孙瑞芹回忆如下：(《北京导报》)重组的另一个结果是随（南京政府）代表团到来的 Edward B. S. Lee（李姓，具体中文名不详）先生成为了编辑委员会的主任。每晚全权负责审阅大字标题并提出必要的修改建议。李先生的年纪在 30 岁左右，在加拿大成长并接受大学教育。归国时先就职于京奉铁路的机械部门，其接受的训练是成为一名铁路工程师，但在国民党于 1926 年（应为 1928 年）占领北京后丢了这份工作。但他是国民党员，这让他有机会进入南京国民政府的宣传部。……从一开始洪德与李先生的矛盾就公开化了。由于洪德手里握着合同，该合同授权他全权掌控编辑委员会，他坚持未经他同意与知晓不得插入任何内容。不过，李先生认为自己驾凌于洪德先生之上，在报纸的编辑方面应该有发言权。Sun, The Reminiscences of Mr. J. C. Sun, p. 80.

② 关于本报的主笔，孙瑞芹的回忆如下：导报的第一任主笔是刁敏谦，……在其于 1919 年辞职后，该报有一系列的美国主笔，包括约瑟夫·霍尔与柯乐文……柯乐文在获得导报所有权前至少三度为其工作。除了以上提到的外，担任主笔的还有 Y. C. Chan 博士，哥伦比亚大学毕业生（此处与第 203 页注④的说法不一致，笔者认为应该以第 203 页注④的说法为准），一位叫布什的美国人，北大英文讲师 Fei Chia-lu 先生……美国年轻报人洪德先生，以及国民党党员 Edward B. S. Lee 先生。Sun, The Reminiscences of Mr. J. C. Sun, pp. 238-239. 另外，赵敏恒在其《中国的外国报纸》中指出："《北京导报》于 1920 年（应该是 1917 年）由一个中国的团体创办。当时研究系正在执政，而该政治集团的领袖梁启超博士在北京政府里担任财政总长。著有许多关于中国国际问题论著的刁敏谦博士受邀担任该报主笔。1925 年（应为 1924 年 11 月），政府中的政治风云变幻使得该报的重组成为必要，美国报人柯乐文先生被选为了主笔与总裁。鉴于华北的外国人相对较少以及因北方军阀混战而导致的北平商业凋敝，该报长期处于财政困难之中。1928 年中国首都从北平南移至南京后，该报更是无以为继。柯乐文来到南京，与中国政府谈判由后者购买该报事宜。外交部的刁作谦被新的控股公司任命为《北京导报》的社长。Edward Bing-shuey Lee 先生——在加拿大成长并接受教育，自北美归国后加入了国民党的中央宣传部——担任主笔。在 1930 年阎锡山、冯玉祥联合反叛中央政府时，山西军阀曾短时间控制了该报，但随着反叛失败又将该报交回给了中央政府。"Thomas Ming-Heng Chao, The Foreign Press in China, pp. 73-74. 从笔者上述论述可见，上引文中的孙瑞芹回忆与赵敏恒论著对于《北京导报》相关史实尤其是年代交代有误。

及其他商业事务的函件均应寄给经理。）"即"Managing Director"负责报社印制与经营，相当于今日的报社社长，而"Managing Editor"管编报，即负责其内容部分，尤其以撰写社论（editorials）为首选职责，① 总体上相当于现在的总编辑。主笔下设 News Editor（新闻报道编辑），华人孙瑞芹就曾在本报后期担任过该职位，偶然也代写社论。该报于1924年11月份易手后，报头的宣言式文字简化为"Independent Liberal Constructive（独立、自由、建设性）"，原来常设的两个职位此后由柯乐文一人担任，署为"President and Editor"（社长兼主笔）。从1926年1月1日开始，除柯乐文的职位不变外，又补设以下两个职位："William Prohme, Associate Editor"（威廉·普罗默，副主笔）、"Stanley A. Fryer, Business Manager"（史丹利·弗赖尔，商务经理，主要管理广告及其他商务事宜）。由于华北地区外国人的人数有限，再加上北洋军阀各派系之间常年混战造成商业凋敝、民不聊生，该报在柯乐文的手下也一直惨淡经营，发行量在1000份左右。②

但是，柯乐文的个性化新闻理念当时在北京确实很难找出第二例。他写的社论总是既充满智慧又强劲有力。1927年，他坚决反对美国贷款给南满铁路（长春至大连）以开发南满地区；1928年，他严厉谴责日本制造的"济南惨案"③，不理会日本政府对本报的一再抗议以及日本公司撤销广告合同的威胁；同年，国民党北伐军抵近北京时，使馆区一片恐慌，谣传"'The southern communists' would repeat the Boxer atrocities of 1900（北伐的共产党将重演1900年义和团的暴行）"，

---

① 戈公振云："当时主笔之职责，以报首论说为重要。"参见《中国报学史》，第136页。但社论也并非一定由主笔撰写，例如，担任新闻编辑（News Editor，1929年1月—1930年秋季）的孙瑞芹就曾为《北京导报》写过社论："在内战的6个月期间，某种形式的新闻检查是当然存在的。但我坚持认为在我为导报撰写社论的三周期间……" Sun, *The Reminiscences of Mr. J. C. Sun*, p. 84.

② "本报在北平有1000位订户，名义上的发行量有1000余份。"（The paper had a nominal circulation of 1000 with about 1000 paying subscribers in Peiping.） Sun, *The Reminiscences of Mr. J. C. Sun*, p. 107. 此处指的是1930年的情况，但笔者估计此前的订量也大致相同。1924年11月份，柯乐文获得本报所有权后，办报资金状况更为恶化，不得不于1925年10月份向社会发售本报500份股权以求暂时缓解购买机械与聘用人员的资金短缺。参见本报1925年10月6日第一版"Chairman Pettus States Reasons for 'Leader' Stock-Selling Drive"（《北京导报》股权出售活动主席佩特斯阐述出售导报股权理由）。

③ 1928年5月3—11日，日本借口北伐军威胁到其在山东的利益，派军队两度炮轰济南，并于11日占领济南，中国军民死伤数千人，史称"济南惨案"。

但柯乐文拒绝美国海军陆战队士兵提供的保护；而且他如与中国公司发生纠纷，总是要求在中国法庭解决，并不扬言自己有所谓的"extraterritorial privileges（治外法权）"，美国外交使团对此颇不以为然。结果，他的这些开明公允的态度使他在使馆区成为"不受欢迎的人"，但在读者心目中，他显然是"an editor who was original, strong and bold enough to make his opinions a matter of consequence to the public（一位有独创性、坚强勇敢的编辑，其主张对于公众至关重要）"。

1928年6月，国民党迁都南京，北洋政府覆灭，北京由南京政府接管。但《北京导报》照常由柯乐文主持并顺利出版。该报成立的《北京导报》有限公司（The Peking Leader, Inc.）的董事会仍由柯乐文掌控。1929年2月19日有关该报董事会年会的报道道：

> 《北京导报》有限公司的董事与公共股权持有者年会于昨天下午召开。会议听取了公司主管（President of the corporation）的报告，同时选举产生了下一年度的董事会成员。他们是柯乐文、Carl A. Felt、William H. Gleysteen、John D. Hayes、Saburo Okabe、司徒雷登（J. Leighton Stuart）、周诒春（Y. T. Tsur，毕业于圣约翰大学与耶鲁大学，时任北京的Chung Foo Union银行经理）、W. P. Wei、C. L. Yao。下年度公司官员：John D. Hayes（董事会主席）、柯乐文（主管Grover Clark）、周诒春（副主管）、C. L. Yao（秘书兼财务主管）。①

从以上《北京导报》的董事会人员构成来看，至少截止到1929年2月份，对于本报事务，美国人仍处于主导而中国人处于从属地位，柯乐文还是本报公司的主管（President）。笔者看到本报1929年3月19日的一篇社论《严峻的考验已经来临》，对国民党统一全国大部分地区后其各项主张尚停留在纸面上持强烈的保留意见。该社论署名柯乐文（G. C.）。② 因此，不管是从管理层还是从报纸的日常

---

① "'Leader' Board Annual Meeting", *The Peking Leader*, Feb. 19, 1929, p. 7.
② "The Acid Test has come", *The Peking Leader*, Mar. 19, 1929, p. 1.

编发来看，国民政府并未实质性介入，该报尚掌控在美国人的手里。

关于《北京导报》的立场问题，该报1923年8月3日的社论中有一段阐述：

> 我们可以非常清楚地说我们从未、目前也没有像《东方时报》(The Far Eastern Times, 1923—1928。该报被认为是《北京导报》在京的有力竞争者) 所说的"在外交部或其他任何部的赞助下"①。作为一份以英文出版的中国报纸，我们自然地应该支持本国外交部在国际问题上的立场。我们对于中国在巴黎和会、华盛顿会议的有力支持，以及我们大张旗鼓地反对皖系政府的亲日立场，都足以说明我们支持符合中国利益的外交政策，而并非一定是某位外交部掌权人的政策。我们没有必要过多阐述，我们从未为个人办报或进行宣传，不管我们跟他们的关系有多亲近，即便像梁启超、蔡元培、罗文干②、顾维钧及其他受到大众高度尊敬的人物。其简单的道理是：《北京导报》支持中国的民族利益，而非任何个人与党派的利益。③

关于现代报纸社论的性质问题，长时间担任本报主笔的美国人柯乐文有过较为详细的阐释：

> 刊发在现代报纸上的社论，有两种明显的类别。一种是报纸本身意见的直接表达，或更精确地说，是其出版者或主笔意见的直接表达。另一种社论只是想要帮助读者了解某个特定事件的意义，在此过程中也许

---

① 本报同日第一版刊有以《我们的讣告？》为标题的《东方时报》的谣传："以下出现在我们最年轻的同行（报纸）昨天的头版——'《北京导报》出售'，《东方时报》昨晚获知《北京导报》将在8月4日星期六转手给直系首脑。出售细节直至本报付印时尚未得到。《北京导报》在梁启超担任财政总长时由他创办，并在他及外交部的联合赞助下运行。其无所畏惧与独立的社评政策尤其值得称赞。"(Our Obituary, Aug. 3, 1923, p. 1.)

② 1922年曾任北京政府的财政总长。

③ "The Peking Leader", by one of the directors, *The Peking Leader*, Aug. 3, 1923, p. 4.

同时表达了看法，也许没有。以上两种都完全可以被正当地称作社论。①

据称，主要由于经济原因，主笔柯乐文在民国政府统治北京后，曾专程赴南京与国民党政府谈判，要求后者购买该报。从柯乐文在1924年购得该报完全出于报纸新闻与评论的独立性，不依附于任何党派与个人的初衷来看，若确有此事，肯定也是出于不得已而为之。该报重组（具体时间待考，很可能在1929年下半年或1930年）后，其社长和主笔的职位均由国民党政府官员把持着，分别为刁作谦（Philip Tyau，本报首任主笔刁敏谦之兄）与Edward Bing-Shuey Lee。有研究者说："The passing of the *Peking Leader* as an American paper was greatly lamented in both foreign and Chinese circles in North China.（《北京导报》作为美国的报纸不复存在，这在华北的外国人或中国人那里都被认为是件非常不幸的事。）"②但实际上改组后的《北京导报》聘请美国人洪德担任该报主笔，本时期的社论也大多由其撰写。这位美国主笔还是较好地延续了其前任柯乐文的办报原则。

1930年3月23日，该报再次重组，由阎锡山的北平市政府接管。③ 4月，主笔由英人辛博森（Bertram Lenox Simpson，1877—1930，生于宁波，1922—1925年间曾担任张作霖顾问）担任。辛博森担任一个半月后出任天津海关职位，不过名义上仍是该报主笔。阎锡山、冯玉祥与蒋介石的"中原大战"失利后，该报复归南京政府控制。

笔者所见1931年5月后的本报社论大多署名为The Annotator（革新者，显然是个代号），其他署名有：F. G.（身份不详）、E. B.-S. L.（Edward Bing-Shuey Lee，本报重组后所聘主笔，但据笔者所见，1931年8月20日之前的本报社论版上未见公布）、P. C. T.（身份不详）、T. W. H.（身份不详），还有个别社论未署

---

① "Reuter's Policy Explained"，*The Peking Leader*，Oct. 29，1927，p. 7.
② Thomas Ming-heng Chao，*The Foreign Press in China*，p. 74.
③ 根据孙瑞芹的回忆："在山西军阀控制北京的最后几个月，北京市政府给予本报的每月津贴是2000元."Sun，*The Reminiscences of Mr. J. C. Sun*，p. 84. 但是，在山西军阀控制北京前，南京政府原来给该报的津贴是每月3000元。Sun，*The Reminiscences of Mr. J. C. Sun*，p. 97.

名。因此，本报的社论在最后一年多时间里成了多人的大合唱，名义上担任主笔的 E. B.-S. L. 其实贡献不多。当然，本阶段本报的指导方针是不得罪南京的国民政府，于是同时也失去了柯乐文担任主笔时期较鲜明的特色了。

二、《北京导报》的特色内容

民国时期在京英文报的资深报人孙瑞芹在其自传里指出："实际上（英文）报上刊登的 80% 的新闻来自通讯社。（英文报）很少花精力去关注社会活动与本埠新闻。外文报纸的大部分（本埠）新闻来源于中文报刊。"① 主要聘任美国人为主笔的《北京导报》，继承了美国报纸的传统，即以新闻报道为主、其他为辅的原则。现以 1921 年 12 月 10 日的报纸为例，对该报的各类内容的分布情况予以简要说明：本日报纸共有 12 个版面（即 12 页）、4 开本。第一版，国内国际新闻；第二版，长篇国内报道、广告；第三版，专题文章；第四版，社论、路透社简讯、长篇报道；第五版，中文报刊摘要、广告；第六版到第十二版均为报道、地方资讯、专题文章、以英美为主的外国文学介绍与各类广告穿插排版。其中新闻报道占最大篇幅，而这部分多采自中外电讯［如路透社，本报还长期设有 "Reuter's Brevities"（路透社简讯）栏目，国内还有以下英文通讯社常为本报提供电讯：Asiatic News Agency, Chung Mei Service, Yuantung News Agency, Tungfang News Agency, Talu News Agency, 前两个通讯社本报采用较多］与中文报刊译文（除本报自译外，还有采自 Chung Mei Translation Service 的）。因此，本报原创性的文章大致只有社论与部分专题文章（其中有比较大量的外国作者的专题文章为从外报外刊转载，少量刊登的是中国人所撰文章的译文）。民国时期著名报人戈公振曾指出："此种外国文报纸之发行，当然系供给其本国人阅览，然外人在华所设学校之中国学生及少数注意外事之华人，亦有购而读之者；同时亦能招致我国大商店及有关

---

① Sun, *The Reminiscences of Mr. J. C. Sun*, p. 37. 原文如下："Practically 80 percent of the news published in the papers was supplied by news agencies. There was little attempt to cover social activities or local news. The vernacular press formed the principal source of news for the foreign-language papers."

外人之广告,故不能谓其直接与华人无关系也。"① 因此,由于本报的读者对象兼有驻京外国人与北京本地懂英文的知识阶层,关于中外文化交流的报道自然也就成为其重要内容。因此,以下将分别就笔者认为《北京导报》最有特色的三大内容——社论、专题文章与中西文化交流报道进行举例或概述,以便让读者对于该报有个初步直观的印象。

(一) 社论

1920年2月28日,本报主笔——美国人布什(J. D. Bush)在社论《中国的急需》(China's Urgent Need)中明确提出"中国最大的民族财富"是人才的培养与合理使用,尤其是对于那些归国留学生应从国家发展的高度予以重视,这是非常有远见的:

> 中国最大的民族财富之一是那些被称作留学生的一批人。甚至是目光短浅的满族人也没有无视此事实。美国最先意识到了通过教育来给中国提供及时的帮助与尽可能多的机会,因为他们清楚留学生也将是自己的间接财富。自从与主要强国达成和平条约后,法国也预见到让中国青年在各种法国机构里接受教育的好处。从最近英国收到的报告称,英国商业阶层也有同样的想法,因为他们确定自英国回来的中国留学生将是英国在中华民国最大的商业财富。如果留学生可以成为外国的财富,他们当然对于自己的祖国有更大的重要性。但我们的政府认识到这个事实了吗?迄今为止,情况正相反。
>
> 统治阶级应该想一想过去的几十年,他们将会确信自欧洲、美国、日本返回的留学生已为中国做出了大量的贡献,如果给予机会,他们将会在目前做出更大贡献。但令人惊讶的是,目前的官员并不充分利用这些外国大学的毕业生,把他们安排在最能够发挥其才能的位置上。
>
> 在晚清,留学生曾有重要影响并为国家贡献良多。从美国返回的第

---

① 戈公振《中国报学史》,上海古籍出版社,2003年,第93页。

一批留学生都成为了各部总长或负责官员,被委以重任。大多数中国的外交官与改革家来自这一有知识有能力的群体。甚至在中华民国成立前三年留学生还是占据了应有的位置。目前的情况则完全不同了。

造成清朝覆灭的革命运动、起草民主宪法、推翻袁世凯、制约军阀的狂妄、南北之间的宪法问题、拒绝在凡尔赛和平条约上签字、各种工程项目、科学机构、教育与司法改革、建立现代银行与信贷体系的计划、为新闻自由而战、提高妇女地位、有用的宣传工作以及大量的旨在中国进步的发展项目,这些中国现代史上重要事件留学生都在其中扮演了重要角色。

在不同的行业,只要涉及外国的因素,我们一定会遇见留学生。他们在为国家做贡献的同时,也在为实现自我而奋斗。

据估计自欧美返回的留学生大约有3500位。仅仅其中的1/4受雇于政府。其余3/4只得从商。自日本归国的留学生境遇要好得多,总共2万名中的一半在中央及省级政府找到了职位。

被派往各国的公费生返回时,一般被分配到学非所用的职位上。他们无法使用他们在国外获得的知识与经验,而且被曾为他们支付大量资金的政府所遗忘。这实在是个谜。难道政府不相信这些留学生过去所做的事,只要给予公平机会以展示其才能,就可以成为他们目前与将来能做什么事的标准吗?

自费留学生的情况确实更糟。他们为报国而踌躇满志,在中国的一所著名大学毕业后去了英国或美国深造。他们在国外度过了六七年,视野得到了极大的开阔,并对于许多事物有了更好的看法。在花费了大量金钱并付出许多辛劳后,他们回国即遭遇失望之痛。官员没什么工作可让他们去做。各个部门几乎全部被关系与官僚主义把持着。结果自费生只能屈从于职员的日常杂事。

如果我们要鼓励年轻人出国留学,我们就不应该在他们学成归国时给他们设置障碍。机会之门不应该向他们关闭。当留学生得到的报答仅仅是苦恼与失望时,中国青年到国外留学将很快就减少,中国也将失去其最大的国家财富之一。中国的进步与发展当然不能靠与时代格格不入的老先生们和极端保守派,而应该靠这些朝气蓬勃的年青人。

将一个长方的楔子放入圆孔中是不明智的。每个人都应该根据其能力被置于合适的位置。留学生并不要求特殊照顾。如果政府能给予在公务员考试时自由竞争的机会,免除丝毫的照顾与裙带关系,那他们就相当地满意并感谢了。这个国家正处于十字路口。她将以知识上迫切、道德上认真的态度给予留学生以充分利用,还是任使之不被开发而陷于无用?

不管是出于何种目的,政府似乎是采取了听之任之的态度。每年都有数百名青年男女被送到英国与美国深造。今年还有安排送数千学生到法国。

既然我们有足够的智慧送这些学生出国,为什么我们不能在他们获得了适当的训练后为他们发挥才能做些必要的准备?我们将此严重问题提请有关部门充分考虑。①

以上社论居然出自在京英文报的一位美国主笔之手,他对中国问题的洞见以及提出挽救之道的一针见血,似乎让我们颇感惊讶。他在国人上下大多鼓吹"技术救国",国粹派更是对留洋学生不以为然之时,以国际眼光、远见卓识,明确指出了只有教育才能救中国,中国的当务之急是先利用好接受过海外高等教育的这批留学生,这才是中国目前最宝贵的财富。同时,该社论也对于北洋政府的徇私腐败、浪费人才的做法提出批评。这很好地诠释了上述《北京导报》的立场——"支持中国的民族利益,而非个人与党派的利益"。

(二) 专题文章

本报专题文章(Feature Articles)的撰稿者兼有外籍人士与华人,其中华人以

---

① "China's Urgent Need", *The Peking Leader*, Feb. 28, 1920, p. 4.

自欧美归国的中国留学生以及五四新文化运动以后国内大学与教会学校的师生等新知识分子为主，而外籍人士以短期来华或定居北京的西方人居多。从笔者目前在北京大学图书馆所能查阅到的 1918—1931 年间的《北京导报》（1918—1919 为《周年纪念增刊》，1920 年以后为报纸原件，但有缺失）来看，本报专题文章的中国作者要明显少于西方作者。在本阶段，中国作者的相关文章不足百篇。这些作者的身份绝大多数为曾留学欧美的归国留学生，归国后在国内的高等教育界、外交界等部门担任职务。其中刊发篇数较多的作者有胡适、江亢虎、宋春舫、董显光、蔡元培，尤其是胡适，在此期间至少刊有 13 篇为其所撰的文章或演讲词。中国作者中的其他著名人士还有林语堂、蒋梦麟、吴宓、丁文江、顾维钧、温源宁、洪业、德龄公主等。中国作者中还有若干位女性，如 1896 年毕业于美国密西根大学的康爱德（Ida Kahn）、早年留法的王金章夫人（Madame K. T. Ouang）、早年毕业于美国康奈尔大学并获得医学博士学位后成为中国第一位女医师的金韵梅（Dr. Ya-mei Kin）、留美的 Pingsa Hu Chu（又称 Mrs. T. C. Chu，朱庭祺夫人）、Sophia Chen Zen（中文名不详）等七八位。这些中国作者除了个别之外，均撰写有关中国或与中国直接相关内容的文章。他们以中国古代文化、现代文化或中西文化关系为主题，阐释中国的文化传统，揭示中国文化发展以及中西文化交流方面的现象、问题以及中国所做的贡献与存在的问题。

现以胡适文章为例，略加说明。胡适在 1918 年的《北京导报》发表《中国的文学革命》（A Literary Revolution in China），1919 年发表《1919 年的中国知识界》（Intellectual China in 1919），后又连续发表《永生作为生活的指导原则》（Immortality as a Guiding Principle in Life，1920）、《教师罢工。一位罢工者的观点》（The Strike of the Teachers. A Striker's View，1921）、《中文语法的演化。在文语会上宣读的论文》（The Evolution of the Chinese Grammar. A Paper Read before the Wen Yu Hui，1921）、《当前的汉学研究》（Sinological Research at the Present Time，1925）、《我们对于现代西方文明的态度》（Our Attitude Toward Modern Western Civilization，1926）、《自负被宣布为中国最大的敌人（伦敦演讲）》（Self-Conceited Declared China's Greatest Enemy，1926）、《中国阅读大众取得了惊人进步（伦敦演讲）》

（Chinese Reading Public Makes Amazing Progress，1926）、《胡适博士演讲：中国在前进还是后退？》（Address of Dr. Hu Shih: Forward or Backward in China? 1927）、《胡适希望中国学习西方文化（在上海美国大学俱乐部演讲）》（Hu Shih Wants China to Study Western Culture，1927）、《中国基金会未受政治干预（胡适在中国基金会第七次例会上的发言）》（Hu Shih Sees China Foundation Free of Political Interference，1929）、《关于中国历史上哲学与宗教结合的讲座（在华北语言学校礼堂）》（Chips from Hu Shih's Workshop. A Lecture on the Partnership of Philosophy and Religion in Chinese History，1931）。纵观胡适以上英文文章与演讲词，我们发现谈论中国语言、文学与文化传统及其现代化问题的有6篇，中西文化关系问题的有3篇。从以上文章可见胡适博士早年提倡中国文化改良或全盘西化主张的端倪。胡适的演讲词大多是谈论中国的一些现实问题，在这些演讲中虽然也时有对于中国的批评，但往往更多的是指出一种较乐观的趋势并对于中国的未来寄予热切的希望。

《北京导报》同时刊登了大量的西方（以英美为主）作者的专题文章，其中以转载外报外刊居多，但也有不少是西方作者专门为本报所撰稿件。民国时期在华英文报刊一般均秉承促进中西联系、以中西报道与专题文章内容并重的原则，既让西方人明了中国，也把西方的发展让中国人知晓。其中，发表文章最多的重要西方作者有杜威（John Dewey，本阶段共在本报发表七篇文章）①、罗素（Bertrand Russell，七篇）②，他们是当时西方世界非常著名的两位学者，在五四新文化运动方兴未艾之时，受到中国知识界极其隆重的邀请，来到中国从事长期讲学。其他的较知名作者还有本报主笔柯乐文（除属日常工作的撰写社论与专栏外，还撰写中国旅行记、采访孙中山等中国名人的访谈录等）、福开森（John C. Fergu-

---

① 杜威，美国哲学家、教育家和心理学家，实用主义哲学学派创立者之一，机能主义心理先驱，实用主义教育的倡导者，主要著作有《经验和自然》《学校与社会》《心理学中的反射弧概念》等。曾任纽约哥伦比亚大学等校教授。1919—1921年应胡适等人的邀请到中国讲学。

② 罗素，英国哲学家、数学家、逻辑学家。分析哲学的主要创始人，世界和平运动的倡导者和组织者。1908年当选为皇家学会会员，20年代先后获诺贝尔文学奖和世界和平奖。主要著作有《数学原理》（合著）、《哲学问题》等。1920年10月到1921年7月受北京大学的邀请在中国讲学10个月。

son，美国人，中国艺术史家）、濮兰德（J. O. P. Bland，英国人，历史学家）、翟理思（Herbert Allan Giles，英国汉学家）、辛博森（Bertram L. Simpson，笔名 Putnam Weale，英国人，长期在中国任职，中国通）、李百佳（Gilbert Reid，美国驻华传教士）、赛珍珠（Pearl S. Buck，1892—1973，美国作家）①、密勒［Thomas F. F. Millard，美国人，曾为美国《纽约先驱论坛报》驻远东记者，在上海创办著名的英文周刊《密勒氏评论报》（Millard's Review，1917—1953，1923 年 6 月后英文刊名改为 The China Weekly Review）］、赫胥利（Aldous Huxley，英国作家，曾在 1927 年 5 月来访上海）、阿瑟·韦利（Arthur Waley，英国汉学家）、安娜·斯特朗（Anna Louise Strong，美国进步记者与作家，在 1925 年首次访问中国后，曾多次来访）、卫礼贤（Richard Wilhelm，德国汉学家）、斯诺（Edgar Snow）②。这些作者所撰英文文章一部分是专论，但也有较大部分为各种讲座稿与在学术会议上宣读的论文，或者关于中国主题的英文出版物的书评。讲座与学术会议的地点以北京占绝大多数。例如，讲座地点有北京协和医院、燕京大学、辅仁大学、伦敦东方语言学校、中国事物学会（Things Chinese Society）等；学术会议一般由中国社会与政治科学协会、北京历史学会、中国事物学会等专业学会，以及像北京美国大学妇女俱乐部、北京母亲俱乐部等在京同仁团体等举办。现以杜威与罗素在本报所刊发文章为例，简略说明以他们为代表的西方作者所撰文章主要探讨的主题分布情况。

在 1920—1927 年间，杜威与罗素在《北京导报》上发表了以下文章（部分为转载）。杜威：

1. "The Sequel of the Student Revolt"（《学生运动的结局》），Apr. 14，1920，p. 6（Peking, China—The New Republic）；

2. "The Brighter Side of New China. A Model School in Peking—Dewey's Principle

---

① 赛珍珠幼年曾随传教士父母来中国居住，1926 年回美国接受高等教育，毕业于康奈尔大学，后来又作为传教士来华，1935 年最后一次离开。1931 年出版长篇小说《大地》（The Good Earth），1933 年曾将《水浒传》译成英文。

② 美国著名记者，1928 年来华，任欧美若干家报社的驻华记者、通讯员，1936 年 6 月访问陕甘宁边区并撰有《红星照耀中国》等。

of Developing…"(《新中国的光明一面。北京的一所模范学校——杜威的教育原则》), Apr. 27, 1920;

3. "The Consortium in China"(《银行财团在中国》), May 17, 1921, p. 2;

4. "Impressions from Canton"(《广东印象》), June 15, 1921, p. 2 (*The Weekly Review*);

5. "New Culture in China"(Ⅰ, Ⅱ)(《中国的新文化》), Jul. 27, 1921, p. 2; Jul. 28, p. 2;

6. "A Parental Attitude. Basis of America's Relations with China must Change"(《家长般的态度。美国与中国关系的基础必须改变》), Aug. 3, 1926, p. 4;

7. "Sees China Revolution as Epoch Making Event. John Dewey Charges News Correspondents with Short Sightedness in interpretation of all events here; says old order is shaken"(《杜威将中国革命视为划时代的事件》), June 11, 1927, p. 2 (*The Nation*)。

罗素:

1. "Bertrand Russell Gives Impressions of China", a lecture to the Chinese Educational classes in the Capital (《罗素的中国印象》,罗素在北京中国教育界的演讲), Dec. 17, 1920, p. 6;

2. "If the Class War Becomes World Wide the Issue Will Be the Downfall fo Our Whole Civilization, Says Mr. Bertrand Russell"(《如果阶级战争成为世界性,那么这个问题将导致整个文明的毁灭》), May 12, 1921, p. 2 (*Japan Chronicle*《日本纪事报》);

3. "China's Road to Freedom", Bertrand Russell's Farewell Address in China (《中国通向自由的道路》,罗素在中国的告别演讲), July 7, 1921, p. 3;

4. "A People Who Value Wisdom Above Rubies,"(一个看重智慧超过宝石的民族), Dec. 31, 1921, p. 2. (*Review of Reviews*《评论的评论》);

5. "Modern China. The First and the Eclipse"(《现代中国,首要的与被遮蔽的》), May 6, 1922, p. 2;

6. "Great Britain Should Adopt Chinese Policy to that of America, Says Russell"（《英国应该采用美国的对华政策》），Aug. 29, 1923, p. 3;

7. "Bertrand Russell Indicts British Imperialist Policies in China"（《罗素控诉英国在中国的帝国主义政策》），Nov. 14, 1926, p. 4。

以上两位在中国五四新文化运动正处于高潮时期来访的西方最著名思想家，通过系列演讲、赴中国多地考察以及与中国新知识分子的直接接触，乃至在中国的英文报刊上发表文章以系统阐述相关思想，对中国知识界与社会产生了重大的影响。以上文章的主题所涉及的，有对当代中国文化运动与社会现象的观察与分析，有对于中国历史文化传统的解读与阐发，也有对于中美、中英关系健康发展的建议与展望，更有通过引入新观念，以便帮助改良中国社会。虽然这些文章有时略显肤浅、零散，属即兴或应时之作，与一般新闻记者所写的观感没有多大差别，但它们及时、生动，又由于撰写者的崇高名望而受到极大重视，并在中外均产生了深远的影响。

（三）有关中西文化交流报道

北京一直被中外人士看作是中国乃至整个远东地区的文化中心。这里是中西关系及文化交流的热土，不管是人员往来、机构建立还是思想交锋及艺术借鉴与融合，其重要性堪称中国乃至远东之首。在持续 38 年的中华民国时期，这个地位较之政治中心的地位更显得长盛不衰。20 世纪二三十年代是中西文化交流的一个活跃时期，北京以其在中国独特的政治与文化、学术地位，更扮演了举足轻重的角色。现以本报 1921—1931 年间关于中西文化交流以及西方人在华讲座以及在外涉华讲座的报道与相关信息为基础，对以北京为舞台或与之密切相关的中西文化交流中的人物、事件、专业学会与社团、重要机构与地点以致于出版物等方面做简要考察。

中西文化交流应该是双向的，中西人士均须参与。但在这特定的时期，西方人是主角，中国人只能退居配角，这显然与 20 世纪上半叶西方文化的强势与中国文化的转型有关，即西方人强势参与了中国文化与学术的现代化、国际化的改造进程。从西方人物来看，以英美人为主（这与本报为英文报有直接关系），他们有的是作为教师、新闻记者、外交官或传教士等身份长驻北京,但更多的应该是短期来访者,其中英国哲学家罗素、美国哲学家杜威(John Dewey)以及美国教育家门罗(Paul Monroe)在20世纪头十年末与20年代初期的来访(门罗曾两度来访,后一次是1929年初)影响最大。长驻中国的外籍人士在此方面影响较大贡献较多的是英国人辛博森,此人长期在中国海关任职,并担任中国政府或首脑的顾问,是著名的中国问题专家,著述颇丰,常为《北京导报》撰写有关中外关系的文章,且创办过英文报纸《东方时报》(*The Far Eastern Times*,1923—1928,有英文与中文两个版本),并在1930年出任《北京导报》的主笔。另外还有美国来华传教士李佳白(Gilbert Reid)与艺术史家福开森(John Calvin Ferguson)。李佳白创办中国国际研究所(International Institute of China)并亲任所长,总部设在北京,在上海还有分部,并创办该研究所刊物《国际期刊》(*International Journal*),该刊文章常在《北京导报》上转载。同时,他在柯乐文担任《北京导报》主笔期间,曾任主笔助理与新闻主编之职。福开森在多门艺术,尤其是中国艺术方面有很深的造诣,常在北京各学术机构与文化团体做讲座,并在《北京导报》上撰文。从中国方面看,有两位人物起着举足轻重的作用,一位是胡适,他是这一时期在中外都属极为活跃的人士,堪称在国际舞台上的公共知识分子,而且他所从事的工作大都与中西文化交流密不可分。他在中国谈西方,在西方谈中国,而且是作为中国文化近代化进程的最重要推动者来谈这些问题的。另一位是梅兰芳。他显然是当时驻京西方人心目中中国京剧的最重要形象代言人,他在北京的所有演出都在《北京导报》上有预告与剧评,而且他还常在西方人集中的 Pavillion 剧院、协和医学院礼堂及北京艺术学院(Institute of Fine Arts)演出,受到西方人的追捧。其他比较活跃的中国人大都是早年留学英美、归国后在北京一些大学(尤其是燕京大学与北京大学)与外交部等政府部门任职的人士,他们参与了一些由西方人发起的社团与专业学会。

关于以北京为中心的中西文化交流的事件,反映在《北京导报》报道里的主要有几大类。一类是大量的中外人士的讲座,这些讲座以西方人作为讲演者居多,当时能与西方人在出场数量与影响上相匹配的中方讲演者恐怕只有胡适。他们的话题中西均有,往往来访者多谈西方,而驻华驻京的西方学者以在中西比较的视野下谈中国为主,而中国学者一般仅谈论中国,胡适往往在国内多谈西方,批评中国传统与现状的某些弊端,希望引以为中国人的借鉴,而在西方谈中国则往往为中国辩护。另一类中西文化交流事件是在北京各大学〔以西方人办的几所大学与中学(如北京美国学校、华北语言学校等)〕的西方话剧演出,有的直接用英文,有的翻译或改编为中文。其中最活跃的要属北京艺术学院、协和医学院(P. U. M. C.)、北京美国学校(Peking American School)、燕京大学、北京大学、北京师范大学、辅仁大学、华北语言学校(N. C. L. S.)及 Pavillion 剧院、男女基督教青年会(Y. M. C. A. & Y. W. C. A.)礼堂,偶然还会在救世军中心礼堂(Salvation Army Auditorium)等地举行。在这一时期,除了大学及部分中学热衷于演西方话剧外,北京还有三个机构对此起到推波助澜的作用,一是成立于1920年代的北京艺术学院(Peking Institute of Fine Arts),该学院大部分教师为西方人,二是北京国际业余戏剧俱乐部(Peking International Amateur Dramatic Club),三是同样设在北京的创办于1926年9月的中国戏剧俱乐部(China Dramatic Club),该俱乐部也是以西方人为主导。

从事或客观上成为中西文化交流媒介的专业学会和社团,在当时的北京也不在少数,除了上述的热衷演出西方话剧的学校与机构社团外,至少还有欧美同学会(Western Returned Students' Club)、中法学院(Sino-French College,成立于1919年)、北京扶轮社(Peking Rotary Club,会员为在京会讲英文的中外人士)、北京中国事物学会(Things Chinese Society of Peking)、北京美国协会(American Association of Peking)、北京美国大学协会(Peking American College Association)、北京国际妇女协会(International Women's Association,中国妇女要入会须会讲英文)以及像哈佛、耶鲁等美国名校在北京的校友会等。专业学会有西方人发起或起重要作用的中国社会与政治科学协会(Chinese Social and Political Science Association)、北京历史协会(Peking Historical Association)、北京自然史学会(Natural History Society of Peking)、中国地质学会(Geological Society of China,常邀请来华的西方探险家如斯文·赫定等来讲演)、中国考古学会等。这些机构、社团与学会协会一般有年会与月会，还常组织午餐会，通常定期邀请中外学者做学术讲座或就某一个议题做演讲。

除了以上大中学校、机构、社团与学会外，北京的中西文化交流的重要地点还有具有英资背景的北京六国饭店（Grand Hotel des Wagons-Lits, Ltd.）、由法国人投资经营的北京饭店（Grand Hotel de Pekin）以及坐落在北京饭店的由法国人魏智（Henri Vetch）开办并经营的法国图书馆兼书店（Librairie Francaise de Pekin）。其实该店出版与销售的出版物主要是英文书，这些书以中国文化与学术研究为核心，兼顾实用性。出版的少量法文书籍一般为授权影印本。

这一时间与以北京为中心的中西文化交流的出版物，就北京本地来说，除了这一时期在北京出版的英文报、法文报。除本报外，还有《北京每日新闻》（Peking Daily News，1909—1937）、《华北正报》（North China Standard，1919—1930）、《东方时报》（The Far Eastern Times，1923—1928）、《国民新报》（又称《民报》，The People's Tribune，1926—1927）、《英文平西报》（The Yenching Gazette，1932—1933）。此外，还有少量的英文专业性杂志（一般为以上学会的会刊），以及一些手册式或年鉴式的连续出版物，如《北京实用手册》（Peking Utility Book）、《中华年鉴》（The China Year Book）、《北京便览》（Guide to Peking）、《最新北平指南》等。

因此，我们可以初步下这么一个结论，即以《北京导报》为管窥，我们可以领略到20世纪二三十年代以北京为中心的中西文化交流，为中国学术与文化的现代化，以及让西方人更好地认识北京乃至中国起到了重要的作用。

科举与儒学转变

——唐人重《礼记》现象考察

北京外国语大学　徐晓峰

一、缘起

相对宋代儒学的兴盛，唐代儒学无论就当时的理论建树，还是后来的研究关注而言，都要相形见绌。不过，探讨宋代儒学的复兴，其源头又要追溯到中晚唐的儒学复兴。特别是20世纪20年代由日本史学家内藤湖南提出，后得到其门生宫崎市定证成的宋代近世说，因以唐宋转型为其核心，促使国内外学界广泛关注由唐至宋的社会政治、经济、思想、文化诸方面所发生的变化。那么，作为中国古代主导思想的儒学，其在唐代所呈现出的诸多现象，自然需要加以更全面的认识。

传统儒学的核心是礼乐，这主要体现在《周礼》《仪礼》《礼记》三书中，古代通称"三礼"。《礼记》在汉代本是附属于《仪礼》经的，曹魏时方才立于学官。但到了东晋，《仪礼》未立博士，反而是《礼记》立了博士，可见《礼记》的传习已开始压过《仪礼》之学了。据《北史·儒林传》所载，北朝时"诸生尽通《小戴礼》。于《周礼》《仪礼》兼通者，十二三焉"。《小戴礼》，即指《礼记》，可知北朝的三礼之学，仍尤重《礼记》。唐朝建国后，太宗曾诏颜师古撰定《五经定本》，后又于高宗永徽四年（653）正式颁布《五经正义》，统一南北经说。值得注意的是，《五经正义》于"三礼"仅收入《礼记》，这样一种国家行为反映的是汉魏以后儒学的新趋势。到了宋代的朱熹，更是将《大学》《中庸》从《礼记》中抽出，与《论语》《孟子》合称《四书》。由此可知，《礼记》经历了由附庸而上升为经，并最终压倒其他礼经的过程。在这个发展中，唐代是比较关键的衔接点。

思想的提出与施行，都离不开人的参与。而作为古代文化主导的士人，更是与思想紧密相连。在唐代，科举制度大体定型并逐步完善，成为考核人才和选拔官员的重要手段。特别是进士科，在中唐以后成为高级官吏的主要来源。科举既已成为国家行为，其考核内容必然体现着国家或官方意志，也会对当时的社会有重大的导向作用。可以说，科举与唐代士人知识结构存在着紧密关系。一方面，科举的考核内容，无形之中要求应试士人必须培养和具备相应的知识结构；另一方面，科举也必然会反映着士人群体整体知识取向的迁移。因此，通过两者的关系考察，可以窥见唐代世变时移中思想、文化、文学等的迁转现象。

本文即尝试从科举角度，就唐代士人重《礼记》现象做一番考察。士人重《礼记》，属于儒家经学的学习范畴，但本文并不打算比较经学与其他学习的重视程度，而是将考察限定在"三礼"经学内部。具体来说，即唐代士人在《周礼》《仪礼》《礼记》的修习中，出现重《礼记》，忽视或者说轻视《周礼》《仪礼》的现象。在唐代，这一现象并非在某一段时期偶然出现，而是长期存在的，其背后有着深刻的政治、文化缘由，并表现在社会制度的诸多方面。

二、《礼记》与唐代科举——以明经科为中心

科举制度作为一项考试制度，创始于隋代，形成于唐代，在此后逐步规范化。相对于此前的官吏选拔制度，科举制度因倡导社会人士的公开投考，对社会的普及面更大，加之考核相对公平、公正，因而对士人的影响更为深刻。其中，科举的考试内容直接规定了应考士人的知识范围和结构。由于唐代科举采取的是分科考试，虽在科举发展中，每科内容或有交集，但总体而言，不同科目的考试内容基本各有规定，且考试办法也是存在差异的。唐代科举众科目中，最盛者为进士科、明经科与制科。其中制科主要通过主司策问，应考人以策答问的形式进行，所试内容具有临时性、较为多样的特点，官方并未做直接限定，因而本文暂不考察。进士科的试项中，长期存在帖经一项，与儒家经典的学习有关，加之进士科

在中唐以后成为入仕的第一正途,对唐代士人的知识习得有很大的影响,故本文予以考察。明经科因所考主要限定在儒家经典中,士人重《礼记》之风便直接体现在这一科的学习与考试中。考虑到进士科的帖经试制,主要是参考明经科来制定,因而下文的考述以明经科为主,同时兼涉进士科中相关者。

唐代的明经科,据《新唐书·选举志》记载,主要"有五经,有三经,有二经,有学究一经,有三礼,有三传,有史科"①,其中史科与儒经无涉,不予考察。关于明经内诸科的考试情况,《唐六典》有简单介绍:

> 凡正经有九:《礼记》《左氏春秋》为大经,《毛诗》《周礼》《仪礼》为中经,《周易》《尚书》《公羊春秋》《穀梁传春秋》为小经。通二经者,一大一小,若两中经。通三经者,大、小、中各一。通五经者,大经并通。其《孝经》《论语》《老子》并须兼习。凡明经先帖经,然后口试并答策,取粗有文理者为通。②

儒经有大中小之分,系以文字多寡为定。唐代科举的明经科,多指明二经,也就是大经、小经各选一,或中经中选二。按常理,经书字少者便于诵读,似应更受重视,实则不然。据《通典》记载,唐玄宗开元八年(720)国子司业李元瓘上言,云:

> "三礼、三传等并圣贤微旨,生人教业。今明经所习,务在出身,咸以《礼记》文少,人皆竞读。《周礼》,经邦之规则;《仪礼》,庄敬之楷模;《公羊》《穀梁传》,历代崇习。今两监及州县,以独学无友,四经殆绝。事资训诱,不可因循。其学生请各量配作业,并贡人参试之,日习《周礼》《仪礼》《公羊》《穀梁》。并请帖十通五,许其入策。以此开

---

① (宋)欧阳修、宋祁撰《新唐书》卷四四《选举志上》,中华书局,1975年,第1159页。
② (唐)张九龄等撰,(唐)李林甫等注《唐六典》卷四《尚书礼部》,中华书局,1992年,第109页。

劝,即望四海均习,九经该备。"从之。①

所谓《礼记》文少,指的是少于同为大经的《左传》,相对于中经《仪礼》《周礼》而言,文字不为少。士人不选中经《仪礼》《周礼》,也不选小经《公羊》《穀梁传》,却竞相学习字数更多的《礼记》。这里可以见出,至少在唐玄宗开元前期,明经士人重《礼记》,轻《周礼》《仪礼》的现象已普遍存在。

如果进一步考察,可以发现明经士人特重《礼记》之风,早在初唐就已经出现。据《唐会要》记载,贞观九年(635)五月敕:"自今已后,明经兼习《周礼》并《仪礼》者,于本色量减一选。"② 此处规定明经习《周礼》《仪礼》者,待选授官的年限予以缩减,无疑是提高了待遇。那么,朝廷对明经的这种特殊恩赐,是针对什么现象而做出的呢?据前引开元八年李元瓘上言所提及的明经考试避难择易现象,士人明二经,最后形成的选择就是大经中的《礼记》加上小经中的《周易》《尚书》。贞观九年提高考试《周礼》《仪礼》的待遇,应是当时便存在着明经士人竞相学习《礼记》,轻视其他两部礼经的问题,故朝廷才寻求解决办法。另外,李氏开元八年的上言中,要求参试人"习《周礼》《仪礼》《公羊》《穀梁》,并请帖十通五,许其入策",得到批准。这里说的是帖经通过后,可以顺利进入下一场考试。关于此前明经帖经试的标准,《册府元龟》载永隆二年(680)八月诏说:"自今已后,考功试人,明经试帖,取十帖得六已上者。"③ 可知永隆诏规定的帖经及格标准为帖十通六,开元八年诏显然是为了劝勉士人学习不受重视的"四经",故降低标准,通五即可。

从唐朝科举的实施来看,开元八年的调整,并未改变此后明经士人重《礼记》,轻视其他大、中经的情况。唐朝廷为此又分别在不同时期采取了一系列的措

---

① (唐)杜佑撰,王文锦等点校《通典》卷一五《选举三·历代制下》,中华书局,1988年,第355页。
② (宋)王溥撰《唐会要》卷七五《贡举上·帖经条例》,中华书局,1955年,第1375页。
③ (宋)王钦若等编《册府元龟》卷六三九《贡举部·条制第一》(影印明刻初印本),中华书局,1960年,第7669页。

施，其中较重要者有四项：

一是，进士科准明经考试例，在帖经考试中，由以前的帖小经改为帖大经。《册府元龟》载录此事较详：

> （开元）二十五年正月，诏曰：……其明经，自今已后，每经宜帖十，取通五已上，免旧试一帖。仍案问大义十条，取通六已上，免试经策十条。令答时务策三首，取粗有文性者与及第。其进士宜停小经，准明经例，帖大经十帖，取通四已上。然后准例试杂文及策，考通与及第。……（原注：此诏因侍郎姚奕奏也。）①

小注提及的因姚奕奏，当与上一年的奏请有关："开元二十四年十月，礼部侍郎姚奕请进士帖《左氏传》《周礼》《仪礼》，通五与及第。"② 此前进士帖小经，当准明经例，以帖十通六为及第。姚奕之奏请，当本崇儒之初衷，故奏请帖大经《左传》，中经《周礼》《仪礼》。为何没有提及大经《礼记》和中经《诗经》呢？应是这两经本为士人重视，故不必加以强调。开元二十五年（737）的诏令，要求进士改帖小经为大经，正是依从姚奕之奏，唯及第标准降低为帖十通四即可。

二是，调整明经科的授散制度。所谓授散，指的是科举及第后，按例授予散官，获得选官资格，待选限满后，然后冬集吏部选官。换言之，授散只是获得出身，不是直接授予官职。调整明经科的授散规定，指的是习《礼记》及第者，仍授散，而习其他素被轻视的大、中经及第者，可免任散官，参加冬集。据《唐会要》记载，云：

> 开元十六年（728）十二月，国子祭酒杨玚奏："今之明经，习左氏者十无一二，恐左氏之学废。又《周礼》《仪礼》《公羊》《穀梁》亦请量加优奖。"遂下制："明经习左氏，及通《周礼》等四经者，出身免任

---

① 《册府元龟》卷六三九《贡举部·条制第一》，第7671—7672页。
② 《唐会要》卷七六《贡举中·进士》，第1379页。

散官。"至贞元元年（785）五月二日敕："自今已后，明经习《礼记》及第者，许冬集。"①

前面曾提及李元瓘开元八年反映的士人轻视《左传》《周礼》等五经的情况，可知八年后的情形依旧，于是才有了杨玚此番新的调整政策的出台。值得注意的是，上引文提到贞元元年的敕文，规定明经习《礼记》及第后可以参加冬集。由此可知，开元十六年所定的明经习业不授散中，应不包括《礼记》。究其原因，当是时人多习《礼记》，故提高习他经之待遇，以达儒学经典内部之平衡。不过据《唐会要》记载，开元十六年到贞元元年的五十余年中，习《礼记》及第者是否授散，是略有调整的：

> 大历十一年（776）五月敕："礼部送进士、明经、明法、宏文及崇文生、道举等，准式：据书判、资荫，量定冬集、授散。其《春秋》《公羊》《穀梁》《周礼》《仪礼》业人，比缘习者校少，开元中敕：一例冬集。其礼业每年授散，自今已后，礼人及道举、明法等，有试书判稍优，并荫高及身是勋官、三卫者，准往例注冬集，余并授散。"②

这里提到的"一例冬集"的开元敕文，就是前引开元十六年的规定："明经习左氏，及通《周礼》等四经者，出身免任散官。"而后面所说的"其礼业每年授散"及"礼人"，当特指习《礼记》之明经人，他们在规定条件下，可部分参加冬集。不过，朝廷虽多方平衡儒经内部的学习差异，但《左传》《周礼》《仪礼》等五经的受重视程度，并未得到提高。于是，德宗贞元年间，朝廷专门开设"三礼科"，以期控制士人竞习《礼记》之风气。

三是，开设"三礼科"。如上所论，三礼科的设置，有其特殊背景，并非单纯让士人重视传统的礼学，也有平衡三礼内部平衡的考虑。据《旧唐书》记载：

---

① 《唐会要》卷七五《贡举上·明经》，第1373—1374页
② 《唐会要》卷七五《选部下·冬集》，第1373页。

"自贞元五年一月敕特置三礼、开元礼科。"① 其具体情况，贞元五年五月、贞元九年五月的两份敕令中有详细说明：

> （贞元）五年五月，敕："自今以后，诸色人中有习三礼者，前资及出身人依科目选例，吏部考试；白身人依贡举例，礼部考试。每经问大义三十条，试策三道。所试大义，仍委主司于朝官、学官中，拣择精通经术三五人闻奏，主司与同试问。义策全通为上等，特加超奖；大义每经通二十五条以上，策通两道以上为次等，依资与官。如先是员外、试官者，听依正员例。其诸学生愿习三礼及开元礼者，并听。仍永为例程。"——《通典》卷一五《选举三》

> （贞元）九年五月诏曰："……自顷有司定议，计功记习，不量教化浅深，义理难易，遂使修传学者，例从冬集，习礼经者，独授散官。敦本劝人，颇乖指要，姑务宏奖，以广儒风。自今以后，明经习《礼记》及第者，亦宜冬集。如中经兼习《周易》若《仪礼》者，量减一选。应诸色人中习三礼者，前资及出身人依科目例，白身人依贡举例。每经问大义三十条，试策三道。仍主司于朝官、学官中，简选精通经术三五人闻奏。主司与同试问，质定通否。义策全通为上等，转加超奖。大义每经通十五条已上，策通两道已上为次等，依资与官。如先是员外试官者，听依正员例。……其诸馆学士，愿习三礼及《开元礼》者并听，仍永为常式。"——《册府元龟》卷六四〇《贡举部·条制二》

两份敕令规定三礼科的设置，不仅针对普通应考士人（未获得出身的白身人），也向及第后获得出身的但尚未授官的出身人，以及曾做官但现今等待下一任授官的前资官开放，朝廷如此措施，显然是为了推动社会重视三礼中的《周礼》

---

① 《旧唐书》卷四四《职官志三》。

《仪礼》。另外，两份敕令相隔不过四年，但考试的标准已然降低，如前番的次等标准是"大义每经通二十五条以上"，此番则调低为"通十五条已上"，这显然也是为了增加社会对三礼科的热情。

四是，开设三传科。据《旧唐书》记载："长庆二年（822）二月，始置三传、三史科。"① 关于三传科的设置缘起，《唐会要》载云：

> 长庆二年二月，谏议大夫殷侑奏："……伏以《左传》卷轴文字，比《礼记》多校一倍，《公羊》《穀梁》与《尚书》《周易》多校五倍，是以国朝旧制：明经授散，若大经中能通习一传，即放冬集。然明经为传学者，犹十不一二。今明经一例冬集，人之常情，趋少就易，三传无复学者，伏恐周公之微旨，仲尼之新意，史官之旧章，将坠于地。伏请置三传科，以劝学者。《左传》问大义五十条，《公羊》《穀梁》各问大义三十条，策三道。义通七以上，策通二以上，与及第。其白身应者，请同五经例处分；其先有出身及前资官应者，请准学究一经例处分。"……敕旨："宜依。仍付所司。"②

文中提及的"明经一例冬集"，源于前引的贞元元年规定。到三传科的设置的长庆二年，又过去三十余年，轻《左传》、重《礼记》的风习仍未改变，因而殷侑的奏请仍是基于初唐以来《礼记》之学兴盛，其他五经学衰落这一长期存在的现象的。

综上来看，朝廷的几番措施，只是局部的小调整、小劝勉，实际并未深究重《礼记》、轻他经背后的深层原因，因而也就注定不可能扭转社会上浸染传习已久的风气。

就现存文献来看，传统的三礼学，在士人的知识结构中，已极度不平衡。《唐会要》曾记载一次进士重试事件：

---

① 《旧唐书》卷四四《职官志三》。
② 《唐会要》卷七六《贡举中·三传》，第1398页。

长庆元年（821）敕："今年礼部侍郎钱徽下进士郑朗等一十四人，宜令中书舍人王起、主客郎中知制诰白居易重试。"覆落十三人（四库本作"十一人"，当从——笔者按，下例此）。三月丁未诏："国家设文学之科，本求实才，苟容侥幸，则异至公。访闻近日浮薄之徒，扇为朋党，谓之关节，干扰主司，每岁策名，无不先定。眷言败俗，深用兴怀。郑朗等昨令重试，乃求深僻题目（四库本作"意在精核艺能，不于异书之中固求深僻题目"），贵观学艺浅深（四库本作"贵令所试成就，以观学艺浅深"），孤竹管是祭天之乐，出于《周礼》正经，阅其呈试之文，都不知其本事，辞律鄙浅，芜累至多。其温业（四库本作"孔温业"）等三人，粗通可与及第，其余落下。今后礼部举人，宜准开元二十五年敕，及第人所试杂文，先送中书门下详覆。"①

本年重试题目取自《周礼》，但考生竟"不知其本事"，令朝廷大为震怒。联系上文所考，这无疑说明朝廷虽屡次采取措施，但无论进士科，还是明经系统的各科，类似的重《礼记》、轻《周礼》等经确已成为社会风尚。

从前面的探讨可以看到，为了劝勉士人多习《左传》等春秋经、《周礼》等礼经，朝廷设立的三传科、三礼科，其考试标准都予以降低，相关待遇也适当提高。不过，这种调整，即使可以短期刺激士人学习应试，但并不代表相关经学素养的提高，况且长期施行，必定会导致取人的庸滥。《唐会要》载有晚唐一次较大的科举调整，有云：

大中十年（856）五月，中书门下奏："据礼部贡院见置科目内，开元礼、三礼、三传、三史、学究、道举、法、算、童子等九科，近年取人颇滥。曾无实艺可采，徒添入仕之门，须议条流，俾精事业。臣等已

---

① 《唐会要》卷七六《贡举中·进士》，第1380页。

于延英面奏，伏奉圣旨，将文字奏来者。其前件九科，臣等商量，望起大中十年权停三年，满后至时赴科试者，令有司据所举人先进名，令中书舍人重复问过，如有本业稍通，堪备朝廷顾问，即作等第进名，候敕处分。如事业荒芜，不合送名，而妄送者，考官先议朝责。……"从之。①

所谓"无实艺""取人滥"，若就三礼、三传科来说，就是一般应考士人并无钻研传统礼学、春秋学的兴趣，即使朝廷屡有劝进，也并无成效，故而被停设。

三、唐代应试诗题与《礼记》

上部分对明经科中的重《礼记》现象已略有揭示，其中同时涉及了进士科部分帖经情况。从唐代科举的整个历史来看，进士科的地位是要高于明经科的，其对盛唐以后文人的影响是更为深远的。所以本部分仍限定在科举范围内，主要从进士科诗歌命题的倾向来关注与《礼记》有关者②，从而进一步分析并佐证唐代士人的重《礼记》之风。

进士科的考试制度，若从试项（考试内容）来看，前后是有变化的③。就基本试制来说，大致包括帖经试、杂文试和策试三个试项。杂文试在唐玄宗开元、天宝间，常以赋居其一，或常以诗居其一，亦有全用诗赋者；从总体趋向看，杂文试"一诗一赋"的格局于开元、天宝之际已大致奠定，并在此后基本得到维持。唐代社会自盛唐开始，总体尚文崇诗，进士科"以诗取士"，无疑会对整个社会有巨大的影响。况且，如前所说，科举的命题体现着国家和官方意志，因而它的命题倾向和取材范围，肯定会对唐代士人的知识结构的养成有较大的引导作用。另一方面，通过前文的分析，唐代士人重《礼记》之风颇为兴盛，那么处于唐代科

---

① 《唐会要》卷七七《贡举下·科目杂录》，第1401—1402页。
② 现存应试诗题，并非全产生于进士科试诗，亦有源于他科者，但以进士科为大多数。况且，他科试诗，很大程度上是受进士科的影响，故下文为叙述方便，暂且以进士科统称之。
③ 拙著《唐代科举与应试诗研究》（北京大学出版社，2015年）上编第一章专门论述"进士科'以诗取士'的确立与调整"，曾就进士科试项的形成、确立与调整有详细的分析。此处不再赘述。

举中心地位的进士科，不可能不对此有所反映（即使比例或程度有限）。本部分即从这一思路出发，通过分析笔者统计的《现存唐五代应试诗题》①，发现应试诗题之取材儒家经典者，基本来自三礼，而其中又以《礼记》居绝大多数。若联系上文所论，这显然并非偶然，而是体现了官方和民间皆对《礼记》这一经典予以很大的重视。

为便于比较，今就应试诗题与三礼及其他儒经有关者，分列考述如下：

初、盛唐时期（高祖武德至玄宗天宝年间）

1.《璧池望秋月》　先天二年前　疑国子监试

《史记·封禅书》："天子辟池。"司马贞《索隐》云："顾氏以为璧池即滈池，所谓'华阴平舒道逢使者，持璧以遗滈池君'，故曰璧池。今谓天子辟池，即周天子辟雍之地。故周文王都酆，武王都滈，既立灵台，则亦有辟雍耳。张衡亦以辟池为雍。"《新唐书·归崇敬传》载其代宗大历时"以学与官名皆不正，乃建议：'古天子学曰辟雍。以制言之，雍水环缭如璧然；以谊言之，以礼乐明和天下云尔。在《礼》为泽宫，故前世或曰璧池，或曰璧沼，亦言学省。'"《唐会要》卷六六《东都国子监》所载为详："大历五年八月，皇太子于国学行齿胄之礼。国子司业归崇敬，以国学及官名不正，并请改之。上疏曰：《礼记·王制》曰：天子学曰辟雍。《五经通义》云：辟雍，养老教学之所也。以形制言之，雍，壅也；辟，璧也；言雍水环之圜如璧形。以义理言之，辟，明也；雍，和也；言以礼乐明和天下。《礼记》亦谓之泽宫。《射义》云：天子将祭，必先习射于泽宫。故前代文士，亦呼为璧池。亦曰璧沼，亦谓之学省。后汉光武立明堂、辟雍、灵台，谓之三雍。至明帝，躬行养老于其中。晋武帝亦作明堂、辟雍、灵台，亲临辟雍，行乡饮酒之礼。又别立国子学，以殊士庶。永嘉南迁，唯有国子学，不立辟雍。北齐立国子寺，隋初亦然，至炀帝大业十三年，改为国子监。今国家富有四海，声名文物之盛，唯辟雍独阙，伏请改国子监为辟雍省。"可见此处"璧池"代指

---

① 见《唐代科举与应试诗研究》附录部分。

国子学校。

2.《七月流火》 开元十三年前后 进士科

《诗经·豳风·七月》:"七月流火,九月授衣。"《诗小序》:《七月》,陈王业也。周公遭变,故陈后稷先公风化之所由,致王业之艰难也。《疏》:作《七月》诗者,陈先公之风化,是王家之基业也。

3.《洛出书》 开元十九年 宏词科 或稍前 进士科①

《周易·系辞上》:"河出图,洛出书,圣人则之。"

《礼记·礼运》:"故天降膏露,地出醴泉,山出器车,河出马图,凤皇麒麟皆在郊棷,龟龙在宫沼,其余鸟兽之卵胎,皆可俯而窥也。"孔颖达《正义》:"河出马图,案:《中候握河纪》:尧时受河图,龙衔赤文绿色,注云:龙而形象马,故云马图,是龙马负图而出。又云:伏羲氏有天下,龙马负图出于河,遂法之,画八卦。又龟书,洛出之也。"

4.《夏日可畏》 约天宝二年 进士科

《左传·文公七年》:"酆舒问于贾季曰:'赵衰、赵盾孰贤?'对曰:'赵衰,冬日之日也。赵盾,夏日之日也。'"杜预注曰:"冬日可爱,夏日可畏。"

5.《东郊迎春》 一作《东郊迎气》天宝十五载 进士科 六韵

《礼记·月令》:"立春之日,天子亲帅三公九卿诸侯大夫以迎春于东郊。"

《旧唐书》卷九《玄宗本纪下》:"(开元二十五年)冬十月,制自今每年立春日迎春于东郊。""二十六年,春正月,……丁丑,亲迎气于东郊,祀青帝。"

《旧唐书》卷二四《礼仪志四》:"武德、贞观之制,神祇大享之外,每岁立春之日,祀青帝于东郊,帝宓羲,配勾芒,岁星、三辰、七宿从祀。""(开元)二十三年二月,亲祀神农于东郊,以勾芒配。""玄宗开元二十六年,又亲往东郊迎气,祀青帝,以勾芒配,岁星及三辰、七宿从祀。其坛本在春明门外,玄宗以祀所隘狭,始移于浐水之东面,而位望春宫。"

详细过程,参见《大唐开元礼》卷一二《吉礼·皇帝立春祀青帝于东郊》及

---

① 陈贻焮主编《增订注释全唐诗》以为开元十九年进士科所试,文化艺术出版社,2001年。

卷一三《吉礼·立春祀青帝于东郊有司摄事》。

6.《释奠日国学观礼闻雅颂》 约天宝年间①进士科

《礼记·文王世子》:"凡学,春官释奠于其先师,秋、冬亦如之。凡始立学者,必释奠于先圣先师,及行事必以币。凡释奠者,必有合也,有国故则否。"

7.《越裳献白翟》 一作《试越裳贡白雉》《越裳贡白雉》 天宝年间 进士科

《韩诗外传》卷五:"成王之时,有三苗贯桑而生,同为一秀,大几满车,长几充箱。成王问周公曰:'此何物也?'周公曰:'三苗同一秀,意者天下殆同一也。'比几三年,果有越裳氏重九译而至,献白雉于周公。道路悠远,山川幽深,恐使人之未达也,故重译而来。周公曰:'吾何以见赐也?'译曰:'吾受命国之黄发曰:久矣天之不迅风疾雨也,海不波溢也,三年于兹矣。意者中国殆有圣人,盍往朝之。于是来也。'周公乃敬求其所以来。诗曰:'于万斯年,不遐有佐。'"

《艺文类聚》卷一《天部上·风》:"《尚书大传》曰:舜将禅禹,八风修通。又曰:成王时,越裳重译而来朝,曰:久矣,天之无烈风迅雨,意中国有圣人乎?"

中唐前期(肃宗至德至代宗大历年间)

8.《生刍一束》 至德至大历年间

《诗经·小雅·白驹》:"生刍一束,其人如玉。"

9.《迎春东郊》 上元二年 进士科

参见第5题《东郊迎春》。

10.《舞干羽两阶》 约肃宗朝

《尚书·虞书·大禹谟》:"禹拜昌言曰:'俞!'班师振旅。帝乃诞敷文德,舞干羽于两阶。七旬,有苗格。"

11.《玉烛》 大历八年前 进士科

《尔雅·释天·四时》:"春为青阳,夏为朱明,秋为白藏,冬为玄英,四时

---

① 令狐峘登天宝十五载进士第,滕珦因有同题此诗,故论者以其进士及第约在天宝时。不过考滕珦生平,元和七年为太常博士,上距天宝末已近六十年,两者显非同时代之人,同时应试颇为可疑。滕曾为太常博士,国学观礼自属常情,此诗或系一般应制颂扬之作,亦未可知,如此约作于元和七年左右。

和，谓之玉烛。春为发生，夏为长嬴，秋为收成，冬为安宁，四时和，为通正。"

12.《南至日太史登台书云物》 大历十二年前 进士科

《左传·僖公五年》："五年春，王正月辛亥朔，日南至。公既视朔，遂登观台以望。而书，礼也。凡分、至、启、闭，必书云物，为备故也。"

13.《织鸟》 约大历年间 进士科

《礼记·月令》："季春之月……鸣鸠拂其羽，戴胜降于桑。"郑玄注："戴胜，织纴之鸟。"《大唐开元礼》亦有记载。

中唐中期（德宗建中至贞元年间）

14.《白露为霜》 建中年间 进士科

《诗经·秦风·蒹葭》："蒹葭苍苍，白露为霜。"

15.《虹藏不见》 建中年间 进士科

《礼记·月令》："孟冬之月，……水始冰，地始冻，雉入大水为蜃，虹藏不见。"又见《大唐开元礼》卷一〇二《孟冬令》、卷一〇三《冬令》。

16.《四水合流》 建中前后

《尚书·禹贡》："荆、河惟豫州：伊、洛、瀍、涧既入于河。"孔传："伊出陆浑山，洛出上洛山，涧出渑池山，瀍出河南北山，四水合流而入河。"又《禹贡》："导洛自熊耳，东北会于涧瀍，又东会于伊，又东北入于河。"

17.《冬日可爱》 贞元十年 博学宏词科

《左传·文公七年》："鄷舒问于贾季曰：'赵衰、赵盾孰贤？'对曰：'赵衰，冬日之日也。赵盾，夏日之日也。'"杜预注曰："冬日可爱，夏日可畏。"

18.《竹箭有筠》 贞元十三年 博学宏词科

《礼记·礼器》："礼器，是故大备。大备，盛德也。礼释回，增美质，措则正，施则行。其在人也，如竹箭之有筠也，如松柏之有心也。二者居天下之大端矣。故贯四时而不改柯易叶。故君子有礼，则外谐而内无怨，故物无不怀仁，鬼神飨德。"郑玄注："箭，筱也。端，本也。四物于天下最得气之本，或柔刃于外，或和泽于内，用此不变易也，人之得礼亦犹然也。"《正义》曰："'其在人也，如竹箭之有筠也'者，礼道既深，此为设譬也。竹，大竹也。箭，筱也。言人情备德，由于有礼，譬如竹箭四时葱翠，由于外有筠也。筠是竹外青皮。"

19.《反舌无声》 贞元十四年 州府试

《礼记·月令》："仲夏之月……小暑至，螳螂生，鵙始鸣，反舌无声。"郑玄注："反舌，百舌鸟。"《正义》曰："百舌鸟者，蔡云：虫名，蛙也。今谓之虾蟆。其舌本前著口侧，而末向内，故谓之反舌。"

20.《行不由径》 贞元十五年 进士科

《论语·雍也》："子游为武城宰。子曰：'女得人焉耳乎？'曰：'有澹台灭明者，行不由径，非公事未尝至于偃之室也。'"疏："《正义》曰：此章明子羽公方也。……'行不由径，非公事未尝至于偃之室也'者，此言其人之德也。行遵大道，不由小径，是方也。若非公事，未尝至于偃之室，是公也。既公且方，故以为得人。"

21.《闰月定四时》 贞元十七年 进士科

《尚书·尧典》："帝曰：咨！汝羲暨和，期三百有六旬有六日，以闰月定四时，成岁。"孔传："咨，嗟。暨，与也。匝四时曰朞。一岁十二月，月三十日，正三百六十日，除小月六为六日，是为一岁有余十二日，未盈三岁，足得一月，则置闰焉，以定四时之气，节成一岁之历象。"

22.《沽美玉》 贞元二十一年 进士科

《论语·子罕》："子贡曰：'有美玉于斯，韫椟而藏诸？求善贾而沽诸？'子曰：'沽之哉！沽之哉！我待贾者也。'"《疏》："《正义》曰：此章言孔子藏德待用也。子贡曰：有美玉于斯，韫椟而藏诸，求善贾而沽诸者，子贡欲观孔子圣德藏用何如，故托玉以谘问也。韫，藏也。椟，匮也。诸，之也。沽，卖也。言人有美玉于此，藏在匮中而藏之，若求得善贵之贾，宁肯卖之邪？君子于玉比德，子贡之意，言夫子有美德而怀藏之，若人虚心尽礼求之，夫子肯与之乎？子曰：'沽之哉！沽之哉！我待贾者也'者，孔子答言：我卖之哉！不炫卖之辞。虽不炫卖，我居而待贾。言有人虚心尽礼以求我道，我即与之而不吝也。"

23.《朱丝弦》 贞元五年前 进士科

《文选》卷二八鲍照《白头吟》："直如朱丝绳，清如玉壶冰。何惭宿昔意，猜恨坐相仍。"李善注："朱丝，朱弦也。《礼记》：清庙之瑟，朱弦而疏越。桓子《新论》曰：神农始削桐为琴，绳丝为弦。"

24.《观藏冰》 贞元十年前 进士科

《左传·昭公四年》：大雨雹。季武子问于申丰曰："雹可御乎？"对曰："圣人在上，无雹，虽有，不为灾。古者，日在北陆而藏冰；西陆，朝觌而出之。其藏冰也，深山穷谷，固阴冱寒，于是乎取之。其出之也，朝之禄位，宾食丧祭，于是乎用之。其藏之也，黑牡、秬黍，以享司寒。其出之也，桃弧、棘矢，以除其灾。其出入也时。食肉之禄，冰皆与焉。大夫命妇，丧浴用冰。祭寒而藏之，献羔而启之，公始用之。火出而毕赋。自命夫、命妇，至于老疾，无不受冰。山人取之，县人传之，舆人纳之，隶人藏之。夫冰以风壮，而以风出。其藏之也周，其用之也遍，则冬无愆阳，夏无伏阴，春无凄风，秋无苦雨，雷不出震，无灾霜雹，疠疾不降，民不夭札。今藏川池之冰，弃而不用。风不越而杀，雷不发而震。雹之为灾，谁能御之？《七月》之卒章，藏冰之道也。"

《周礼·天官·凌人》："凌人，掌冰。正月十有二月，令斩冰，三其凌。"入春以后，气温渐高，冰会逐渐融化，所以要把估计用冰的三倍存入冰窖，故称"三其凌"。

《诗经·豳风·七月》："二之日凿冰冲冲，三之日纳与凌阴。"

25.《河南府试乡饮酒》 贞元十二年 州府试 赎帖诗

《周礼》卷一〇："以乡三物教万民，而宾兴之。"郑玄注："物，犹事也。兴，犹举也。民三事教成，乡大夫举其贤者能者，以饮酒之礼宾客之，既，则献其书于王矣。"

《新唐书》卷四四《选举志》："举选不繇馆学者，谓之乡贡，皆怀牒自列于州县。试已，长吏以乡饮酒礼会属僚，设宾主，陈俎豆，备管弦，牲用少牢，歌《鹿鸣》之诗，因与耆艾叙长少焉。"又见于《新唐书》卷一九《礼乐志九》。又，《唐会要》卷二六《乡饮酒》："开元六年七月十三日，初颁乡饮酒于天下，令牧宰每年至十二月行之。"

26.《瑜不掩瑕》 疑贞元年间

《礼记·聘义》："瑕不掩瑜，瑜不掩瑕，忠也。"郑玄注："瑕，玉之病也。

瑜，其中间美者。玉之性，善恶不相掩，似忠也。"

27.《琢玉成器》 贞元年间 进士科

《礼记·学记》："玉不琢，不成器。人不学，不知道。"

《韩诗外传》卷二："玉不琢，不成器。人不学，不成行。家有千金之玉，不知治，犹之贫也；良工宰之，则富及子孙。"

28.《律中应钟》 约贞元年间 进士科或博学宏词科

《礼记·月令》："孟冬之月，……律中应钟。"

29.《仪凤》 疑贞元十八年至二十一年间 博学宏词科

《尚书·益稷》："箫韶九成，凤凰来仪。"

30.《嘉禾合颖》 约贞元年间 进士科或博学宏词科

《尚书·周书·大诰》序："唐叔得禾，异亩同颖，献诸天子，王命唐叔归，周公于东作归禾。周公既得命禾，旅天子之命作嘉禾。"

31.《瑕瑜不相掩》 永贞元年 州府试

《礼记·聘义》："瑕不掩瑜，瑜不掩瑕，忠也。"郑玄注："瑕，玉之病也。瑜，其中间美者。玉之性，善恶不相掩，似忠也。"

32.《八风从律》 约贞元年间 进士科

《礼记·乐记》："是故清明象天，广大象地，终始象四时，周还象风雨，五色成文而不乱，八风从律而不奸，百度得数而有常。"郑玄注："八风从律，应节至也。"《正义》："八风从律而不奸者，八风，八方之风也。律，谓十二月之律也。乐音象八风，其乐得其度，故八风、十二月律，应八节而至，不为奸慝也。八风者，《白虎通》云：距冬至四十五日，条风至，条者，至也。四十五日，明庶风至，明庶者，迎众也。四十五日，清明风至，清明者，芒也。四十五日，景风至，景者，大也，言阳气长养也。四十五日，凉风至，凉，寒也，阴气行也。四十五日，阊阖风至，阊阖者，咸收藏也。四十五日，不周风至，不周者，不交也，言阴气未合化矣。四十五日，广莫风至，广莫者，大莫也，开阳气也。八节者，立春、春分、立夏、夏至、立秋、秋分、立冬、冬至。"

33.《锦带佩吴钩》 约贞元年间

《文选》卷二八鲍照《结客少年场行》:"骢马金络头,锦带佩吴钩。"李善注:"《古日出东南行》曰:黄金络马头,观者满道旁。《礼记》曰:居士锦带。《吴都赋》曰:吴钩,越棘也。"

中唐后期(宪宗元和至穆宗长庆年间)

34.《山出云》 元和元年 进士科

《礼记·孔子闲居》:"清明在躬,气志如神,耆欲将至,有开必先,天降时雨,山川出云。"疏:《正义》曰:此一节明周之文武之德。清明在躬者,清谓清静,明谓显著,言圣人清静光明之德在于躬身。气志如神者,气志变化微妙如神,谓文武也。耆欲将至者,耆欲谓王位也,王位是圣人所贪,故云耆欲,方欲王天下,故云将至。有开必先者,言圣人欲王天下,有神开道,必先豫为生贤知之辅佐。天降时雨山川出云者,此譬其事,犹如天将先为之出云,言文武将王之时豫生贤佐。

35.《归马华山》 元和二年前 进士科

《尚书·武成》:"乃偃武修文,归马于华山之阳,放牛于桃林之野,示天下弗服。"

36.《荐冰》 元和四年 进士科

《礼记·月令》:"仲春之月……天子乃鲜羔开冰,先荐寝庙。"郑玄注:"鲜当为献,声之误也。献羔谓祭司寒也,祭司寒而出冰,荐于宗庙,乃后赋之。《春秋传》曰:古者日在北陆而藏冰,西陆朝觌而出之。其藏冰也,深山穷谷,固阴冱寒,于是乎取之。其出之也,朝之禄位,宾食丧祭,于是乎用之。其藏之也,黑牡、秬黍以飨司寒。其出之也,桃弧、棘矢以除其灾。其出入也时,食肉之禄,冰皆与焉。大夫命妇,丧浴用冰,祭寒而藏之,献羔而启之。公始用之,火出而毕,赋自命夫命妇至于老疾,无不受冰。"杜预注"北陆":"陆,道也。谓夏十二月日在虚、危,冰坚而藏之。"注"西陆":"谓夏三月,日在昴、毕,蛰虫出而用冰。春分之中,奎星朝见而东方。"这里将"西陆"解释为春天。在这之后,西陆出现的频率不高,但是直至《后汉书·律历志》,词意仍然不变:"是故日行北陆谓之冬，西陆谓之春，南陆谓之夏，东陆谓之秋。日道发南，去极弥远，其景弥长，远长乃极，冬乃至焉。日道敛北，去极弥近，其景弥短，近短乃极，夏乃至焉。二至之中，道齐景正，春秋分焉。"但在其后的《隋书·天文志》中："日循黄道东行，一日一夜行一度，三百六十五日有奇而周天。（日）行东陆谓之春，行南陆谓之夏，行西陆谓之秋，行北陆谓之冬。"这里"西陆"就有了秋天的意思了。

37.《履春冰》 元和八年 进士科

《尚书·周书·君牙》："心之忧危，若蹈虎尾，涉于春冰。"孔安国传："言祖业之大，已才之弱，故心怀危惧，虎尾畏噬，春冰畏陷，危惧之甚。"

《诗经·小雅·小旻》："战战兢兢，如履深渊，如履薄冰。"

《诗经·小雅·小苑》："惴惴之心，如临于谷。战战兢兢，如履薄冰。"

38.《玉声如乐》 元和十三年 进士科

《礼记·聘义》："子贡问于孔子曰：'敢问君子贵玉而贱珉者何也？为玉之寡而珉之多与？'孔子曰：'非为珉之多故贱之也，玉之寡故贵之也。夫昔者君子比德于玉焉，温润而泽仁也，缜密以栗知也，廉而不刿义也，垂之如队礼也，叩之其声清越以长，其终诎然乐也。"郑玄注："乐作则有声，止则无也。越，犹扬也。诎，绝止貌也。《乐记》曰：'止如槁木。'"孔颖达疏："叩之其声清越以长其终诎然乐也者，越，扬也，诎，谓止绝也。言玉体以物叩击，其声清泠发越以长远，而闻其击之终音，声则诎然而止，不如钟声击罢犹有余音也。其为乐之法，初而发扬，乐罢则止如槁木，言玉体亦然，故云乐也。"

39.《鱼上冰》 约元和年间 进士科

《礼记·月令》："孟春之月……东风解冻，蛰虫始振，鱼上冰，獭祭鱼，鸿雁来。"正义："鱼当盛寒之时，伏于水下，逐其温暖。至正月，阳气既上，鱼游于水上，近于冰，故云鱼上冰也。"

40.《日南长至》 一作《日南至》元和年间 吏部试（博学宏词科）

《左传·僖公五年》："五年春，王正月辛亥朔，日南至。公既视朔，遂登观台以望。而书，礼也。凡分、至、启、闭，必书云物，为备故也。"

41.《莺出谷》 约元和、长庆间 进士科

《诗经·小雅·伐木》:"伐木丁丁,鸟鸣嘤嘤。(《传》:兴也。丁丁,伐木声也。嘤嘤,惊惧也。《笺》云:丁丁、嘤嘤,相切直也,言昔日未居位在农之时,与友生于山岩伐木为勤苦之事,犹以道德相切正也。嘤嘤,两鸟声也,其鸣之志似于有友道然,故连言之。)出自幽谷,迁于乔木。(《传》:幽,深。乔,高也。《笺》云:迁,徙也,谓乡时之鸟出从深谷,今移处高木。)嘤其鸣矣,求其友声。(《传》:君子虽迁于高位,不可以忘其朋友。《笺》云:嘤其鸣矣,迁处高木者,求其友声,求其尚在深谷者,其相得,则复鸣嘤嘤然。)"

42.《琢玉》 一作《赋得琢玉成器》 长庆二年 进士科

《礼记·学记》:"玉不琢,不成器。人不学,不知道。"

《韩诗外传》卷二:"玉不琢,不成器。人不学,不成行。家有千金之玉,不知治,犹之贫也;良工宰之,则富及子孙。"

43.《震为苍筤竹》 长庆四年 进士科

《周易·说卦》:"震为雷,为龙,为玄黄,……为苍筤竹。"疏:正义曰:此一节广明震象,为玄黄取其相杂而成苍色也。……为苍筤竹,竹初生之时色苍筤,取其春生之美也。

晚唐五代时期(敬宗宝历至五代后周显德年间)

44. *《早莺求友》 疑大和元年 进士科 不存

参见第41题《莺出谷》。

45.《春雨如膏》 开成五年或稍前 进士科

《诗经·小雅·黍苗》:"芃芃黍麦,阴雨膏之。"

《左传·襄公十九年》:"季武子如晋拜师,晋侯享之。范宣子为政,赋《黍苗》。(注:《黍苗》,《诗·小雅》,美召伯劳来诸侯,如阴雨之长黍苗也,喻晋君忧劳鲁国犹召伯。)季武子兴,再拜稽首曰:'小国之仰大国也,如百谷之仰膏雨焉。若常膏之,其天下辑睦,岂唯敝邑?'"

46.《济川用舟楫》 开成之前

《尚书·说命上》:"朝夕纳诲,以辅台德。若金,用汝作砺;若济巨川,用汝作舟楫;若岁大旱,用汝作霖雨。"

47.《府试水始冰》 会昌四年前 州府试

《礼记·月令》:"孟冬之月,……水始冰,地始冻,雉入大水为蜃,虹藏不见。"又见《大唐开元礼》卷一〇二《孟冬令》、卷一〇三《冬令》。

48.《国学试风化下》 会昌六年前 国学试

《文选》卷四五《毛诗序》:"故诗有六义焉:一曰风,二曰赋,三曰比,四曰兴,五曰雅,六曰颂。上以风化下,下以风刺上,主文而谲谏,言之者无罪,闻之者足以戒,故曰风。"李善注:"风化,风刺,皆谓譬喻不斥言也。主文,主与乐宫商相应也。谲谏,咏歌依违,不直谏也。"又云:"风,风也,教也;风以动之,教以化之。上以风化下,下以风刺上。"

49.《振鹭》 大中八年 进士科

《诗经·周颂·振鹭》:"振鹭于飞,于彼西雍。我客戾止,亦有斯容。"《传》:"兴也。振振,群飞貌。鹭,白鸟也。雍,泽也。客,二王之后。"《笺》云:"白鸟集于西雍之泽,言所集得其处也。兴者,喻杞、宋之君有洁白之德,来助祭于周之庙,得礼之宜也。其至止亦有此容,言威仪之善如鹭然。"

50. ＊《府试风雨闻鸡》 大中八年前 州府试

《诗经·郑风·风雨》:"风雨凄凄,鸡鸣喈喈。(《传》:兴也。风且雨,凄然,鸡犹守时,而鸣喈喈然。《笺》:云兴者,喻君子虽居乱世,不变改其节度。)""风雨如晦,鸡鸣不已。"

51.《原隰荑绿柳》 约大中年间 进士科

《文选》卷二二谢灵运《从游京口北固应诏》:"远岩映兰薄,白日丽江皋。原隰荑绿柳,墟囿散红桃。"李善注:"《大戴礼·夏小正》曰:正月柳梯。梯者,发孚也,桃则华。荑与梯音义同。"

52. ＊《东风解冻省试》 乾宁元年 进士科

《礼记·月令》:"孟春之月……东风解冻,蛰虫始振,鱼上冰,獭祭鱼,鸿雁来。"

53. *《询于刍荛》 乾宁二年 进士科覆试 不存

《诗经·大雅·民劳》:"我言维服,勿以为笑。先民有言,询于刍荛。"《传》:刍荛,薪采者。《笺》云:服,事也。我所言,乃今之急事,女无笑之。古之贤者有言,有疑事当与薪采者谋之,匹夫匹妇或知及之,况于我乎?

54. *《问善如扣钟》 乾宁四年 进士科 不存

《礼记·学记》:"善待问者如撞钟,叩之以小者则小鸣,叩之以大者则大鸣,待其从容然后尽其声。不善答问者反此。此皆进学之道也。"郑玄注:"始者,一声而已。学者既开其端,意进而复问,乃极说之如撞钟之成声矣。"

年代无考之诗

55. 《西戎即叙》

《尚书·禹贡》:"织皮昆仑、析支、渠、搜,西戎即叙。"《传》:"织皮,毛布。有此四国,在荒服之外,流沙之内,羌髳之属皆就次叙。美禹之功及戎狄也。"

56. 《三让月成魄》

《礼记·乡饮酒义》:"乡饮酒之义,主人拜迎宾于庠门之外。入,三揖而后至阶,三让而后升,所以致尊让也。……宾主象天地也,介僎象阴阳也,三宾象三光也。让之三也,象月之三日而成魄也。四面之坐,象四时也。"

57. 《海水不扬波》

《韩诗外传》卷五:"成王之时,有三苗贯桑而生,同为一秀,大几满车,长几充箱。成王问周公曰:'此何物也?'周公曰:'三苗同一秀,意者天下殆同一也。'比几三年,果有越裳氏重九译而至,献白雉于周公。道路悠远,山川幽深,恐使人之未达也,故重译而来。周公曰:'吾何以见赐也?'译曰:'吾受命国之黄发曰:久矣天之不迅风疾雨也,海不波溢也,三年于兹矣。意者中国殆有圣人,盍往朝之。于是来也。'周公乃敬求其所以来。诗曰:'于万斯年,不遐有佐。'"

《唐六典》卷四《尚书礼部》:"凡祥瑞应见,皆辨其物名,若大瑞。"原注:

"大瑞谓：景星、庆云、黄星、真人、河精、麟、凤、鸾、比翼鸟、同心鸟……海水不扬波之类，皆为大瑞。"

58.《笙磬同音》

《诗经·小雅·鼓钟》第四章："鼓钟钦钦，鼓瑟鼓琴，笙磬同音。"《疏》："正义曰：毛以为幽王既作淫乐失所，故言其正者。言善人君子皆鼓击其钟，则其声钦钦然，人闻而乐进其善。又鼓其琴与瑟，又击其堂下东方之笙磬，于是四县之乐皆得和同其音矣。琴、瑟，堂上也；笙、磬，堂下也。是上下之乐得所。"

59.《泗滨得石磬》 晚唐

《尚书·禹贡》："峄阳孤桐，泗滨浮磬。"孔安国注："泗水滨涯也，水中见石，可以为磬也。"《疏》：传正义曰：泗水旁山而过石为泗水之涯，石在水旁，水中见石，似若水上浮然，此石可以为磬，故谓之浮磬也。贡石而言磬者，此石宜为磬，犹如砥砺然也。

60.《鹤鸣九皋》

《诗经·小雅·鹤鸣》："鹤鸣于九皋，声闻于野。"《传》："兴也。皋，泽也。言身隐而名著也。"《笺》云："皋泽中水溢出所为坎，自外数至九，喻深远也。鹤在中鸣焉，而野闻其鸣声。兴者，喻贤者虽隐居人咸知之。"按：《鹤鸣》诗小序云："《鹤鸣》，诲宣王也。"《笺》："诲，教也，教宣王求贤人之未仕者。"

61.《戛玉有余声》

参见第38题《玉声如乐》。

62.《白珪无玷》 疑晚唐时

《诗经·大雅·抑》："白圭之玷，尚可磨也。斯言之玷，不可为也。"

63.《言行相顾》

《礼记·杂记下》："有其言，无其行，君子耻之。"

《礼记·缁衣》："可言也，不可行，君子弗言也。可行也，不可言，君子弗行也。则民言不危行，而行不危言矣。"郑玄注："危，犹高也。言不高于行，行不高于言，言行相应也。"

《礼记·中庸》："言顾行，行顾言，君子胡不慥慥尔？"郑玄注："君子，谓众贤也。愉愉，守实言行相应之貌。"

64.《白受采》

《礼记·礼器》："君子曰：甘受和，白受采。忠信之人，可以学礼。苟无忠信之人，则礼不虚道，是以得其人之为贵也。"郑玄注："道，犹由也、从也。"《疏》：正义曰：前文观仁义之道，礼为其本。此经明学礼之人，唯须有忠信。甘受和、白受采者，记者举此二物，喻忠信之人可得学礼。甘为众味之本，不偏主一味，故得受五味之和。白是五色之本，不偏主一色，故得受五色之采。以其质素，故能包受众味及众采也。忠信之人可以学礼者，心致忠诚，言又信实，质素为本，不有杂行，故可以学礼也。苟无忠信之人则礼不虚道者，苟犹诚也，道犹从也，言人若诚无忠信为本，则礼亦不虚空而从人也。言虽学礼而不得也。是以得其人之为贵也者，其人即忠信之人也，学礼得忠信之人，则是礼道为贵也。

今就上所论述，另制《应试诗题关涉儒经数量表》如下①：

时代经典	初盛唐时期	中唐前期	中唐中期	中唐后期	晚唐五代	年代无考
礼记	4（1）②	2（2）	10（3）	5（2）	4（2）	4
周礼			2			
仪礼						
左传	1	1	2		1	
诗经（含韩诗外传）	1	1	3	3	6	4
周易	1			1		
尚书	1	1	4	3	1	2
尔雅	1					
论语			2			

---

① 若单题同见于几部经典，则几部经典各算出现一次；若单题分见于同部经典的几篇中，则出现数量仍算作一次。

② 括号中数字为《礼记·月令篇》出现次数。

就上表来看,《礼记》的分布时期和出现次数是儒家经典中最稳定的,且总次数最多。数量第二多的为中经中的《诗经》,如果排除《韩诗外传》,其数量当下降一些。从大经的内部来看,《左传》明显不及《礼记》;而就三礼内部而言,《礼记》的出现次数又远远超过《周礼》《仪礼》。这里所反映出的趋势,与前文在明经科所分析的唐代士人重《礼经》、轻他经的风习,具有某种同步性。

此外,需要特别指出的是,《礼记》中的《月令篇》出现频率较高。据《唐会要》记载:"(天宝)二年三月,《礼·月令篇》宜冠众篇之首,余旧次之。"① 可知,从唐玄宗天宝二年(743)开始,《月令篇》在《礼记》诸篇中的地位得到提升。当时,李林甫等人曾注有《月令》一卷,晚唐时朝廷重新规定的儒家法定学习教材,曾特别强调诸生习《礼记》者,必须加修盛唐人所注的《月令》一卷②。凡此皆可看出《月令篇》得到唐代社会的高度重视,那么应试诗题频繁涉及《月令》一篇,便绝非偶然。由唐代应试诗题的命题倾向,确实可以窥见唐代社会风习的某些迁转流变。

四、结语

综上所述,本文可以得出如下一些结论:

第一,通过以明经科为中心的唐代科举考试内容的考索,发现唐代士人较为重视《礼记》,而轻视《左传》《公羊传》《穀梁传》《仪礼》《周礼》等五经。

第二,通过对现存唐五代应试诗题的分析统计,可以知道应试诗题涉及儒家经典者,以《礼记》居多,《仪礼》《周礼》少有取材。这一趋势与明经各科考试中的重《礼记》现象是相同的,值得学界注意。

第三,鉴于明经、进士二科在唐代科举体系中的地位,我们可以说唐代科举中存在着重《礼记》之风。由于唐代科举与唐代社会思想文化存在极深的互动,

---

① 《唐会要》卷七五《贡举上·明经》,第 1374 页。按,"余旧次之",四库本作"余依旧次"。
② 详参杨智磊、王兴亚主编《中国考试管理制度史》第五章"唐五代科举考试的昌盛与管理制度"第四节"唐代各类考试内容、方法与宏观调控"之"教材建设",中州古籍出版社,2007 年,第 189—193 页。

不妨说科举中的重《礼记》之风植根于唐代社会思想文化中，体现着唐代社会世风、习尚的某些迁移转变。

  由此可以看出，如果越出科举的樊篱，将视野投向更为广大的社会思想领域，我们将发现唐人之重《礼记》，有着更为深层的原因。日本学者副岛一郎曾撰文探讨唐代礼学的变化①，特别强调唐代《仪礼》学的衰落，代表的是六朝丧服之学的衰退，其背后既有入唐以后，汉魏六朝谨宗族观念淡化的因素；也有因科举导致的社会阶层流转变动所带来的影响。同时，他从中唐儒学演变的角度，认为《仪礼》学的衰退，也是源于儒者思考的重点已从"礼乐"向"仁义"转变。不过，该文的论述中心尚集中在《仪礼》、"礼乐"一面，对于《礼记》和"仁义"尚未充分展开。实际上，唐代士人之竞习《礼记》，并非简单源于它与其他经文的难易对比，而在于《礼记》中的某些思想体系和认识，比较切合唐人的思想转变，代表了一种新的思潮。囿于篇幅，关于重《礼记》之风兴起原因的研究，此处暂略，将另拟专文讨论。

---

  ① 见《从"礼乐"到"仁义"——中唐儒学的演变及其背景》，原刊于《集刊东洋学》第 77 号，1997 年 5 月。后收录于副岛一朗著，王宜瑷译《气与士风——唐宋古文的进程与背景》一书。该书为王水照主编《日本宋学研究六人集》之一，上海古籍出版社，2005 年，第 81—100 页。

"儒家角色伦理学"：由来与实质*

青岛科技大学　李玉良

经济全球化和国际政治一体化趋势，为新时代人类和平与发展提供了一定的空间，但也大大加剧了全球性竞争。在这一过程中，世界正面临一场史无前例的伦理危机。尤其是西方资本主义世界，已陷入了不断加深的"现代性"文化危机。② 这一危机，对资本主义社会发展乃至生存，产生了日益严重的威胁。在此历史条件下，西方思想界试图在西方意识形态体系之外找到一条有效解决其伦理危机的道路。随着儒家典籍在西方的传播，儒家"仁""礼""和""孝"等伦理观念已经进入了西方思想界的视野，并正逐渐成为其解决伦理危机的理论选项。西方思想界对儒家思想的态度不外乎三种：有的学者以西方伦理思想为本，运用西方伦理思想框架解释儒家伦理思想，将其纳入西方伦理学传统，以丰富西方伦理学内涵；有的试图以儒家思想为基准，反思和改造西方伦理观念；有的则倾向于从《论语》《孟子》《荀子》和《礼记》等早期儒家思想中发现不同于西方伦理传统的伦理价值，以求解决当下世界性伦理危机。"儒家角色伦理学"的产生，当属于第三种类型。鉴于"儒家角色伦理学"的复杂性及其在世界范围内已经产生的影响，在此有必要对其由来和本质做系统的梳理和分析。

一、"儒家角色伦理学"的发端与发展

"儒家角色伦理学"自发端以来，迄今不过 20 年的时间。罗思文于 1991 年在

---

* 本文为国家社科基金研究项目"儒家经典翻译传播与国家文化软实力建设研究"（项目编号：13BYY036）的研究成果之一。

② 郝大维、安乐哲《"现代性"的社群主义视野："儒家民主"如何可能?》，自 http://cul.qq.com/a/20150513/007698.htm.

《拥有权利的个人与担当角色的个人》一文中首次提出与"拥有人权"(rights-bearing)相对的"担当角色"(role-bearing)的伦理概念。罗思文指出:在儒家伦理思想传统中,一个人生活在几个社会角色之中,个人是不同社会角色的集合体,个性和身份不是完全由个人自己获得的,而是在社会关系中由他人所共同赋予的,因此是相对的,比如学生决定了教师的身份,妻子决定了丈夫的身份;社会关系用"礼",即用礼节、习俗、传统来调节,人们通过履行由社会关系所规定的义务实现人道;在关系中的行为为所有的行为赋予了美学价值;从履行对生者和逝者的义务过程中,先代儒者发现了一种真正的精神上的超然形式,即穿越生存环境的能力,并赋予我们的个性以普通的人性意义。罗思文希望建立一种伦理或政治理论,其中不再使用诸如自主个人、选择、自由、权利等概念,不再使用抽象原则,而是以早期儒家伦理思想取而代之。罗思文认为,这样做不仅对西方伦理学研究是一个贡献,对重构西方哲学学科也是一个贡献。儒学能够回答一个社会在当前资源短缺的情况下,如何将生活必需品进行最优分配的问题。儒学经久不衰的巨大生命力和深远的影响力已经充分说明它是世界上最伟大的哲学,绝不能以其古老为借口,将之弃若敝屣。罗思文对个人生活角色的论述,可以看作是"儒家角色伦理学"的发轫,但他在这里尚没有使用"儒家角色伦理学"(Confucian role ethics)的概念。7年后(1998),安乐哲、罗思文共同翻译出版《论语》译本《论语的哲学诠释》一书。译本前言中,两位译者又一次提到角色(roles)的概念,认为儒家观念中的人都是具体的"礼节化了的人"(ritualized persons),但书中没有对角色伦理学做任何新的、系统的理论论述。

2009年,罗思文又发表《"儒家角色伦理学"——和谐21世纪的模式》一文,进一步论述了"儒家角色伦理学"的社会根源、基本内容和社会功用。对于当代西方的社会矛盾,罗思文的基本观点是:第一,资本主义不停地进行利益角逐,全球竞争日益加剧,使世界失去了正义。联合国虽然是目前世界上最理想的民主模式,但实际上它是由大国操纵,并无真正的民主可言。联合国实质上就是利益角逐的竞技场。第二,资产阶级自由和民主剥夺了他人的权利,使社会失去了应有的公正。罗思文把自由划分成一代自由(first generation freedom)和二代自由（second generation freedom）。长期以来，一代自由统治着美国的政治与经济，不降低一代自由的地位，就会阻碍二代自由的实现以及与之相伴的社会公正。第三，个人主义、利己主义思想观念使社会陷入无休止的利益争斗，腐蚀了社会道德，社会正义沦丧，资本主义社会处在分崩离析的边缘。罗斯文说："我们太容易忽视社会交往、对他人的义务和共同人性；自由以牺牲社会公正为代价，民主成为相互竞争的利益集团决斗的竞技场。"针对这些问题，罗思文指出：儒家思想是利他主义，利他主义可以穷尽道德可能性；儒家思想是拯救世界未来的哲学体系，有很强的适应性，可以把世界上各民族团结到一起。关于儒家伦理思想，罗思文的基本认识是：第一，儒家思想认为人在关系中生活，在关系中担当一定的角色。他说，"我们最初的和最基本的角色是作为孩子，孝是儒学中最高的德"，"我们从最初的孩子角色，慢慢成熟成了父母，也学会了担当许多别的角色和相应义务。这些角色之间的关系是相互的，最终可以一般化为施惠者和受惠者之间的关系。我们总是在施惠者和受惠者角色之间来回变动。我们生活的所有角色综合在一起，使我们成为实实在在的人。我们担当与我们自己的角色相应的义务，他人担当与他自己的角色相应的义务，这使每个人拥有了尊严、满足和人生意义"。第二，儒家也重视自我，但儒家的自我与西方的"个人"观念不同。"儒家的自我不是自由、自治的个人，而是关系中的个人。我是一个儿子、父亲、母亲、祖父、学生、老师、朋友、同事、邻居等。我不是扮演这些角色，而是以这些角色生活，角色与角色之间的关系明确以后，我也就成为一个彻底的公正而独特的个人，这样的个人几乎没有空间去组成一个自治的个体，自由地与另一个人理性地签订互利的协议以获取各自的利益。"第三，社会的核心是家庭。儒家认为，中央政府是重要的，家庭和国家不是相互对立的，而是相辅相成的。2000多年前荀子就提出，政府为社会提供安全保障，并为穷人提供福利。但是，如果社会福利一味让人们成为受惠者，就会失去其作用。要活的有尊严，每个人都应该对社会有所作为，有所贡献。第四，"和"应该成为我们的目标。我们不必牺牲个人主义的积极因素，尤其是我们的独特个性，去获取这一目标，因为君子和而不同。"和"的主要意义是和而不同。他打比方说，乐曲要和谐，就需要不同的音质以及高低音的协和，做佳肴需要不同的作料，所以"和"要有不同的元素。这些元素实际上就是人在社群中所担当的不同角色，以及人的不同个性。

2010 年，安乐哲发表《在"儒家角色伦理学"中获得个人身份：唐君毅论作为行为的人性》，强调人的修养和个性获得的重要性。这与先前罗思文关于人的个性和身份不是由个人自己获得，而是由社会赋予的观点正好相反。安乐哲认为，家庭的意义寓于其对家庭成员的教养和依赖，同理，宇宙的意义寓于其对家庭成员和社会成员的教养和依赖。个人价值是人类文化的源泉，而人类文化反过来成为为个人修养提供环境的资源集合。但是，对于修身的道德标准和原则，安乐哲似乎采取了实用主义的观点，他说孔子从不依靠形而上的假说和超自然的思辨，而是尽量把当天发生的事情用于提高个人价值的说教。所以孔子从来不试图建立人人须遵循的人格类型，而仅仅讲述人是如何在社会中修身并赢得尊敬的。

2011 年，安乐哲、罗思文合作发表《早期儒者有美德吗？》一文，主张不可把一个与西方哲学完全不同的"儒家角色伦理学"改头换面，然后装进某个西方伦理学框架。儒家伦理观念是并行性的、交易性的和反射性的。而与此相应的康德伦理学则是单边伦理，依靠独立的、本质正义的、具体化的人性观念。在个体主义问题上，儒家伦理也不同于亚里士多德伦理学。前者把美德看作是关系性和交易性的"技艺"（virtuosity），而后者把美德看作是具体的个人能力。

2012 年，罗思文发表《〈论语〉读者指南》一文，再次论述儒家角色伦理观。他认为，儒家伦理不像西方伦理学那样具有理论系统性，但它却揭示了人们在社会生活中以角色承担义务和接受利益的基本生活方式。儒家伦理以家庭生活为根本，以家庭成员关系为基本原型，揭示了人的角色及其变化，和与之相应的义务与利益关系。在家庭意义上，一个人的角色会发生变化，比如可以从儿子的角色变成父亲的角色，相应地其角色价值也从受惠者变成施惠者。把家庭培养出来的角色和关系观念推而广之，就可以成为社会上君臣之间、朋友之间、上下级之间等关系的范例。在这里，罗思文回应了学术界对角色伦理学的批评，即角色伦理学缺乏普遍伦理原则和标准的问题。如臣在事君的过程中，发现君为昏君时，一般应该采取什么行动的问题。他说，儒家伦理理论中找不到普遍标准与抽象原则。臣的行动决定取决于君是否能改过，能改过则继续事之；君若不能改过，则臣可以效法文王武王，对昏君进行革命；或者国若不治，则臣可以退而修身。罗思文认为，儒家在决定臣的进退问题上，没有普遍而万能的解决办法，但人们总能根据事情的具体情况找到适当的解决办法。

2013 年，安乐哲发表《儒家的角色伦理学与杜威的实用主义》，重申"儒家角色伦理学"的角色生活关系的观念和特色。"首先，儒家角色伦理学坚持关系的重要性，排除终极个体性（final individuality）的任何观念。孤立的个人是概念抽象的产物，严格的自治是一种虚构的误导；而人与人的交往才是事实。我们生活出来的角色就是这样以种方式，即事实上的交往进一步被规定和具体化。我们强调，放弃地位更高的'自我'，并非放弃个人的独特性，而是强化了个人的独特性。这就是说，自然的物种（natural kinds）认为，一种共有的人类本性和一种伴随性的本质的自我，降低了个人的差别的程度，我们在儒家的人的观念中发现，人总是在具体的关系中，由动态的多样性而组成。"① "仁是在人的自我行为与那些身边的模范行为的互动过程中不断培养出来的，并不是在对抽象道德原则的直接行动中达成的。"② 安乐哲也重申了"儒家角色伦理学"的过程性和经验性："儒家角色伦理学是一种较之于上面引述的假定（putnum）更为根本，反对任何将个体身份与经验世界相分离的理论。角色伦理学超越和突破了'思想'与'语言'，进入经验，找出实际的经验语境中人的身份，通过人们在适当得体的角色和关系（礼）中演化发展。"③ 安乐哲对儒学的最高价值定位是儒学没有西方哲学将"人"简化和抽象化的弊端，"这种整体论的哲学是建基于关系的首要性之上，而

---

① 安乐哲著，《儒家的角色伦理学与杜威的实用主义——对个人主义意识形态的挑战》，李慧子译，载《东岳论丛》2013 年总第 34 卷第 11 期。
② 安乐哲著，《儒家的角色伦理学与杜威的实用主义——对个人主义意识形态的挑战》，李慧子译，载《东岳论丛》2013 年总第 34 卷第 11 期。
③ 安乐哲著，《儒家的角色伦理学与杜威的实用主义——对个人主义意识形态的挑战》，李慧子译，载《东岳论丛》2013 年总第 34 卷第 11 期。

且挑战一种基础性的自由主义个人主义"①,所以能够维护真正的社会平等、民主和正义。②

2014年,安乐哲发表《〈论语〉中的孝——儒家角色伦理与代际承传之动力》,对家庭生活和孝对儒家角色伦理的根本作用以及角色伦理的社会政治功能做了较深入的论述。安乐哲认为,《论语》所崇尚的事实就是"人与人之间相互关联的生活"③。既然人的生活是彼此相互关联的,人们在家庭和社会上所担当的不同生活角色也就规定了关联性生活的具体模式。如果我们将关联性生活状态视为一个简单事实,那么用以激发并促成人们在家庭、社会以及较为宽泛的文化叙事中的角色生存技艺的"仁"(完美的行为),就是一个意义不菲的成就。家庭和社会角色本身会逐渐形成规范力,并成为人们应当如何继续生活和应当做什么的指导原则。安乐哲坦言,正是这种旨在最大限度地利用关联性生活提高和改善我们的生活角色与人际关系的持续不断的过程,促使我们把儒家道德描述为一种角色伦理,并主张"儒家角色伦理学"是一种有别于西方哲学而自成一格的伦理学取向。比罗思文更进一步的是,安乐哲在这里谈到了关联性生活对于个人修身的依赖性。他说:

> 在这种持续行进的并行的和不断辐射的关联性生活中,相互依存的人际关系像一个树冠不断扩展,逐渐勾勒出家庭、世系、邻里、社区和村落等各种不同的社会层面,每一个层面都要求个体对其主流社会伦理有所贡献。这一切都植根于一个人特定的、变化着的关系网中的独特修养。④

---

① 安乐哲著,《儒家的角色伦理学与杜威的实用主义——对个人主义意识形态的挑战》,李慧子译,载《东岳论丛》2013年总第34卷第11期。
② 安乐哲著,《儒家的角色伦理学与杜威的实用主义——对个人主义意识形态的挑战》,李慧子译,载《东岳论丛》2013年总第34卷第11期。
③ Ames, Roger T.. "Family Reverence (xiao 孝) in the Analects: Confucian Role Ethics and the Dynamics of Intergenerational Transmission". Vencent Shen (ed.), Dao Companion to the Analects, Dao Companion to Chinese Philosophy, 2014, pp. 119-122.
④ Ames, Roger T.. "Family Reverence (xiao 孝) in the Analects: Confucian Role Ethics and the Dynamics of Intergenerational Transmission". Vencent Shen (ed.), Dao Companion to the Analects, Dao Companion to Chinese Philosophy, 2014, pp. 119-122.

安乐哲明显把个人修养看作社会伦理的成分和基础,或者说社会伦理是个人修养之集合。此外,安乐哲引用《论语》中齐景公向孔子问政时孔子的回答"君君,臣臣,父父,子子",论述了"儒家角色伦理学"对于社会政治的重要作用。他甚至进一步演绎说:"如果我们不能有效地履行自己的角色义务的话,社会与政治秩序就会彻底崩溃。"①

二、"儒家角色伦理学"的实质与弊端

经过二十几年的发展,"儒家角色伦理学"的理论形态似乎越来越趋于成熟。从概念本身来看,"儒家角色伦理学"的确属于创造,它被明确贴上了"儒家"的标签,似乎是纯粹的儒家传统思想。这的确让世界哲学界,包括中国哲学界颇有些迷惑。"儒家角色伦理学"的理论形态既如上文所述,那么,其实质究竟如何?我们从以下几个方面来做分析。

第一,"儒家角色伦理学"是对儒家伦理思想普遍性和原则性的解构。

在罗思文和安乐哲的眼里,儒家讲究仁、孝、礼、和,所以注重生活关系,讲究人在家庭和社会中的角色和责任。于是有了"角色伦理学"的理论推演。按照角色伦理学的逻辑,人从一出生就生活在家庭角色与责任关系中,在家庭关系中培养了责任与义务意识,并将其在社群乃至社会上推而广之。家庭和社会关系是责任与利益关系,每个人的角色在不停地转化,与角色相关联的责任和利益关系也随之转化,并保持一种相对平等关系。因此,儒家伦理是非个人主义的社群主义伦理。儒家所讲的仁、孝、礼、和等观念也都是为保持关系而必须有的模范行为。这些观点反映了儒家伦理思想的某些特征,但并没有理解儒家仁、孝、礼、和的真谛。在儒家思想中,人的内在修养是第一位的。"仁"则是人之所以为人的最高美德,在儒学传统中被认为是"本源性的""万物的根本",是"形上之爱",

---

① Ames, Roger T.. "Family Reverence (xiao 孝) in the Analects: Confucian Role Ethics and the Dynamics of Intergenerational Transmission". Vencent Shen (ed.), *Dao Companion to the Analects*, *Dao Companion to Chinese Philosophy*, 2014, pp. 119-122.

也是"形下之爱";① 孝是"天经地义";"礼"是"仁"的外化,是人所以有别于物的观念和行为,"和"是人与人相处最高的目标和准则;儒家以修身为本,和谐的生活关系则是修身的自然结果,而且人在和谐的生活关系中相互之间并没有利益的诉求,而是要"己欲立而立人,己欲达而达人"。因此,儒家思想中人与人之间的关系是基于非利益导向的、自然和谐的关系,并非只有消极的获得。而罗、安所见,"仁""孝""礼""和"只是人在角色关系中的行为,儒家伦理只是为关系而关系,而且关系的本质是互惠互利。这实际上就违背了儒家道德的根本精神。"儒家角色伦理学"对"角色"的理解也十分片面。如安乐哲常以齐景公与孔子的对话"君君、臣臣、父父、子子"为例证明儒家的"角色伦理"思想,其实,这种理解忽视了《论语》的历史语境,因此是错误的。齐景公与孔子这番对话的实际历史背景是,齐景公作为大国君主,到了向孔子问政之时,早已骄奢淫逸,尽失君主之德。孔子以"君君、臣臣、父父、子子"回答齐景公,其用意是告诫他,当君主要尽到自己的本分,并无"角色"的含义。为了避免"角色"有被"扮演"的虚伪性,安乐哲强调人是在角色中生活,不是在关系中"扮演"角色。然而,即使"儒家角色伦理学"的"角色"是"生活角色",若没有普遍的道德原则可遵循,人们的生活也会为物质利益所蒙蔽。斯蒂芬·C. 安格勒对"儒家角色伦理学"的批评颇为中肯。他认为"儒家角色伦理学"是安乐哲和罗思文杜撰的术语,与西方哲学所谈的角色伦理学没有谱系关系或概念上的联系。"儒家角色伦理学"是安乐哲和罗思文过于强调孔子儒学和西方道德哲学及德性伦理学之间的差异性,否定相似性,竭力避免中西比较哲学不对称性的结果。它过于强调儒学的反基础性、反本质性的过程性。在安乐哲和罗思文的眼里,西方哲学是抽象的普遍主义,而儒家哲学的灵魂是强调具体和特殊。但是,"儒家角色伦理学"强调一个父母必须以别的父母为榜样,一个孩子必须以别的孩子为榜样,那么其所面临的困难是,如果天下所有的父母大都是不良父母,那么一个人就会不得不以

---

① 黄玉顺《论"仁"与"爱"——儒学与情感现象学比较研究》,载《东岳论丛》2007 年第 6 期。

不良父母为榜样。这样一个没有基础道德原则的社会是无法健康发展的。① 近年来，安乐哲开始强调角色伦理学个人修身的重要性，但仅仅提到修身与个性完善的关系，却仍没有看到儒家的人格标准是君子，而君子的道德准则是天地之道，即"天行健，君子以自强不息；地势坤，君子以厚德载物"。"儒家角色伦理学"发展到今天，其经验性、过程性以及无原则性日渐突出，强调仁人是叙事性的，不是分析性的，坚持所谓"（仁）人在与周围模范的互动行为中被不断熏染和教化后形成了一整套自己的行动，而不是按照抽象的道德原则去行动"②。这里虽然有反对西方抽象道德原则及其所导致的非正义与不平等的旨归，但无疑又倒向了以"有效"论和相对主义为根本特征的美国新实用主义哲学。安乐哲说："我们会发现，和康德、边沁、穆勒致力于研究的普遍性不同，儒家研究的是典型和彻底的独特性。因此要在儒家的文本中寻找一些普遍的道德原则，是根本不可能的。在中国经典文本中很难找到一种道德判断的根本基础，这正如让一个康德主义者将具体的文化都考虑在内，并将其作为条件，使得绝对命令（Categorical Imperative）有效。"③ 这实际上是从一个极端走向了另一个极端，其实质是用片面的理解直接解构了儒家伦理思想内在的原则性和普遍性。

第二，"儒家角色伦理学"是对西方抽象民主与自由，以及个人主义和利己主义意识形态的否定。

在安乐哲和罗思文看来，西方公司资本主义、第一代自由、第二代自由、个人主义和利己主义等资产阶级意识形态，已经将西方社会推入严重的伦理危机，使社会公平正义面临着巨大威胁。罗思文批判了西方民主与自由的抽象性与空洞

---

① Ames, Roger T.. "Family Reverence (xiao 孝) in the Analects: Confucian Role Ethics and the Dynamics of Intergenerational Transmission". Vencent Shen (ed.), *Dao Companion to the Analects*, *Dao Companion to Chinese Philosophy*, 2014, pp. 119-122.
② 安乐哲著《儒家的角色伦理学与杜威的实用主义——对个人主义意识形态的挑战》，李慧子译，载《东岳论丛》2013年总第34期。
③ 安乐哲著《儒家的角色伦理学与杜威的实用主义——对个人主义意识形态的挑战》，李慧子译，载《东岳论丛》2013年总第34期。

性，揭露了资本主义世界极端个人主义与利己主义对社会及真正的民主自由的破坏性。安乐哲对西方资本主义社会中公平正义的缺失进行了批判："工业民主和世界上其他的大多数民主，被公司资本主义所占据，这种公司资本主义更为注重程序上的正义，因为如此可以增加少数者的利益，而不利于多数人分配正义。因此，学术和政治的力量在捍卫和保护道德上所做的努力越是成功，我们得到的社会正义就越少。换言之，从注重分配正义的杜威或从儒家思想的角度来看，享有精英和少数特权者的个人自由，是以牺牲世界上大多数人的社会正义为代价的。"① 因此，西方世界所熟悉和一直占主导地位的意识形态必须被西方文化传统之外某种思想所取代，以化解西方社会与道德危机。安乐哲与罗思文认为，儒家伦理学可以担当这一重任。在向西方介绍中国哲学和中国文化的过程中，他们试图通过使用常用的范畴，将这些古老传统得以理论化和现代化。安乐哲说：

> 儒家角色伦理学是一种尝试。它尝试着表达一种道德哲学（sui generis moral philosophy），让这种传统发出自己的声音。这种整体论的哲学是建基于关系的首要性之上，而且挑战一种基础性的自由主义个人主义。这种个人主义将人定位为不相关联的、自治的、理性的、自由的、时时自利的个体。儒家角色伦理学从人的概念的关系构成开始，将家庭角色和关系作为发展完善道德的切入点，援引道德想象和在关系中的成长，作为人类道德的本质，其中包含以人为中心的宗教感……②

这种否定可谓是切中了西方社会政治与意识形态的要害。

第三，"儒家角色伦理学"是个人主义意识形态与儒家伦理思想的调和。

但是，角色伦理学的弊端是十分明显的。罗、安既看穿了西方意识形态的劣

---

① 安乐哲著《儒家的角色伦理学与杜威的实用主义——对个人主义意识形态的挑战》，李慧子译，载《东岳论丛》2013年总第34期。
② 安乐哲著《儒家的角色伦理学与杜威的实用主义——对个人主义意识形态的挑战》，李慧子译，载《东岳论丛》2013年总第34期。

根性，却又难以从根本上予以扬弃，而是试图将儒家思想对西方个人主义意识形态进行调和。"儒家角色伦理学"作为两者调和的产物，并没有从根本上脱离西方个人主义的利益观。罗思文从一开始就想在儒家"和"思想与西方盛行的个人主义思想之间寻求调和，并走出一条中间道路。他把儒家"和"思想打了一个生动的比方："'和'只有在共同目标的基础上才能获得：熟练演奏的赞歌或交响乐，创造出的味觉上的快乐，家庭的兴旺，都是如此。在'和'观念的基础上，别的目标也能成功获得，如突出文化价值的目标。"这说明，罗思文并没有真正理解儒家"和"思想的本质。因为"共同目标"在他的眼里就是利益。罗思文将孔子"老吾老以及人之老，幼吾幼以及人之幼"看作是"在代际语境下以施惠者和受惠者的角色与人交往"。[1] 在郝大维和安乐哲眼里，儒家思想是实用主义的，与美国新实用主义哲学有着本质的联系。"实用主义意识在亚洲有着很久的、地位很突出的历史，而其形式则是儒学的思想。新实用主义的对立话语可能提供一种更有希望的语言，以便与亚洲文化特别是中国文化进行合作，它比起由启蒙运动纯理性造成的语言更有希望。极具重大意义的东、西方对话可能在西方的新实用主义和亚洲新儒学之间展开"。[2] "儒家角色伦理学"极力将儒家伦理经验化和过程化，抹灭其内在的原则性和普遍性。安乐哲称："'儒家角色伦理学'反对未加批判的本质本体论。西方本体论深藏一种个体的观念，它要求行为主体与行为本身相分离。仁的观念在'儒家角色伦理学'具有核心意义，它没有如本体论所谓的主体、行动二分。"[3] 在其《论语》译本中，安、罗极力将儒家伦理概念行为化、经验化、过程化，抹灭其中的隐含原则，试图将其与杜威的新实用主义观点取齐。安乐哲在关于"儒家角色伦理学"的论述中对此直言不讳："这两种哲学（指儒学与实用主义。作者注）都源于一种关系性的和动名词性的独特的人的观念，这种

---

[1] Rosemont, Henry Jr.. "Confucian Role Ethics: A Model For 21st Century Harmony?" *Journal of East-West Thought*, 2009, pp. 87-100.

[2] 郝大维、安乐哲《"现代性"的社群主义视野："儒家民主"如何可能？》，自 http://cul.qq.com/a/20150513/007698.htm.

[3] 安乐哲著《儒家的角色伦理学与杜威的实用主义——对个人主义意识形态的挑战》，李慧子译，载《东岳论丛》2013年总第34期。

观念全然不同于一种基础的个人主义的观念。这两种哲学坚持认为，要对任何的人类经验进行理论化，必须以经验为依据，并且在每天的日常生活中找到它的最终保证。这两种哲学在这个层面上达到了顶峰。"① 诚然，实用主义化的儒家伦理的确可以在一定程度上抵消西方抽象民主与自由所造成的社会不公，但实用主义的弊端是不言而喻的：尽管杜威实用主义反对极端个人主义，主张概念和理论的真理性的普遍特色和公众特色，但仍然把满足人的愿望和目标当作真理的标准。而人的愿望往往是与道德相矛盾的。以服务愿望为目的的伦理学岂能换来社会公平和人类的共同未来。

三、结论

在当今世界伦理危机遍布的时代，"儒家角色伦理学"在西方产生是一个自然而然的哲学现象。从理论动机上来看，"儒家角色伦理学"的创生有善的目的，其最大目标是实现西方新实用主义和儒家传统的实用主义的对话，并借鉴儒家思想复活实用主义哲学，以解决世界范围内的"现代性"文化危机。从理论形态上看，"儒家角色伦理学"是在安乐哲、罗思文强调儒家哲学的独特性的视野下创立的，而实质上它在排斥西方抽象的哲学传统的同时，走向了具体和实用的另一极端——与美国新实用主义哲学联姻。其在本质上并没有摆脱利己主义和个人主义观念的束缚，其灵魂仍是实用主义哲学。从人性和社会发展的根本规律来看，由于"儒家角色伦理学"内在的反原则性、普遍性及相对主义本质，其能否担当从根本上拯救世界于道德危难的大任，引领全人类走向真正光明的未来，尚需时间的检验。从文化传播的观点而言，我们应当继承和发扬儒学伦理思想的真义，建设有利于全世界长治久安和全人类社会健康发展的儒家"王道"伦理学。对此，中国哲学界应该加强理性审视。但是，我们也应该理解，作为美国社会伦理思想历史性变迁的一种理论形态，"儒家角色伦理学"，无论其与儒学一致与否，它毕竟是美国伦理学历史发展逻辑中留下的一个深深的足迹。

---

① 安乐哲著《儒家的角色伦理学与杜威的实用主义——对个人主义意识形态的挑战》，李慧子译，载《东岳论丛》2013年总第34期。

评美国汉学家海陶玮《中国文学中的个人主义》

北京外国语大学 刘丽丽

一

詹姆斯·罗伯特·海陶玮（James Robert Hightower）是美国著名汉学家，主要研究中国古典文学，代表著作有《韩诗外传译注》（*Han Shih Wai Chuan: Han Ying's Illustrations of the Didactic Application of the Classic of Songs*）、《中国文学论题》（*Topics in Chinese Literature*）、《中国诗歌研究》（*Studies in Chinese Poetry*，与叶嘉莹合著）、《陶潜诗集》（*The Poetry of Tao Qian*）等。海陶玮受法国、德国等传统汉学和中国传统治学方法影响较深，汉学研究方法基本上属于传统汉学的范畴。但是，由于自身的西方学术背景，他也试图用西方的思想理念和文学术语来阐释中国文学，论文《中国文学中的个人主义》①（Individualism in Chinese Literature）就是一个比较典型的例子，这篇论文是海陶玮参加 1960 年 9 月 1 日在英国剑桥大学彼得豪斯学院举办的世界社会思想史会议上提交的论文，并于 1961 年在《思想史研究学刊》（*Journal of the History of Ideas*）发表，论文以比较文学与跨文化的视角，用西方哲学思想特别是美国社会中的核心理念——个人主义，对中国古典文学进行了考察和评论。

二

海陶玮在该文中的主要观点是："中国文学以反映社会整一性作为其主要基调……这种本质上的保守是中国作品风格的首要特质，比起他所写的内容或者他的

---

① James Robert Hightower. "Individualism in Chinese Literature". *Journal of the History of Ideas* (Vol. 22, No. 2), Apr. —Jun. 1961, pp. 159–168.

那个时代（后者不是显而易见的），这种风格使得中国文学较少反映作家本人。"①

这种反映作家个人生活阅历和生命体验的作品，海陶玮称之为具有个人主义意识和特质的作品。纵观中国古典文学的历史，海陶玮认为，中国古典文学中具有个人主义意识和主题的作品非常少，中国作家和诗人一般不在自己的作品中涉入自我，他们往往用语言的艺术技巧来展示拥有的材料。个人主义作品在语言上一个显著的表达方式，就是第一人称代词的频繁使用，这是一部文学作品是否包含个人主义思想的外在形式标志，而中国作家第一人称代词的使用过于贫乏，大部分中国文学作品在表达方式上往往采用非个人化的叙述方式和语调。

关于中国文学缺少个人主义主题的原因，他认为至少有哲学思想和语言特点两方面的因素。作为文学赖以产生发展的历史背景，海陶玮认为，中国哲学思想中的整一性、统一性造成了中国文学个人主义的缺失。"在中国社会的各个历史时期，社会整一性模式总是非常强大。"② 在儒家、道家等思想影响下的中国文人尽管具体表现不同，但都强调自我修炼而与社会达到和谐统一。作为文学作品表达的基本方式，海陶玮认为，汉语书面语言与口头语言不同，风格化特质的影响范围并不大。在形成作家文学风格方面，文学传统比在口语基础上形成的书面语言成为更强大的力量，越是形式工整的文学样式和矫揉造作的文学风格，比如辞藻华丽的骈文，出现个性化风格的空间就越小。

为了证明和支撑自己的观点，海陶玮以整个中国古典文学史作为考察范围和研究对象，简要排查了各历史朝代的典型代表性文学作品，举证了数量不多的他认为具有个人主义因素的文学作品并进行了分析研究。

在先秦时期的文学作品中，海陶玮对《诗经》《离骚》这两个文学源头，特别是后者进行了重点分析。海陶玮认为，公元前 6 世纪的中国诗歌总集《诗经》

---

① James Robert Hightower. "Individualism in Chinese Literature". *Journal of the History of Ideas* (Vol. 22, No. 2), Apr. —Jun. 1961, p. 159.
② James Robert Hightower. "Individualism in Chinese Literature". *Journal of the History of Ideas* (Vol. 22, No. 2), Apr. —Jun. 1961, p. 159.

完全是匿名而无个性特征的,306 首诗歌中只有 3 首包含作者的姓名,其他情况则一无所知。对于具有鲜明个性化特征的屈原及其《离骚》,海陶玮用墨较多,从文章主旨、段落结构、人物特征、修辞技巧、时代背景、文学影响等方面进行了剖析。他认为,《离骚》的作者屈原用譬喻方法抒发了与当时统治者之间的关系。他详细统计了《离骚》中第一人称代词出现的频率和位置(诗歌共 187 行,第一人称代词的 5 种形式经常出现在开头,粗略估算出现了 83 次),这完全符合海陶玮关于个人主义文学作品的外在标志。屈原本人在开头就开始出现,然后一直处于整首诗歌的焦点和中心。海陶玮对屈原的个人形象和心理特征进行了详细解释和高度评价,他认为,屈原将自身展示在诗歌《离骚》中,自身和他所生存的社会之间存在冲突,在扮演重要社会角色的个人欲望和不愿勉为其难的内在良心之间,他的人格是撕裂的。这首诗歌中,"屈原作为一个被恬不知耻的政敌妄加毁灭的高知官僚,作为一个刚正不阿却又极易受挫的男人的形象永远站立"①。但是,对于屈原之后类似的个人境遇和个人情绪表达的所有作品,海陶玮认为就不再是中国文学中个人主义的表达。他的理由是,屈原《离骚》之后的众多模仿者没有继续发展这种表达个人感受的诗歌形式,而是继续表达着屈原的牢骚和屈原的怨恨,尽管后来出现了很多知名诗歌、知名作者和很多第一人称代词的绝妙使用,但是这些作品中的作者个性表达并不能成为普通中国诗人的自然本性。

  在汉代文学中,海陶玮的例证是司马迁及其历史巨著《史记》。他认为,虽然司马迁在历史书写中也记录了那些对权威社会进行反抗的个人,但是他毕生致力于编写历史的主要动因在于父命难违,完成父亲临终前嘱托的遗愿,也就是中国传统的孝道。海陶玮认为三国两晋南北朝时期是漫长中国历史中个人主义的高潮时期,因为在这一时期出现了一部奇闻逸事的文学作品集——《世说新语》,通过记述中国作家、诗人的逸闻逸事,表现了他们的栖逸任诞和桀骜不驯。在隋唐时期出现的李白和杜甫这两个文学名人中,海陶玮认为诗人李白异常突出,是个人

---

① James Robert Hightower. "Individualism in Chinese Literature". *Journal of the History of Ideas* (Vol. 22, No. 2), Apr. —Jun. 1961, p. 163.

主义的开山者和倡导者。李白通过《上韩荆州书》等系列文章和《将进酒》等系列"饮酒诗",将自己塑造成一种不可靠的享乐主义形象——贪得无厌的酒鬼冒险家和具有英雄主义的饮酒狂欢者。

谈到明清小说,海陶玮举出《水浒传》《西游记》《红楼梦》和《儒林外史》四部小说,并进行了说明,并认为四部小说中只有《儒林外史》最具个人主义特质,那些"不屑于科举文章而按照自我意愿生活……对于社会的责难或赞同都不以为然"[1]的人才是中国虚构文学和民间故事真正的个人主义者:他们非主流,不墨守成规,和同伴们共同反抗社会,奇装异服,行为怪异,为共同的理想和追求全身投入。除了《儒林外史》中的群体形象,《水浒传》唯一有些个人主义倾向的,是颇有戏剧色彩的"金子般心的暴徒"鲁达,但因其鲁莽幼稚,虽然个性无拘无束,但也难以称得上是个人意识觉醒的个人主义者;《西游记》中的孙悟空虽然聪明、有雄心,也一样无拘无束,但是他傲慢、自大,并在佛祖手掌下得到了惩罚,小说被自我控制和自我惩戒思想所主导,救世佛教的主旨是对个人主义的否定,因此孙悟空其实是被塑造成了一个令人同情的人物形象;《红楼梦》中任性、疲累和感伤的英雄宝玉,也是对家庭和社会进行叛逆但并不值得宣扬的典型另类形象。

在历时性地分析中国古典文学史中个人主义作品之前,海陶玮还着重对晚唐"花间词派"代表人物温庭筠的《菩萨蛮·水精帘里颇黎枕》进行了逐句逐段的详细分析,以此来说明,这部作品中的男性作者温庭筠采用女性主人公的视角叙述,而有意无意地隐藏了自己的身份和态度,作者努力地使我们意识不到他在此诗中的参与和存在,我们通过他的眼睛来观察,但是我们对于他在此景中的所思所想一无所知,由此得出结论,诗人和他的诗歌之间是分离的,中国诗歌本质是一种非个人化的表达。

三

美国汉学家海陶玮用个人主义对中国古典文学进行的分析和阐释,体现了不

---

[1] James Robert Hightower. "Individualism in Chinese Literature". *Journal of the History of Ideas* (Vol. 22, No. 2), Apr. —Jun. 1961, p. 168.

同于中国本土文学研究的新视角和维度。作为一名较早关注并深入研究中国文学的美国汉学家，海陶玮一开始就把中国文学纳入到世界视野和范围中进行考察和研究，把中国文学放在与美国文学乃至西方文学的对比中来思考和考察中国文学的价值、意义和贡献①。通过海陶玮的中国古典文学研究，我们可以看到 20 世纪 60 年代一个美国汉学家眼中中国古典文学所具有的非个人化的特征和形象。

但是，海陶玮在运用西方哲学思想理论研究中国文学时，也显示了自身的局限和不足。

（一）以西方哲学思想理论考察中国文学，流露出"西方中心主义"的优越感。

海陶玮以西方的哲学思想价值来考察中国文学的特征，并在文章的结尾得出结论：中国作家"作为在建立价值方面有既得利益的知识分子和社会精英，倾向于比西方他们的同行们更加保守，很少主动地倡导诸如个人主义一样的破坏性的理念"②，这种以西方哲学思想价值考察中国文学，并认定中国作家和中国文学更具保守特性的观点，是"西方中心主义"观念在文学研究上的体现。

事实上，个人主义和儒家思想，作为中西哲学思想的核心内容，都有各自产生发展的历史背景和社会环境。个人主义深深根植在西方哲学传统中，给西方世界特别是美国社会带来了诸多益处，当然也存在着自身的弊端和局限；儒家思想作为中国古代社会和传统文化的主流思想，被中国统治阶级成功应用于中国的社会国家治理实践，并获得了封建社会统治中国两千多年的人类发展社会史。以西方哲学思想和文化价值来阐释分析和衡量评判中国文学，而不注意中国文学自身的发展背景和自身特点，就会做出局限和狭隘的结论。

（二）个人主义内涵及其标准的模糊表达，造成用其阐释中国文学的有效性不足。

关于个人主义的具体内涵，海陶玮并没有给出明确的定义，我们只能从文中

---

① James Robert Hightower. "Chinese Literature in the Context of World Literature". *Comparative Literature* (Vol. 5, No. 2), Spring 1953, pp. 117-124.
② James Robert Hightower. "Individualism in Chinese Literature". *Journal of the History of Ideas* (Vol. 22, No. 2), Apr.—Jun. 1961, p. 168.

体会到，他所指的个人主义文学作品，是指那些反映作家自身生活、阅历、情感，而非作家所处时代和社会的作品，是反映与社会脱离、叛逆而非屈从于社会统治的作品。文学作品中是否具有个人主义因素，海陶玮以是否以第一人称"我"作为叙述主体以及其数量来判定的。这种内涵的不确定和标准的简单化，造成整篇论文的观点缺乏明确依据。

事实上，个人主义在西方有漫长的历史和复杂的含义，可以追溯到古希腊、古罗马哲学，甚至后来的犬儒学派、斯多葛学派等，但个人主义的直接来源还是欧洲近代的文艺复兴和宗教改革。"个人主义"（individualism）一词最先由法国政治学家、思想家托克维尔（Alexis de Tocqueville）使用，

在19世纪40年代，他在考察了美国9个多月后写下了《论美国的民主》一书。托克维尔在这本书中最先提出了"个人主义"这一概念，并对它做了阐释。后来，"个人主义"的含义在不同国家、不同领域、不同著作、不同流派都有不同的内容，所以该术语缺乏精准性并有着繁杂的语义史。在美国，其溯源和传统也较为繁杂，但归纳起来，早期清教主义思想、共和主义、现代理性主义等美国先贤的启蒙思想，经过以"个人神圣性、个性、无限潜力和自立"为主要特征的爱默生的超验主义及西进运动对个人主义强化等，使得个人主义、基督教精神与自由主义三者成为美国文化的三大精神支柱，代表了美国文化的文化精髓和永恒理念。个人主义这一西方文明核心价值观在20世纪初传入中国后，被近代启蒙思想家如梁启超、鲁迅、周作人等借鉴用以中国新文化思想的阐发，成了他们改变中国思想文化状况的思想武器。但是，后被政治情绪化地盲视、曲解和误读，与利己主义、唯利是图、自由散漫、尔虞我诈等违背集体主义的概念挂钩，影响至今。不过，个人主义价值观念在西方本身也有着"双刃效应"，被推崇赞赏同时，也有对其弊端的忧虑和质疑。2014年，美国汉学家安乐哲（Roger T. Ames）撰文指出，西方个人主义是"在个体与他人毫无关系的前提下来讨论心理学、政治学和道德问题"[①]，因此，我们"不能留恋个人主义意识形态"，应该逐渐"从个人主

[①] 安乐哲著《儒学与世界文化秩序变革》，田辰山译，载《人民日报》2014年11月7日第7版。

义意识形态转向儒家角色伦理观",因为"儒学在关系结构中确立的人的观念,可以成为西方个人主义的强有力替代"。

"个人主义"具有自身的历史溯源、复杂内涵以及动态演变,用这一概念来分析研究中国古典文学作品,也确实很难给定一个可供参照的关于内容和形式的判定标准,即到底"什么样的作品是个人主义作品"和"如何判断一部作品是不是个人主义作品"。

其实,西方汉学家在运用自己所熟悉的西方概念来阐释和研究中国文学时,会给中国文学研究带来不同于自身学术体系的新视角、新理念和新方法,海陶玮关于中国文学个人主义的阐释,以及另外一个捷克斯洛伐克著名汉学家雅罗斯拉夫·普实克(Prusek Jaroslav)关于《中国现代文学中的主观主义和个人主义》这样的文章,会促使我们思考中国古典文学作品中存在的个人意识觉醒、个体对社会的反抗、作家个人抒发等诸多问题,但是,西方学者在用西方概念阐释中国文学时,也会存在对中国文化削足适履、牵强附会的问题,这是需要我们注意的。

(三)对中国思想文化和文学传统的隔离造成分析不够全面和令人信服。

海陶玮是美国较早开始关注和研究中国古典文学的汉学家,但是由于当时美国汉学基础、研究条件、政治阻隔等原因,他还缺乏对中国古典文学的深刻体会和完整把握。从哲学思想来看,中国儒道思想确实在中国社会文化中占据主导,并且维持了社会的稳定性和统一性,但是庄子逍遥精神在古代文学作品中也有非常丰富的表现;从中西文学传统来看,中西文学在表达方式和风格特点上会有不同,中国诗人和作家在表达自身阅历和自我情感方面,也逐渐形成和呈现出不同于西方的方式和特点,这也显示出中国文学在文学题材、文学类型和文学风格方面的丰富性和复杂性;从本文案例来看,海陶玮关注的还是中国文学史中的主流作家和标志作品,没有关注数量更为庞大、类型更加多样、主题更为多元的中国文学作品,视野相对局限。在本文中,宋元时期的文学没有任何提及,具有鲜明个人特征的各类自传类作品没有涉及,一些明显具有个人主义特征的作家作品如东晋诗人陶渊明等被疏漏,而此时期海陶玮已经开始关注并研究陶渊明及其作品。

熊式一两部英文戏剧的上演

——得意的《王宝川》与失意的《西厢记》

北京外国语大学 陶欣尤

熊式一（1902—1991），江西南昌人，戏剧翻译家，剧作家，小说家。20世纪在欧美文坛享有很高的知名度。一生笔耕不辍，为中西文学文化交流做出了杰出贡献。

在熊氏诸多作品中，英文话剧 Lady Precious Stream（《王宝川》），及《西厢记》的英译本 The Romance of the West Chamber 可说是两部代表作。这两部作品均诞生于熊氏留英期间，作为戏剧，也都曾在海外正式上演，但是反响却截然不同。可以说一得意，一失意：改编自京剧《红鬃烈马》的《王宝川》，剧本完成于1933年6月，由麦勋（Methuen）书局1934年7月出版，同年11月27日首演于伦敦"小剧场"（The Little Theatre）。演出后反响热烈，受到观众及评论界的广泛赞誉，在伦敦连演三年逾九百场。玛丽皇后也曾携儿媳、孙女亲莅观看。剧本更是被译为法德意西等多种语言，广为流传。The Romance of the West Chamber 作为《西厢记》第一个英文全译本同样由伦敦麦勋书局发行，首版于1935年。1938年12月6日，于伦敦火炬剧院（Torch Theater）首演，崔莺莺由曾在《王宝川》中饰演宝川的 Maisie Darrell 担纲，舞台及服装监督则是梅兰芳。可以说，剧组阵容十分豪华，而且有着《王宝川》广告效应在先，理应取得不错的成绩才对。但是，事与愿违，观众反响却很一般，演出后乏人问津，远不能与《王宝川》相比。①

当然，戏剧票房上的"得意"与"失意"不能跟作品价值画上等号。实际

---

① 《王宝川》《西厢记》演出事宜详见 Diana Yeh, *The Happy Hsiungs——Performing China and the Struggle for Modernity*, Hong Kong: Hong Kong University Press, 2014, pp. 47-103.

上，英文本《西厢记》出版后极受大文豪萧伯纳、巴蕾等人的推许。1968年，美国哥伦比亚大学还专门向联合国教科文组织申请拨款，重版该书，作为中文系学生读本。该书可以说有着显著的历史地位。但是这两部近乎同一时期上演的戏剧作品，在观众中反响却如此不同，还是值得探讨一番：它们各自的特点是什么，为何会一得意、一失意，从中我们能总结出什么经验，对今天"讲好中国故事"又有何借鉴意义，这是本文讨论的重点。

在论述角度上，本文主要从剧本本身切入。一出戏的成功与否，固然与导演、宣传、演员、历史环境多种因素紧密相关——《西厢记》上演后不到一年，英国即对德宣战，第二次世界大战全面爆发，剧院活动受到冲击是其反响寥寥的一个重要因素——但除去外在因素，剧本自身作为内因，无可否认，也是演出成败不应忽视的，甚至是最主要的原因。因此，本文即主要从剧本文本出发来展开分析。

一、得意的《王宝川》

《王宝川》脱胎于京剧《红鬃烈马》，其演出的成功很大程度上要归功于改编的成功。在改编过程中，除将中文转换为英文之外，熊氏还对原作进行了诸多变动。具体表现为以下几个方面：

（一）删改情节——突出"情义"

京剧《红鬃烈马》（后文简称《红》）具体场次为：花园赠金、彩楼配、三击掌、闹窑降马、别窑投军、误卯三打、母女会、鸿雁传书、赶三关、武家坡、算军粮、银空山、大登殿。① 不同历史时期，不同地方的剧团在演出时细节上或许会有所不同，不过主要情节是一致的：唐朝宰相王允幼女宝钏，不顾父亲反对，下嫁花郎薛平贵。平贵参军有功，却被丈人王允、连襟魏虎谋害，身陷西凉，不得回国。西凉王爱才，将女儿代战公主许配给平贵。宝钏苦等寒窑一十八载。十

---

① 按：《红鬃烈马》剧本全本笔者收集到两种，分别为王瑶卿著，周玉德、张逸娟、万凤姝等编《红鬃烈马·王瑶卿先生剧目精选》，中国戏剧出版社，2000年；赵瑞棠编《全部王宝钏（红鬃烈马）》，上海戏学书局，1943年。两部作品除部分唱词有所区别外，主题情节基本一致。此处回目为王瑶卿版本。

八年后，已是西凉王的平贵才回到家乡，得与宝钏团聚。此时唐王晏驾，王允篡位。平贵与西凉代战公主打败王允，得了唐朝江山。最终平贵、宝钏、代战三人共享荣华。

可以看到，京剧故事在关注薛、王的婚姻同时，对薛平贵的功业也很重视。甚至最后一举将薛平贵推上了皇帝的位置。而在熊氏版本的《王宝川》（后文简称《王》）中，王允、魏虎密谋篡位，平贵大战高嗣继，粉碎王允阴谋等情节都完全消除了。整部戏自始至终都是围绕着宝川、平贵与王允、魏虎等人的冲突展开，笔力更为集中在"爱情与世俗势力抗争"这一主题上。

此外，在不同版本的《红》中，宝钏爱上薛平贵的过程交代得都很简略，或是"我看此人面目清秀，仪表非凡，何以落魄至此呢？我自有道理"①，或是"我看他不像受苦的人，两耳垂肩双手过膝，龙眉凤目帝王尊，夜梦红星事有准，想必是应在花郎的身，彩球之事对他论"②。都是被平贵的面貌及容貌中预示的某种荣耀所吸引，比较突兀。熊氏显然注意到了这一点，英文剧本在原作的彩楼配之前，又加了"赏雪"一幕。薛平贵出场时已不是乞丐，而是宰相王允的家丁。并且文才武功，两臻佳妙，在这一幕中搬得动巨石，吟得了诗赋，把宝川的大姐夫苏龙、二姐夫魏虎远远比了下去。这就让王宝川之赏识薛平贵，变得更近情理。

情节上英文剧本另一个重大变动是薛平贵从始至终都未与代战公主结婚。《红》中薛平贵被王允、魏虎设计陷害，为西凉王拿住。西凉王见其器宇不凡，将女儿许配给他，两人当即成婚。此后，平贵与宝钏团圆后，也是"二女共侍一夫"的局面，一直与代战公主维持着婚姻关系。而英文版中的平贵在滞留西凉一十八载期间则一直独身。最后，虽然他也答应了与代战公主结婚，但对即将到来的婚礼却充满犹豫："There is a general rumor to the effect that there is reluctance on his part to the marriage, and the people wonder why such a beautiful maiden should not be

---

① 王瑶卿著，周玉德、张逸娟、万凤姝等编《红鬃烈马·王瑶卿先生剧目精选》，中国戏剧出版社，2000年，第76页。
② 赵瑞棠编《全部王宝钏（红鬃烈马）》，上海戏学书局，1943年，第12页。

snapped up with alacrity."①（但是道路传闻，都说国王对于这一桩婚姻，颇有踌躇，所以大家不解其中奥妙，为什么这样一位如花似玉的公主，国王还不快快的和她结婚。②）犹豫的缘由显然是未能忘情于宝川，稍后，恰恰在婚礼前他又接到宝川的飞雁传书，于是立刻匹马赶回家乡。"赶三关"被代战赶上时，也明确了俩人今后的关系——"兄妹"。最后代战去探望他，平贵也将接待任务交给一个"曾周游各国的外交大臣"，并没有任何暧昧之举。

可以说，所有情节上的修改，都是在原作基础上更加突出宝川和平贵相互间的"情义"，让二人的相爱相守变得更加入情入理。删去原作涉及荣华富贵的枝叶情节，笔力高度集中于宝川对爱情的追求和两人分离十八载的互不变心。这些修改，无疑是更能打动人心的。

（二）改动人物形象——可爱、有趣、丰富

在人物形象上，最明显的变化无过于主角的名字更改。从"王宝钏"变为"王宝川"。按熊氏的说法，是因为"就中文而言，'川'字已比'钏'字雅多了，译成了英文之后，Bracelet 或 Armlet 不登大雅之堂，而且都是双音字，Stream 既是单音字，而且可以如诗"③。其实，名字只是表面的改动，最主要的，还是情节变动所引起的人物形象自身的变化。《红》里宝钏爱上薛平贵是因为薛非常的容貌，以及非常容貌中预示的非常富贵。这就不由得让人对她选择薛平贵的原因打上一个大大的问号。似乎，相府小姐是个过于看重外表的人，甚至是一个婚姻投机分子——表面上是去寒窑受苦，实则囤积居奇，积累资本，为的是一朝母仪天下，荣耀非凡。而薛平贵的作为不能说完全忘记宝钏，但也说不上有多专一。两人物形象多少都带有些世俗气。

在熊氏版本中，如前文所述，两人都变得更有情义，人物形象更为鲜明，不止合理地解释了两人为何能够此生不渝，且对观众的触动也进了一步。

此外，剧中次要人物形象也发生了很大变化。王允在《红》中属于典型的反

---

① 熊式一《王宝川》，商务印书馆，2006 年，第 92 页。
② 《王宝川》，第 247 页。
③ 《王宝川》，第 192 页。

面人物，阻挠女儿婚事还可说是爱女心切，但陷害平贵，谋朝篡位，简直可说是心狠手辣、大逆不道了。《王》剧将"谋朝篡位"删去，将"陷害平贵"完全推给魏虎，不再是二人合谋，王允形象一变而为单纯反对爱女婚事的固执老头，显得可爱了不少。魏虎在《红》中也是歹角，是画白脸的"净"。在《王》中也很坏，但相比于他的"坏"，作者展示的更多的则是他的"蠢"：从"To kill a little chicken, why use a big knife which is made for killing horses"①（杀鸡焉用马刀）到"To write good poems, ones needs perspiration"②（要诗做得好，必得淋汗）等颟顸、强不知以为知之举，极具"笑果"，其形象更接近于丑角。而魏虎之妻银川的骄横跋扈，也在与丈夫的一唱一和、一搭一档中表现得淋漓尽致。至于苏龙和金川的忠厚诚实，通过魏虎银川的对比也比《红》中体现得更多些。另外值得一提的是老夫人。在《红》中，老夫人出场次数有限，只有"母女会"里的台词较多，是一位怜惜女儿的慈母。《王》中老夫人则是"慈爱"与"智慧"兼备，比较支持宝川追求自己的幸福，敢于与王允辩理，且最后正是凭借老夫人的巧计，让宝川、平贵饶得魏虎一命。相比《红》，《王》剧人物形象更加鲜活、丰满、有趣。

（三）增加诙谐台词，提升喜剧效果

《红》剧中有许多诙谐的台词，《王》剧基本上全部保留。比如"赶三关"中马达、江海的"生长在西凉国、说话不大利索"的上场词，以及两人与守关莫老将的一番鸡同鸭讲的经典对白等，都可在《王》中读到。不止如此，《王》剧还大大发扬了《红》剧中某些幽默的套路。如在"武家坡"中，宝钏不愿意向送信的军爷（实为薛平贵）透露自己就是王宝钏，但为拿到家书又不得不说，于是就让对方猜个哑谜：

> 王宝钏："啊，军爷，要见王宝钏，打个哑谜你可晓得？"
> 薛平贵："略知一二。"
> 王宝钏："远——"

---

① 《王宝川》，第27页。
② 《王宝川》，第32页。

　　　　薛平贵："远在天边，不能相见。"
　　　　王宝钏："这近——"
　　　　薛平贵："哦，莫非你就是薛大嫂？"
　　　　王宝钏："不敢，平贵之寒妻！"①

　　对这个"远在天边，尽在眼前"的哑谜，熊氏三番五次在《王》中套用，宝川和平贵经常要打哑谜，又委婉又有意思，为全剧平添了几分趣味。

　　再如《红》剧"赶三关"中，代战公主声称守关莫老将再不让薛平贵出来相见就要发兵攻城。莫老将忙道："慢来慢来，我这城是布的，一撕就破了，你别忙，你将人马暂退一箭之地，你们两个人，是西皮是二簧，唱两句大家听听，你看怎么样？"② 类似这种演员从角色、剧情中抽离出来，并对当下处境加以调侃的小幽默，熊氏似乎特别喜欢，在《王》剧中多次运用。比较典型的有：第一幕王允提出建彩楼、抛绣球招亲的主意时，老夫人评价道："I see! Whenever a dramatist finds a situation which cannot be dealt with by mortals he asks the help of God."（我明白了，剧作家但凡有事情安排不了凡人的时候，总是请天爷爷帮忙的。）③ 还有像薛平贵十八年后与宝川相认，自称是西凉皇帝，宝川不信，让其出示印玺证明：

　　　　HSIEH. What proof do you want?
　　　　PRECIOUS S. Show me your royal seal.
　　　　HSIEH. Nonsense! I have never heard of any one having asked a king to prove himself as a king by showing his royal seal.
　　　　PRECIOUS S. But I have heard and actually seen that done many times.
　　　　HSIEH. Have you? Where was it done, and who did it?
　　　　PRECIOUS S. (childishly). On the stage, done by the players.

---

① 《红鬃烈马·王瑶卿先生剧目精选》，第358—359页。
② 《全部王宝钏（红鬃烈马）》，第89页。
③ 英文见《王宝川》，第39页。中文为笔者译。

HSIEH. Oh, but we are not on the stage and are not players!

PRECIOUS S. Our sage said: 'The world is a stage, human beings are merely players, and life is a poor, sad play!' Besides, I have never seen a royal seal, and I want very much to see one. Do show it to me.①

（平贵：你要什么证据？

宝川：给我看看你的印玺。

平贵：胡闹！哪有叫国王把印玺给您看才能证明他是国王的？

宝川：但是我都听说并且亲睹了好多次啦！

平贵：在哪？谁干的？

宝川：就在舞台上，都是演员。

平贵：但我们不是在舞台上，也都不是演员啊！

宝川：我们的先贤说过："世界是舞台，众生皆演员，生活就是个糟糕的大悲剧。"而且，我还真没见过国王的印玺，快拿出来瞧瞧。）

两位演员明明在舞台上，却非要在戏中说这儿不是舞台，我们也不是演员，宝川最后还化用莎士比亚的名句，人生如戏，来证明仿佛这里真不是舞台，而是现实生活。整个对白可说是灵活而充满谐趣。

《王宝川》剧本的特点还有许多，比如很多人物上场时都要"自报家门"，舞台提示部分也要求演员要进行虚拟式的表演，提醒读者想象各种时空、场景等，可以说相当程度上保留了中国戏曲的表演程式。这些无疑也会让西方观众感到新鲜。但跟《西厢记》比，这并不算很突出的特点。本文就不再详细展开，下面谈谈熊氏翻译的《西厢记》。

二、失意的《西厢记》

熊氏《西厢记》在海外的确切演出记录极少，远远不能与《王宝川》相比。

---

① 英文见《王宝川》，第134页。中文为笔者译。

其实，演出的失败，在剧本出版时已经有所预示。按熊氏自己所说："《王宝川》风动一时，出版之后，人人说好，在英上演，连演三年不辍……真不料《西厢记》出版之后，识者很少；只有几个文人，略事赏识。阳春白雪，曲高和寡；下里巴人，和者甚众；自古皆然，我又何嗟！"① 可见，演出的成功与否，剧本还是非常关键的一项因素。那么，剧本问题何在呢？

（一）情节及人物形象的缺陷

《王宝川》的演出成功很大程度上得益于对《红鬃烈马》改编的成功，而熊氏对《西厢记》则几乎完全未做更改。那么，诞生于13世纪中国的作品能否吸引20世纪的西方观众就很成一个问题。事实上，《西厢记》和《王宝川》情节很相似，都是以"爱情与家庭"为主要矛盾。主人公也都是青年才俊和官宦小姐。但是，二者间还是有一定区别。王宝川和薛平贵两人是一旦确立了感情，就绝不向任何势力低头，至死不渝，就是荣华富贵都不要也无所谓，即便分别十八年也不变心。而张生与崔莺莺，从恋爱到结婚，充满了各种妥协。张生稍稍遇到点挫折，就要流眼泪、就要解腰带上吊，而莺莺也没有宝川那般坚决。没有红娘的帮助，崔、张很难成为夫妻。另外，在某些地方，不得不说，《西厢记》低级趣味倾向十分明显。尤其在张生身上表现得非常突出。张生之爱莺莺，完全是"一见钟情"式的，是被莺莺的容貌所吸引。这原是人之常情，本也无可厚非，但随之而来的大量的下流甚至猥琐的想法和作为，就很难以让人接受了。对此，熊氏也完全保留，如实译出。比如，刚见到莺莺不久，张生就动了引诱她的心思：

张郎倘去相偎傍，他遭逢一见何粉郎，我邂逅偷将韩寿香。风流况，成就我温存娇婿，管甚么拘束亲娘！②

熊译："Could I only but hold her in my brace. She would at first sight regard me as all her fancy painted, While I would regard her as the sweetest girl

---

① 熊式一著，陈子善编《八十回忆》，海豚出版社，2010年，第66页。
② 王实甫著，金圣叹批《金圣叹批评本〈西厢记〉》，凤凰出版集团、凤凰出版社，2011年，第52页。

that ever lived. Such an enravishing meeting Might result in my becoming the beloved husband, And what would she care for the strict control of a mother!"①

到了晚上,甚至还想入非非,设计非礼莺莺:

一更之后,万籁无声。我便直至莺庭。到回廊下,没揣的见你那可憎,定要我紧紧搂定;问你个会少离多,有影无形。②

熊译:"After the first watch the world is wrapped in silence. I will go straight to the courtyard of Ying-ying, And, arrived at the passage there, I will confront you unexpectedly-you, whom I love to distraction-And make sure of holding you firmly in my embrace, And ask you to tell me why our meetings are so short, while our partings are so long That it seems as if it were only your shadow and not your image that you have left behind."③

即便见到的是红娘,想的也是红娘是否来勾引方丈,可以说金玉其外败絮其中,心思相当龌龊:

崔家女艳妆,莫不演撒上老洁郎?④

熊译:"Attractively arrayed is the maid of the Ts'ui family, It may be that she is displaying her charms before the old ascetic monk."⑤

---

① S. I. Hsiung, *The Romance of the Western Chamber: A Chinese Play Written in the Thirteen Century*. London: Methuen & Co. Ltd., 1935, p. 28.
② 《金圣叹批评本〈西厢记〉》,第 57 页。
③ Hsiung, *The Romance of the Western Chamber: A Chinese Play Written in the Thirteen Century*, pp. 33-34.
④ 《金圣叹批评本〈西厢记〉》,第 49 页。
⑤ Hsiung, *The Romance of the Western Chamber: A Chinese Play Written in the Thirteen Century*, p. 22.

现实中当然有张生式的人物,但这样的人物形象,作为主角放在舞台上,显然是不讨喜的。再加上不甚紧张激烈的情节,《西厢记》被《王宝川》比下去也是很自然的了。

(二)不适合演出的英文台词

"天下夺魁"的《西厢记》其实本不以情节取胜,其最大的魅力在于词句的典雅。前人评论:"王实甫之词,如花间美人,铺叙委婉,深得骚人之趣,极有佳句,若玉环之出浴太清,绿珠之采莲洛浦。"① 重点都是在赞誉王实甫的丽词佳句。那么《西厢记》中那些雅致的唱词,熊氏是如何译的呢?不妨看一段经典段落:

(莺莺唱)可正是人值残春蒲郡东,门掩重关萧寺中。花落水流红,闲愁万种,无语怨东风。②

熊译:Ying-Ying sings:

We have arrived, just as the spring is ending, at the east of the district of P'u.

Gate after gate of the lonely is firmly barred.

The flowers, as they fall, redden the flowing stream.

Innumerable sorrows I bear in silence, but I cannot refrain from

Resenting the cruel east wind (that has blown down the flowers).③

原文词句精美,"东、中、红、风"均押韵,整首词可以配乐演唱。熊译十分准确地传递了原文的语义,甚至语序都没有变化,但是却不押韵,整个译文是散文化的,很难说具有什么音乐性。被搬上舞台后,演员念出来,虽然也可说是散文诗,但毕竟在审美上有所缺陷。

---

① 《金圣叹批评本〈西厢记〉》,第2页。
② 《金圣叹批评本〈西厢记〉》,第37页。
③ Hsiung, *The Romance of the Western Chamber: A Chinese Play Written in the Thirteen Century*, p. 5.

再看一段张生的念白，此例，我们引入许渊冲先生的译文与熊译比较，以在比较中将熊译特点看得更清楚：

张生："暗想小生萤窗雪案，学成满腹文章，尚在湖海飘零，未知何日得遂大志也呵！"①

许译：

Having studied hard in summer as in winter, I have acquired a deep knowledge of literature, but I am still a wanderer here and there and do not yet know when I can realize my noble aspiration.②

熊译：

I thought to myself that though I had studied by the light of the fire-fly and the reflection of the snow in order to acquire a deep knowledge of literature, I am still a wanderer by lake and sea, and do not know when I shall be able to fufill my great ambition.③

经过对比可以发现，许译明显比较精炼，意译成分很大。熊译则基本为直译，像"萤窗雪案""飘零湖海"都要译出来，甚至连"暗想小生"都不放过地译为"I thought to myself"，几乎可以说是字对字的直译了。熊译本的好处是非常忠实，是很好的中文系教材，但如此长的念白，舞台上演出效果如何，却是让人怀疑的。

所以，不是很刺激、有趣的剧情，再加上虽有意味却稍显冗长的台词，《西厢记》在欧美文人雅士中获得赞赏，在普通观众里却反响寥寥，也就不难理解了。

三、成功与失败的背后

《王宝川》让熊式一瞬间成名，享誉英伦。但据熊氏自己说，《王宝川》从落

---

① 《金圣叹批评本〈西厢记〉》，第37页。
② 王实甫著，*Romance of Western Bower*，许渊冲、许明译，海豚出版社，2013年，第21页。
③ Hsiung, *The Romance of the Western Chamber: A Chinese Play Written in the Thirteen Century*, p. 6.

笔到完成，仅仅用了六个星期。而演出成绩远远逊色的《西厢记》却足足用了熊氏十一个月的时间。

对于《王宝川》，熊氏在改编之初，目的就很明确，就是"试试看卖文能否糊口"①，"我之作《王宝川》，唯一的目的，是想求一点小利"②。且原作《红鬃烈马》在作者眼中文学性不是很高——"它本是一出极受欢迎的通俗皮黄戏，谈不上有什么文学价值"③。所以这也就决定了，熊氏会毫无顾忌地放手去改，并且改编后的版本极为注重演出效果，一切以吸引观众为准则——"只借用了它一个大纲，前前后后，我随意增加随意削减，全凭我的心意，大加改换……总而言之，我把一出中国旧式京剧，改成合乎现代舞台表演，入情入理，大家都可欣赏的话剧"④。

如果再进一步探究熊氏是因何在短时间就能将京剧改编得如此出色的，至少有两点因素值得注意。其一，正如熊氏所说，借用了原作故事大纲。虽说只是大纲，但至少不用完全重新打鼓另开张，无疑节省了创作时间。第二，作者本身对英国戏剧也十分熟悉，早在出国之前就翻译过巴蕾和萧伯纳的作品。我们看《王宝川》中贪财无能、好说俏皮话儿的贵族，以及细致的序幕和人物介绍，明显带着巴蕾戏剧的影子。到英国后，熊氏还频繁地往来于伦敦各戏院，"凡在伦敦上演的戏剧，成功的也好，失败得一塌糊涂的也看，我一一欣赏领略，我专心注意观众们对台上的反应，我认为这是我最受益的地方"⑤。因此，表面上是六个星期完稿，实际上的准备早已开始。正是有了长期的翻译积累，和亲身的观摩体验，才得以高质量地写好《王宝川》。

相比于《红鬃烈马》，《西厢记》的文学地位要高多了。与《王宝川》的为"糊口"不同，熊氏翻译《西厢记》目的是"宣传我国文化"⑥，因此态度很严肃，

---

① 《八十回忆》，第 92—93 页。
② 《八十回忆》，第 104 页。
③ 《八十回忆》，第 66 页。
④ 《八十回忆》，第 30 页。
⑤ 《八十回忆》，第 29—30 页。
⑥ 《八十回忆》，第 93 页。

可说是尽力用英文再现原文面貌:"每日孜孜不倦的继续在十一个月之中,把这本13世纪的元曲巨著,逐句甚至于逐字译为英文,以示我国文艺精品之与一般通俗剧本之差别。"① 英文版前言中也提到了翻译的原则——忠实、准确——"To translate poetry is extremely difficult. I confess my translation is by no means a good one, but I profess it to be a faithful one. It is a line for line and sometimes word for word translation. I found rhyming would make it necessarily different from the original, and so preferred accuracy to anything else."②（翻译诗歌十分困难。我承认我的译文绝算不上好,但我也要声明我的译文绝对是忠实的。是行对行,有时甚至是字对字的翻译。我发现,如果押韵,就会使得意思偏离原文。所以在我这里,"准确"是首要之务。）

因此上,目的的不同,导致《王宝川》《西厢记》的写作策略不同。前者是为求利,为吸引观众,所以大刀阔斧地删改原作情节,对白、台词也十分重视演出效果。后者是为保证"原汁原味",一切情节仍依原作,即便台词在翻译后显得过长也在所不惜。

四、结语

今天,文化软实力被认为是强国的标志,看看前人曾怎样讲述中国故事,或许对我们推广中国文化有着不小的借鉴意义。

在进行文化外译工作时,是原封不动、还是加以修改地传播中国故事,是一个比较重要的问题。本文选取了熊式一风格不同的两部代表作品,进行比对,分析了各自"得意"与"失意"的原因。通过前面的论述,可以看到"保存中国著作的原汁原味"与"吸引外国观众"在20世纪30年代的英国似乎是互相矛盾的。《王宝川》的一些修改背离了作品原貌,却与当时时代潮流尤其是西方习惯相吻合（如一夫一妻制）；修改后,艺术上也更为成熟,情节、人物、对白都更吸引人。所以影响很大。《西厢记》由熊氏几乎行对行、字对字地翻译过后,只在精英层面

---

① 《八十回忆》,第90—91页。
② Hsiung, *The Romance of the Western Chamber: A Chinese Play Written in the Thirteen Century*, p. xix. 中文为笔者译。

小范围内传播，在大众阶层却反响一般。似乎改编本社会影响力更大一些。事实上，反过来看中国的情况也是如此，欧洲作品改编本经过本地化都流布得很广，甚至比翻译版本更为人所知（如《少奶奶的扇子》）。那么在当今"中国文化走出去"的背景下，我们在"讲好中国故事"时，是否一定要进行改编呢？综合各方面因素分析，事情倒也不必尽是如此。《西厢记》虽然演出效果一般，但展现了中国戏曲的原貌，在西方精英圈一直很受推崇，不少大学中文系将其用作教材，也自有无法取代的价值。因此，一个"中国故事"在异乡是否要改编，要经过多方面的考虑，要因时、因地、因作品、因读者层以及传播者的目的而具体问题具体分析。概言之，如果原作是经典作品，一般不宜轻易改动；如果当地文化与中国文化相近或当地人对中国文化已经有了相当的了解，也可以不必改。反之，如果不是很了解，则可以对中国故事适当修改，以迎合彼处的风俗习惯、文化特点，进而扩大影响力。在某一特定地方还可以根据目标读者的不同而使用不同的传播策略，对普罗大众怎么讲述，对精英阶层又怎么传播，同一故事可以有不同的版本。如果传播者的目的是追求商业上的成功，则不妨变通一些，把中国的优秀作品改编得更上一层楼，主题更加普世化，细节更加本地化；如果目的是学术性的，如编写正统的中文教材或介绍经典作品，则可不必修改。

  当然，这里只是给出一些原则上的建议，具体如何传播，还需决策者、传播者们结合实际情况来具体分析，制定恰当的策略。

跨文化视野下郁达夫小说《过去》研究

北京外国语大学　高　莎

尽管不少国内学者认可《过去》是郁达夫小说中的上乘之作，但相比其20世纪20年代初的成名作《沉沦》，以及30年代初代表其艺术佳境的《迟桂花》，《过去》一直受到阅读和研究的冷落。与在国内《过去》不被关注形成鲜明对照的是，郁达夫在日本驰名却是始自《过去》的发表。1927年2月1日，《过去》发表在《创造月刊》第1卷第6期上。就在同一天，日本人也开始了对郁达夫的首次公开介绍。时任上海新闻联合社特派记者的山上正义（Yamagami Masayoshi）在《新潮》第24卷第2号上发表《南方文学者之一群》，介绍了作者访问上海创造社时的交流情形，奉郁达夫为"南方文学之正主者"①，这篇文章开启了日本研究郁达夫的先河。仅据已发表的郁达夫日记记载，在《过去》发表前后的短短几个月里，日本人就曾多次与其接触，对其创作进行报道，予以评论。② 1928年1月1日，日本翻译家、文学家大内隆雄（Ochi Takashio）翻译的日文版《过去》发表在《协和》杂志上，此时距《过去》原作发表仅仅11个月，这是《过去》，也是郁达夫作品在日本的最早译介。《过去》成为最早在日本受到关注的郁达夫作品，这其中的因素值得关注，而同样值得关注的是，《过去》在日本成功译介后也对日本"私小说"家的创作产生了影响。本文拟从跨文化视角探讨《过去》如何促成日本"私小说"在不足十年间完成了跨文化阐释的循环。

《过去》发表不足一年即在日本受到广泛关注，首先离不开译者因素。20世纪二三十年代，日本译介中国现代作家及其作品的选定标准在很大程度上依据译

---

① 郁达夫《穷冬日记》，载郁达夫《郁达夫文集》第九卷，花城出版社，1984年，第67页。
② 郁达夫《厌炎日记》，载郁达夫《郁达夫文集》第九卷，花城出版社，1984年，第168—185页。

介者的个人喜好，对作品的选择不可避免受到译者文学审美观的影响。最早翻译介绍《过去》的大内隆雄小时候曾在中国长春生活，后来考取上海的东亚同文书院，那时就结识了郁达夫。这种缘分无疑会让大内隆雄关注到郁达夫的作品。他在《中国文学杂记——关于郁达夫的作品》中称："对我来说，在郁达夫的作品里，最难忘的是《春风沉醉的晚上》和《过去》。最大的原因是因为自己翻译了这些作品，同时我自己也觉得是杰作。"① 另一位郁达夫作品的日文译者冈崎俊夫（Okazaki Toshio）也表示，喜欢郁达夫的作品"原因并不在于作品的社会因素，而是在于十分个人化的感受"②。可以说，在获得外国文学作品渠道尚不丰富的20世纪二三十年代，译者的选择限定了读者的阅读范围，也引导了读者的阅读兴趣。

译者依照个人的价值判断和审美标准选译文学作品自然不乏偶然因素，但不同译者不约而同地青睐同一部作品，作品译出后又深受读者喜爱，这就值得我们思考日本读者对中国现代文学的需求和审美标准，思考什么样的中国现代文学作品能与日本视域相遇。《过去》在1928年首译成日文后，先后5人12次将其选译入各种集子，满足了一代又一代读者不同层次的需求。《过去》受到的持续广泛关注正是因为其主题与叙事结构与日本视域的完美契合。

文学作品在异域传播往往具有亲缘性特点，即对契合本民族文化品位和审美情趣的异国作家作品表现出浓厚兴趣。郁达夫的小说与日本"私小说"的亲缘关系，为其小说在日本的传播和接受培育了土壤。"私小说"是20世纪初形成于日本的独特的文学样式，其显著特点之一即是具有自我暴露性的自叙体倾向。郁达夫的创作中非常明显地表现出这一特点。留日期间，郁达夫模仿"私小说"的形式创作了大量的自叙体小说，其中，尤以模仿佐藤春夫（Satoharuo）最多。郁达夫在1923年的《海上通信》中写道："在日本现代的小说家中，我所崇拜的是佐藤春夫。他的作品中的第一篇，当然要推出他的出世作《病了的

---

① 大久保洋子《郁达夫小说研究在日本》，载《中国现代文学研究丛刊》2005年5期（总第106号），第219页。

② 大久保洋子《郁达夫小说研究在日本》，载《中国现代文学研究丛刊》2005年5期（总第106号），第219页。

蔷薇》，即《田园的忧郁》了……我每想学到他的地步，但是终于画虎不成。"① 郁达夫作品《沉沦》受到日本"私小说"的影响，特别是与佐藤春夫的《田园的忧郁》之间具有诸多的相似之处已是文学界一个不争的事实。但就是这篇与"私小说"有着亲缘关系的《沉沦》直至1940才由冈崎俊夫译出，此时距原作发表已有19年之久。抗日战争结束之后，也只被翻译了两次。相比之下，《过去》在抗战结束前被译出6次，抗战结束后译出5次。在日本出版的各类中国现代文学作品集中，译文整体收录次数最多的是《过去》，其次是《春风沉醉的晚上》。相比在国内的倍受关注，《沉沦》在日本遭受冷落，这与其仇日爱国主题不无关系。《沉沦》描写的是一个在日本留学的中国青年经历了忧郁和苦闷，最终溺海而死的故事，描述中流露出主人公对日本人的仇恨和对祖国的热爱，这样的主题在中日交恶的20世纪三四十年代自然不会受日本读者青睐。

《过去》讲述了一个短小精悍却又耐人寻味的、颇具普适价值的故事。某年的秋天，"我"在M港"实在是出乎意想之外"地遇上了当年在上海的旧相识陈家老三。当年，我没有接受老三对"我"的爱，却爱上陈家老二，后来老二嫁给了一个大学生，"我"因此漂泊天涯，如今再想与老三重温爱情已是不可能的事了，"我"只能在悲哀中与她握别。作品于看似平静的情绪中流露出怀念、惆怅。郁达夫把对人生的深刻体验升华为某种具有共性的人类深层情感，这一主题的普适性使小说可以跨越国界、跨越时代，产生无限的魅力，在读者中获得心理认同。

除了作品主题的普适性，《过去》对"私小说"在叙事结构和抒情特点上的模仿和借鉴也使作品更容易融入日本读者的期待视野。"私小说"惯用主人公就等于作者本人的自叙式叙事模式，以增强作品的真实感。《过去》即是采用了第一人称叙事视角的自叙体小说。杨青泉的《重读〈过去〉：郁达夫澳门行踪考》详细考察了《过去》中出现的地点的位置，认为《过去》中有关上海故事的回忆与郁达

---

① 郁达夫《海上通信》，载郁达夫《郁达夫文集》第三卷，花城出版社，1982年，第73页。

夫真实的人生经历有重合的轨迹，M 港、H 港、C 省与澳门、香港、广州有对应关系。① 这些细节可以说明《过去》带有自叙性质。

"私小说"又称"心境小说"，要求把作品中的"我"的心情和在环境中的"我"同时表现出来，而描写环境中的"我"，仍然是在烘托"心境"，而这种心境大多是悲凉的。"私小说"以表现自我心境为主，疏于结构安排而擅长心理和情绪的宣泄。《过去》的中心人物主要就是一个"我"，而这个"我"又是作者自己，讲述的就是"我"的一段感伤的生活体验。作品没有烦琐的故事情节，重在刻画心境，是一部具有浓郁抒情性特征的"心境小说"。

值得注意的是，尽管种种迹象表明郁达夫的小说创作深受日本"私小说"影响，但郁达夫的小说并非是对"私小说"简单模仿或照搬。"私小说"强调客观的自我再现，抛弃社会性视野，"自我"是其核心和关键，这同时也造成"私小说"自身的弱点：只是孤立地描写身边琐事、病痛带来的烦恼和忧愁，只能揭示非本质的个别问题，而缺乏与社会现实的结合，从而丧失了文学作品应有的批判性和战斗力。郁达夫对私小说的创新之处在于将"私小说"这种文学形式移植到中国的土壤，加以改造和升华，于其中融入中国传统文学的关注社会现实、体现人生价值的精神命脉，最终形成了以他为代表的一种独具风格的文学流派。《过去》貌似简单的自叙性的个人情感经历，但实际上揭示的是人性本能与情感、文化三者之间的内在关系。小说中，"我"对老二的情感追逐正是作者对男性在两性情感领域所表现的探险本能、征服欲望和企图占领主导地位的男性传统文化心理的艺术概括。作者将这段已然"过去"的感情置于"过不去"的精神困境中，看似是"我"与老三的情感纠葛，实质上却是强调人生悲剧普遍性的隐喻之笔。平凡，甚至微不足道的故事提供了人生中至为真实而深刻的哲理启示。可以说，《过去》克服了"私小说"孤立描写身边琐事带来的烦恼的弱点，体现了对"私小说"的创新和升华。

---

① 杨青泉《重读〈过去〉：郁达夫澳门行踪考》，载《中国现代文学研究丛刊》2013 年 10 期（总第 171 号），第 180—189 页。

作品主题的普适性以及叙事结构、抒情特征上对日本"私小说"的借鉴和升华让《过去》深受日本学界关注,并进一步对日本"私小说"重要作家小田岳夫的小说创作产生了影响。

小田岳夫(Oda Takeo)是郁达夫小说在日本的第一个系统翻译者。1932年,他翻译的第一部郁达夫作品集以《过去:外六篇》为名,由东京的春阳堂(Shunyodo)作为世界名作文库中的一册出版,收有《过去》《春风沉醉的晚上》《一个人的旅程》《香奠》《血泪》《南迁》《恋爱日记》等七篇作品。选译作品集往往体现的是选家的眼光和审美标准。这个选集体现了小田岳夫对郁达夫小说的理解,以《过去》为名更体现了他对《过去》的重视和推崇。"这一推崇,在其四年后发表的短篇小说《城外》中发展为了借鉴。"①

1936年,小田岳夫凭借《城外》获得第三届芥川奖,此篇即小田的成名作。早在1926年,小田岳夫加入文学组织"葡萄园"后就开始了他的小说创作生涯,到1934年9月,他创作的近30篇小说都没能公开发表,直到1932年翻译了包括《过去》在内的郁达夫的七篇作品后,才在1934年9月号的《新潮》杂志上发表了处女作《日本学士蔡万秋》。两年后,小田岳夫以《城外》获奖成名。② 一国文学对异国文学的接受和吸收往往始于阅读和翻译,经由对作者文学特征的理解和把握,最后在自己的创作中模仿、借鉴,甚至是升华。郁达夫对小田岳夫的影响正是遵循了这样一条路径。作为第一个系统翻译郁达夫小说作品的日本作家,小田岳夫不可能不从对郁达夫作品的阅读与翻译中受到影响、获得启发。小田岳夫曾明确表示,在郁达夫诸多小说中,他最欣赏的是《过去》。他认为《过去》是写"我"与一旧识女子偶然相遇、不久又分别的事,是一篇哀痛悲切、余味无穷的作品。"在达夫的作品中,这篇小说应是第一流的。"有意思的是,这个概括,

---

① 邱岭《小田岳夫的〈城外〉与郁达夫的〈过去〉》,载《外国文学研究》2004年第2期(总第106号),第111页。

② 邱岭《小田岳夫的〈城外〉与郁达夫的〈过去〉》,载《外国文学研究》2004年第2期(总第106号),第114页。

只需去掉其中的"旧识"二字,即可原封不动地用来概括小田岳夫《城外》的内容。① 小田岳夫对《过去》的理解和推崇淋漓尽致地体现在《城外》对《过去》的模仿和借鉴上。具体来讲,《城外》在几个方面都借鉴了《过去》。

与《过去》以李白时的自叙形式写成一样,《城外》也以第一人称的形式,记叙了"我"的一段生活经历。故事的舞台设置相似,《过去》将舞台设定于一个前后左右都是碧油油的海湾、三面滨海的"天涯海角";而《城外》中的故事发生于荒凉、落寞的杭州城外的日本领事馆内,也营造了一种"天涯海角"般的寂寞和哀愁。此外,故事的主人公年龄相仿,都是即将告别青春的大龄青年。两个主人公际遇相似,两个"我"如同病相怜的天涯孤客,最终都经历了情感上的净化和升华。

从小田岳夫的创作及成名历程可以推测,正是由于对郁达夫《过去》等小说的吸收和借鉴,才使其《城外》等作品能够独立于日本诸私小说流派之外,形成独具特色的"小田式私小说"。

郁达夫的《过去》体现了对日本私小说的模仿和升华,而日本私小说作家小田岳夫的《城外》中又透露着对《过去》的借鉴。不足十年间,日本"私小说"借由《过去》完成了借鉴、升华、再借鉴的跨文化阐释的循环,日本"私小说"与中国现代文学进行了有效的对话,这一对话足以说明:中日文学之间的交流影响是双向互动的。不认识到这一点,就无法全面了解郁达夫小说与日本"私小说",也无法全部把握中国现代文学与日本近代文学间的交流。

一般认为,到 19 世纪为止的 1000 多年间,中国文学对日本文学产生了巨大的影响,而由中日甲午战争之后到卢沟桥事变之前的一段时间,是日本文学影响中国文学的时代,貌似中日文学之间的影响都是单向进行的。毫无疑问,在中国现代文学发生、发展及嬗变的过程中,日本的影响是极其深刻的,郭沫若较早就明确指出了这一点:"中国文坛大半是日本留学生建筑成的……就因为这样,中国

---

① 邱岭《小田岳夫的〈城外〉与郁达夫的〈过去〉》,载《外国文学研究》2004 年第 2 期(总第 106 号),第 114 页。

的新文艺是深受了日本的洗礼的。"① 胡适也曾间接地强调中国现代化进程中包括文学在内的日本影响,客观事实和大量的研究也证明了这一点。② 陈漱渝也曾指出:"自甲午战争之后,中国文化与日本文化的流向发生了根本变化:由中国流向日本变成日本向中国倒流。中国现代文学的肇始与发展,也受到了包括日本近代文化在内的域外文化的有力影响。"③ 基于这种共同的认识,整个学术界出现了一边倒的倾向,大量的文章和论著探讨日本对中国现代文学的影响。具体到郁达夫的创作,大多探讨郁达夫小说与日本"私小说"关系的文章都强调郁达夫小说受到日本"私小说"的影响。的确,郁达夫的成长历程、性格气质、留日经历以及时代背景等因素都促成郁达夫的小说创作不可以避免地受到日本"私小说"影响,但同样值得关注的是,郁达夫又以其中国作家的身份反哺了日本的"私小说"作家。从佐藤春夫到郁达夫,再到小田岳夫,"私小说"经由郁达夫的借鉴和创新,又反哺日本作家,形成日本"私小说"中新的流派,日本"私小说"完成了跨文化阐释循环,而这其中《过去》功不可没。

纵观中外交流史,中外文学间的影响从来就不是单向进行的。从元代纪君祥的《赵氏孤儿》到伏尔泰的《中国孤儿》,再到林兆华人艺版《赵氏孤儿》,文学作品完成了完美的阐释循环。从中国经典木兰从军被西方世界熟知到迪士尼影片《花木兰》在中国热映,文化经典完成了完美的跨文化循环。正是这一次次的跨越国界的精神链接的不断循环,促成了跨文化间的交流和互动。深受日本"私小说"影响的《过去》在日本传播、接受,继而被模仿、借鉴的过程再次证明,仅仅靠比较文学的影响研究或平行研究,已经无法解释跨文化阐释循环。只有在世界文学的背景下,采用跨文化视角,注重对世界文学经典作品的借鉴和创新,中国文学才能引起更多世界文学的共鸣,并在世界文坛占有一席之地。

---

① 郭沫若《桌子的跳舞》,载郭沫若《沫若文集》第十卷,人民文学出版社,1959年,第333页。
② 刘伟《中国现代文学对日本的影响问题研究》,载《山东社会科学》2014年第3期(总第223号),第87页。
③ 陈漱渝《日本近代文化对中国现代文学的影响》,载《中国文化研究》1995年第5期(总第11号),第130页。

老庄哲学思想在俄国的传播及延伸性思考

河南理工大学 刘国利

老庄哲学思想在俄国的传播阶段既可根据研究内容和性质划分，也可根据政治大事件界定。根据俄国文学和艺术研究与发展的主要规律，老庄哲学思想在俄国的传播与接受可分为"苏联前时期"（19世纪末至20世纪初）、"苏联时期"（20世纪初至70年代末）和"苏联后时期"（70年代末至今）三个阶段。"苏联时期"的结束时间之所以不是苏联政权解体的20世纪90年代初期，而是20世纪70年代末期，主要的理由是老庄哲学思想在俄国作为一种社会学文艺思潮的传播，其在现实世界中出现并产生影响一般总是早于具体的发生事件。作为政体机构的"苏联"虽然在90年代初期解体，但作为一种执政理念的"苏联"却早已经在70年代末期就已经在人们的心目中分崩离析。诚如托洛茨基在《文学与革命》中所言，文学和艺术虽然与政治密切相关，却并不和政治事件同步发生。一般来讲，文学和艺术流派的形成总是滞后或提前于政治事件数年甚至数十年。

作为哲学、宗教学和文艺学的分支，老庄哲学思想在俄国的传播与接受毫无疑问属于上层建筑，和政治有着千丝万缕的联系。自19世纪末期老庄哲学思想开始正式传入俄国以来，其发生与发展的时间主要集中在联共（布）当政的苏联时期。除此之外，即使是在"苏联前时期"和"苏联后时期"，"苏联"元素对老庄哲学思想在俄国的传播也并未完全消失。在"苏联前时期"，"苏联"的概念虽尚未建立，但与苏联密切相关的无产阶级政治、经济和文化理念的基本框架却已经明晰。"苏联"元素早在苏联成立之前就已经开始对俄国的社会科学研究产生着重要的影响。20世纪70年代末期以来，建立在苏联这一元素基础上的价值观虽然难保昔日的辉煌，但其在之前形成的影响却并未即刻烟消云散。在苏联解体（心理和实际意义上的）实际发生之后，老庄哲学思想虽然出现了巨大改变，却依然保留有苏联的遗风，和之前曾经统治老庄哲学思想领域研究数十年的苏联研究模式有着明显的联系。可以这样说，从19世纪末期老庄哲学思想传入俄国至今，苏联元素一直都在其中扮演着举足轻重的角色。苏联作为一种政体和理念，见证了老庄哲学思想在俄国传播与研究的整个过程。

观察和研究老庄哲学思想在俄国的传播与接受具有双重意义。一方面，这一研究有助于理清老庄哲学思想在俄国传播与接受的基本脉络，为正在进行的中国文化输出总结经验和教训；另一方面，这也是老庄哲学研究本身的刚性之需。在世界政治和经济大融合的今天，文化研究开始愈加重视"跨文化"交流的价值和意义，一元化演讲模式正在被二元化甚至是多元化对话模式所取代。重视老庄哲学思想在俄国的传播与接受，探究老庄哲学思想在俄国学者中的轮廓与研究历史，是比较文学领域"跨文化"交际的趋势。当前形势下，一种文化对另一种文化的绝对话语权已经丧失，两种文化甚至是多种文化之间的碰撞和相互汲取营养是文化输出和文化输入的新常态。知己知彼，百战不殆。老庄哲学思想在俄国的传播离不开俄国学者的辛勤努力。观察和研究老庄哲学思想在俄国学界的基本形象，其与中国国内学者研究方式和结论的异同以及这种异同形成的内、外部原因，对于老庄哲学思想在俄国的进一步传播具有重要作用。不仅如此，研究老庄哲学思想在俄国传播特征，对于具有"跨文化"特色的中国比较文学的新理论体系的构建亦大有裨益。毕竟，老庄哲学思想在俄国的传播包含有海量的变异现象。收集、归纳和整理这些建立在偏离性误读和曲解性误读基础上的变异体现象，通过"倒推"模式对其进行追根溯源的探究，可直接向注重"跨文化"交际研究的新时期中国比较文学的理论体系提供直接和鲜活的证据支持。以往的老庄哲学思想在俄国的传播研究多以两国文化的"同相"为基础。21世纪以来，随着比较文学新文学理念的发展与确立，这一缺憾明显的研究状况正在得到逐步改善。从一定程度上讲，观察和研究两种文化中的"异相"比观察和研究两种文化中的"同相"更为重要。毕竟，由于语言和文化等因素的影响，两个不同民族与国家之间存在的差别才是最主要的存在。仅将两个民族与国家之间存在的"同相"内容进行比对，忽略其中更大量存在的"异相"内容，极易产生比较文学研究中常见的"a+b"

式的庸俗和肤浅。

一、老庄哲学思想在俄国传播的基本特征

"苏联前时期"，老庄哲学思想在俄国的传播主要以译介为主，译介的对象基本没有涉及老庄哲学思想中的庄子学说，《道德经》的文本译介是这一时期老庄哲学思想在俄国传播的主要任务。需要注意的是，译介中的"介"并不是严格意义上的介绍和评论，它主要是指人们在翻译《道德经》的过程中针对文字和内容所做的阐释性翻译。《道德经》的俄语译本最早出现在沙俄时代，译者是汉学家西维洛夫（1798—1871）。西维洛夫在世时《道德经》的俄译本并未面试，直至 1915 年，才由扎莫塔依洛在《敖德萨图书志学会通报》以《丹尼尔（西维洛夫）档案资料中未公布的〈道德经〉译文》为题发表。与西维洛夫翻译《道德经》几乎同时，德·科尼西教授翻译的《道德经》也于 1894 年在《哲学与心理学问题》杂志发表。老庄哲学思想在俄国的传播虽然起步较晚，但研究水平却很高。《道德经》作为一部宗教气息浓郁的专著，同样具有浓郁宗教情结的俄国学者并没有将其作为一部专门的宗教学著作来对待。从《道德经》开始传入俄国，它就是作为一部哲学著作出现在人们的视野。哲学和宗教学虽然同属上层建筑，但哲学无论是观察世界的视野和角度显然都在宗教学之上。哲学是观察和研究一切科学的科学。宗教学虽然由于自身原因与哲学在血脉关系上极为相似，但总体上哲学对宗教学的普遍指导意义却依然存在。将《道德经》置于哲学的高度而不是宗教学的高度去理解和阐释，这样的研究维度空间决定了《道德经》在俄国的初期传播极具学术价值。《道德经》并未谈及具体的人物与事件，作为一种纯粹的理论体系，"务虚"是它的最具特色的索求之一。这一叙述特征暗合了俄罗斯人崇尚精神追求的民族性格，在 19 世纪末期俄国精英苦苦寻求民族出路的大背景下，极易与之产生共鸣。实际上，著名作家列夫·托尔斯泰对老庄哲学的研究就堪称这方面的代表。为根治俄国社会的痼疾，托尔斯泰曾在欧洲哲学典籍中苦苦寻觅。在深深的失望和迷茫之时，《道德经》所描述的"小国寡民"生活模式引起了托尔斯泰的浓厚兴趣。遗憾的是，这位著名的作家并未在《道德经》的研究之路上走得很远。由

于年龄和语言上的障碍，托尔斯泰的最终研究成果仅以出版一本《老子名言集锦》就草草收场。

1922 年，随着苏联政权的建立，俄国的老庄哲学思想研究遂开始与政治联姻。有学者认为在苏联政权成立的初期，老庄哲学思想在俄国的传播走的是一条纯学术的道路，与政治无关。这样的观点值得商榷。以苏联学者 B. M. 阿列克谢耶夫为首的老庄哲学思想的研究者和传播者，虽然没有强调老庄哲学思想中所谓的政治内容，但其坚持将世界观的性质归属问题作为主要研究对象的做法，还是让人感觉到了浓郁的政治色彩。B. M. 阿列克谢耶夫坚持认为老庄哲学思想属于未可知的虚无主义，他的这一结论和后来的坚持政治挂帅的"新道家"观点并无本质不同。无论是 20 世纪初期的 B. M. 阿列克谢耶夫还是后来兴起的"新道家"代表人物阿波龙·亚历山大洛维奇·彼得罗夫和杨顺兴，他们的研究都未能摆脱老庄哲学思想的世界观之争。共同的研究取向和方法使得 B. M. 阿列克谢耶夫和阿波龙·亚历山大洛维奇·彼得罗夫、杨顺兴之间并无本质区别，他们的研究区域和研究结论都带有明显的马克思主义文艺批评学的痕迹。从 20 世纪初到 70 年代末，老庄哲学研究的这一非正常现象并非无人注意。遗憾的是，针对这一研究弊端兴起的学术质疑并未触及问题的根源。60 年代中期，Ф. С. 贝克夫的反主流观点很快就被忽略，并且，他的关于老庄哲学思想主要是客观唯心主义的结论并未在研究方法和研究领域上取得质的突破。唯一让人留下印象的是，Ф. С. 贝克夫注意到了老子和庄子的不同，并且极有胆略地对二人进行了拆分。之后的质疑虽然并未停止，但总体上却并未对改变老庄哲学思想研究与政治紧密相连的状况。这除了客观存在的社会科学研究的大气候并未改变外，研究者自身对老庄哲学思想的认识眼界并未完全打开也难辞其咎。纠结于老庄哲学思想研究的具体问题，而不是着眼于其宏观的方法论研究是导致质疑屡屡中断的主要原因。20 世纪 70 年代中后期，老庄哲学思想在俄国的传播终于有了全新的突破。列昂尼德·谢尔盖耶维奇·瓦西里耶夫的著作《中国的崇拜、宗教、传统》第一次明确提出，以往那种试图把中国文论区分为"唯物"或"唯心"的做法没有意义。从本体论和自然哲学的概念出发，由于中国古代文论与生俱来的叙述观点的模糊性，任何希望将之在伦理学和社会政治层面进行"唯物"和"唯心"的区分的目标都难以实现。《中国的崇拜、宗教、传统》一书的出版标志着俄国的老庄哲学思想研究开始真正步入学术研究的正轨,此后的在俄国学界虽然围绕传统问题还曾有过争论,但颇具学术之风的纯理性研究自此开始获得越来越多的话语权。从某种意义上说,《中国的崇拜、宗教、传统》标志着苏联时期老庄哲学思想在俄国研究与传播的结束,它直接宣告了老庄哲学思想研究与传播一个全新时代的到来。

20世纪70年代末期,俄国的老庄哲学思想研究正式进入"苏联后时期",它摒弃传统的"政治挂帅"模式,不再纠结于老庄哲学思想究竟是"唯物"还是"唯心"的永无休止的争论,开始通过改革研究方法以寻求思想和观念上的突破。众多学者中,尤以弗拉基米尔·谢苗诺维奇·斯比林的探索对传统的俄国老庄哲学思想的传播与研究最具冲击力。在《古代中国文本的结构》一书中,弗拉基米尔·谢苗诺维奇·斯比林几乎全面否定了以前老庄哲学研究在俄国的成就。他认为,仅仅从某一篇文论或者某一篇文论的某一个或几个段落为出发点,根本无法实现对该文论的真正解读。只有采用结构分析的方法,才能真正表达出原文的思想和神韵,只言片语只会造成对原文的曲解,表述的多是研究者自己而并非原作者的主张。"一些没有使用结构分析原则的研究者,把自己解释建立在这个或那个供分析文本片段的组合上。而在某种程度上,这些组合可能是不同的。在一个片段中,没有结构上下文的联系,不可避免地会被解释成多种多样,最终这种解释主要反映了研究者本人的世界观和具体观点。"[1]

在不断批判和否定以往的以政治为主要标准的老庄哲学思想研究模式过程中,俄国学界对老庄哲学思想的关注开始向本体性问题回归。弗拉基米尔·谢苗诺维奇·斯比林的"结构分析法"从老庄哲学思想研究的宏观概念出发,力争从本质上实现与原著的"契合"与"交通"。这种方法排斥具体的研究对象(割裂的文本),努力实现本土文化对外来文化的零干扰,有利于俄国学界对老庄哲学思想的"纯净表达"。但是,这种研究方法忽略了文化交流过程中的"跨文化"元素,在

---

[1] 李逸津《20世纪俄苏老庄哲学研究点评》,载《汉学研究》第九集,中华书局,2006年。

客观上并非完全有利于外来文化的接受与传播。俄国的老庄哲学思想研究者肩负两种使命，一是释义，一是传播。忽略其中任何一种使命，对于老庄哲学思想在俄国的研究来说都危害匪浅。除了"结构分析法"，在"苏联后时期"的俄国学界还存在着另一种研究老庄哲学思想的"古义钩沉法"。顾名思义，这一学派讲究用联想和猜测的方式解释老庄哲学思想的内涵，反对任何形式的拘泥于原文的研究尝试。"古义钩沉法"采用的联想和猜测并非空穴来风，它们均建立在对老庄哲学思想的深刻理解之上，所谓的猜测和联想，主要指的是在参照中俄两种文化的同相和异相之后所展开和做出的结论。这一研究方法更加重视本土文化对外来文化的同化作用，在"跨文化"交际研究方面可谓得心应手。"结构分析学派"和"古义钩沉学派"构成了"苏联后时期"俄国老庄哲学思想传播的新特点，二者乍看水火难容，实则拥有共同的存在基础。两种研究方法都把老庄哲学思想视为中俄文化交流的主要平台，在这里，老庄哲学思想及其研究不再是政治的附庸和意识形态领域斗争的武器。"结构分析法"和"古义钩沉法"之间虽有争论，却也有很强的互补性。近年，俄国的老庄哲学研究试图看轻门户和派系之争，开始主张一种新型的综合研究模式。这种综合研究模式试图整合"结构分析法"和"古义钩沉法"的优点，认为二者共同存在的研究基础是在老庄哲学思想体系中普遍存在的象征。新型的综合研究模式的代表人物是 А. И. 阔博耶夫。А. И. 阔博耶夫的研究灵感来自于在俄国 20 世纪初期兴起的现代派文艺理论，在那里，俄国的诗人用象征手法成功实现了俄国诗歌由传统向现代的转变，获得了巨大成功。

二、延伸性思考：老庄哲学思想在俄国的"变异"

20 世纪 80 年代，中国学者在探索比较文学的内、外部研究规律之时，发现中西学界经常对对方富含文化内容的文学形象和文论出现偏差性和曲解性误读。误读和变异两个概念之间既有重合，也有错位。从逻辑学的角度来看，误读构成了变异的主要内容，作为一个较小的概念，它包含在变异这一大概念之中。变异是将两种文化的共有主题列为研究对象，通过观察一种文化形式在另一种文化环境下的表现存在规律，最终实现双方文化在融合和碰撞后的双赢。变异的存在基础和核心是跨文化,只有当一种文化对另一种文化的绝对话语权消失之后,对变异的观察与研究才能真正实现。对老庄哲学思想在俄国的变异现象进行观察研究,这实际上是一种"观察的观察"和"研究的研究"。它立足于同一文学在不同文化、不同文明、不同时期的接受情况大不相同这一基点,从接受者角度的角度出发来反思"本我"对他者的影响,从而在考察认识本身和认识方法的基础上探寻异质文论的接受与变异的规律性框架,以便在思索接受者价值取向与意义的基础上积极、主动地调整本我的传播姿态,更好地促进与他者的对话与交流。

老庄哲学思想在俄国的传播过程,实际上也是老庄哲学思想在俄国的变异过程。两个国家或民族之间的文化交流活动,既有互相接纳的一面,也有互相排斥的一面。从某种意义上说,交流双方的关系更像是一种"博弈"。这一结果的形成在很大程度上缘于两个国家或民族之间客观存在着的文化隔阂和语言障碍。传统的比较文学研究仅注意交流双方文化的相同性、相通性和相似性,对于存在于其间的差异性则很少予以关注。而实际上,对于双方的文化融合和交流来说,更亟待解决和值得研究的问题恰在于其排斥性。"比较的目的也不仅仅限于沟通与融汇,而在于互相补充和取长补短,因为比较文学中的'比较'本身所蕴含的意义就是汇通和互补;一方面沟通、融通各国文学、各个学科与各个文化圈之间的'共',另一方面也以'异'促成互补,使各种文学在互相不对中更加鲜明地突出各自的民族特色、文学特性及其独特价值,从而达到互证互补、交相辉映。"

19世纪末20世纪初,老庄哲学思想初入俄国。俄国学界对《道德经》的误读主要反映在文本翻译上。一方面,由于俄译本《道德经》大多并非直接译自汉语,"转译"的结果直接导致错译和漏译;另一方面,俄国学界从实用的角度出发,有意无意中对老庄的一整套哲学思想进行了拆解。《道德经》虽然作为哲学著作被引入了俄国,却并没有被当作一种完整而系统的哲学思想体系被全盘消化和接受。以列夫·托尔斯泰对老庄哲学思想的研究为例,在把《道德经》由法语译为俄语的尝试失败之后,这位著名的作家和思想家对老庄哲学思想的兴趣实际上仅仅是以出版了一本《老子名言集锦》就草草收场。种种证据表明,列夫·托尔斯泰对老庄哲学思想的本质并无完全的领悟,作家之所以对《道德经》感兴趣,主要是被其所描述的"小国寡民"的生活模式所吸引。而实际上，老子所宣扬的"小国寡民"生活模式和列夫·托尔斯泰所主张的没有私有制的心灵平静的生活模式之间还存有巨大的不同。列夫·托尔斯泰对《道德经》的接受代表了当时俄国学界对老庄哲学思想研究的概貌。以《道德经》中所说的"无"为例，没有深厚的中国文化基础，俄国学者很难对包含其中的"禅意"和"辩证法"做出正确解读。也许，在完全的俄语语境下，找不到能够对《道德经》中的"无"做出精准表达。对于中国文论中的这种"只可意会不可言传"的内容，最理想的处理方法就是也用"意会"的方式意译。"意译"过程中产生的对老庄哲学思想的曲解性误读构成了老庄哲学思想在俄国传播过程中的最早的变异。这些变异大都并非有意为之，有限的科研条件是造成变异体大量产生和存在的最主要原因。

"苏联时期"的老庄哲学思想在俄国的变异和"苏联前时期"相比并无本质不同。笔者认为，仅仅是在发生变异的客体上，"苏联时期"老庄哲学思想在俄国的变异体现象的产生开始朝文本阐释方面转移，而不像在"苏联前时期"那样大多停留在对文本的基础性"译介"上。老庄哲学思想在俄国的传播与变异研究属于文化学范畴。根据傅佩荣先生的解释，文化虽然包含有器物、制度和理念三个部分，但其核心内容却是理念。而所谓理念，其实是由文学、艺术、宗教和哲学组成。根据这样的说法，苏联时期俄国学界对老庄哲学的文本阐释显然是犯了概念和逻辑上的错误。以阿波龙·亚历山大洛维奇·彼得罗夫为首的"新道家"学派坚持强调老庄学说的革命性和进步性特征，在一个研究阶段甚至直接将老庄哲学思想视为和所谓的儒家反动哲学思想对立的革命理论。显然，"新道家"学派的观点混淆了哲学和宗教、艺术、文学以及政治之间的关系，将老庄哲学降低为其他学科的附庸。在这样一种错误研究理论指导下，很难想象"新道家"学派能在老庄哲学思想的研究道路上走出很远。仔细分析"新道家"学派的系列主张，其对老庄哲学在俄国的传播所造成的最大负面影响当属它并没有从根本上继承"苏联前时期"老庄哲学思想研究和传播注重学术质量的传统，它仅将老庄哲学当成了简单的实用工具。面对中华民族文化的精髓，"新道家"学派只是看到了其作为"器物"的作用，对于其更有意义和价值的"制度"和"理念"层面的内容却视而不见，这不能不说是俄国学界对老庄哲学思想接受过程中的一大遗憾。

"新道家"学派的观点当然不能概括整个苏联时期俄国学界对老庄哲学思想的研究特征。但是，在整个苏联时期，几乎所有的围绕老庄哲学思想展开的研究，基本都没有离开对老庄哲学和老庄其人世界观的讨论。这种状况伴随着苏联意识形态领域内的变化愈演愈烈，老庄哲学思想最终还是被打上了唯物主义和辩证法的标签，反向影响了中国国内的老庄哲学思想研究。这样的争论一直持续到20世纪80年代，随着苏联时期"新思维"思想体系的兴起，俄国的老庄哲学思想研究才逐渐开始向理性的学术层面回归。需要指出的是，苏联时期的老庄哲学思想研究也并非一无是处。在具体展开的关于老庄哲学思想到底是"唯物"还是"唯心"的讨论中，俄国学界曾经试图将老子和庄子的哲学理念分开，观察和研究二者的差异构成了这一时期老庄哲学思想研究少有的亮点。除此之外，"苏联时期"俄国学界对老庄哲学思想的研究在70年代曾经有过短暂的理性回归。直接的证据是其间有学者曾经对老庄哲学的世界观归属问题提出质疑。令人遗憾的是，这样的纯学术观点归根结底还是没能摆脱困扰老庄哲学研究与传播在俄国长期以来形成的羁绊，所有的争论从根本上讲还是在围绕世界观和意识形态等问题展开。短暂兴起的质疑声最终并没有获得社会广泛的认可，随着国际和国内形势的变化，呼唤学术回归的声音旋即就被完全淹没了。

老庄哲学思想在俄国的变异到了"苏联后时期"发生了巨大改变，无法把控和避免的"译介"性误读和文本阐释性误读不再是变异的最主要内容，取而代之的是一种明显的主观故意化的假性误读。在"结构分析法"和"古义钩沉法"的主张下，俄国的老庄哲学思想研究开始越来越注意中俄两种文化碰撞后产生的对立与契合，"跨文化"交流成了俄国老庄哲学思想研究与传播的主旋律。我们注意到，"结构分析法"虽然不否定文本的重要作用，但其提出的要更加注意文本整体结构意蕴与意境的理论主张，却极大地催生了主观故意色彩浓郁的误读现象。毕竟，从结构和上下文出发，而不仅仅是拘泥于表面文字的"译介"和阐释，能给研究者创造出更大和更加自由的言论空间。这其中，除了对老庄哲学思想所做的更为精准的认知外，俄罗斯本族文化等内容也不可避免地会在其中扮演重要角色。

从老庄哲学思想在俄国的实际传播效果来看,以"跨文化"为基点的老庄哲学思想在俄国的这一传播特征并无不当之处。毕竟,在世界多元化文化对话交流模式已经确立的今天,输出文化和输入文化的相互交融才最能顺应历史潮流并继而取得较大成功。"结构分析法"虽然开启了老庄哲学研究在俄国的新模式,但却并未实现对传统研究方式的完全突破。无论怎样,"结构分析法"还是将老庄哲学思想的文本作为其所有研究活动的基础,它的本质改变说到底其实只是将文本的体系研究放置在了更加重要的位置,而对于文本本身,"结构分析法"认为那是在解决了结构体系之后才应该和可能面对的问题。与之相比较,同样也是在"苏联后时期"颇有市场的"古义钩沉法"就在这方面走得更远。"古义钩沉法"认定老庄哲学思想不可能在理性层面得到阐释,面对充斥着象征符号的《道德经》等中国古典哲学、玄学、宗教学著作,俄国学界只能选择走一条感性的研读和传播之路。这样的研究方式虽然能使老庄哲学思想在俄国得到快速传播,却不可避免地会造成更大更多的误读。文本中所包含的大量隐喻、借喻、暗喻等修辞手法,给象征作为主要阐释手段的"古义钩沉法"带来方便的同时也带来了巨大的麻烦。当"古义钩沉法"将"猜测"和"揣度"当作一种可行的方法频频使用时,它其实已经注定无法解决掉主观情感和客观研究对象之间的矛盾。"猜测"和"揣度"的发出者是具有俄罗斯文化背景的俄国学者,他们站在俄国传统文化的立场上,无论如何也不可能对老庄哲学思想进行纯中国味道的研究。久而久之,老庄哲学思想在俄国的研究势必会形成自己的特色。这种特色从某种意义上说,其实就是老庄哲学思想研究在俄国的变异。

附 录
FULU

"中国文化的世界性意义高层论坛"会议侧记

2016年6月23—24日,"中国文化的世界性意义高层论坛——全国高校国际汉学(中国学)学术研讨会"在北京外国语大学隆重召开。本次会议由北京外国语大学国际中国文化研究院、教育部高校社科发展研究中心《中国高校社会科学》编辑部、北京外国语大学中国文化"走出去"协同创新中心主办,北京外国语大学中国语言文学院、世界亚洲信息研究中心、国际中国文化研究学会共同协办。本次会议既是全国高校科研机构在比较文学与跨文化研究,尤其是在国际汉学(中国学)研究领域内的一次回顾和总结,也是在中国文化走出去成为国家战略,世界范围内不同文明、文化的交流和对话日益迫切的时代语境下,国内学界面向未来的一次反思和展望。

自20世纪30年代莫东寅的《汉学发达史》出版以来,国内学界开始系统地梳理国际汉学和中国学的研究。而这一学术脉络在1949年后的承接延续,则要追溯到20世纪70年代初,当年中国社会科学院的孙越生和北京大学的严绍璗等诸先生,开始了基础资料编撰工作,先后出版了至今仍是该领域的学者案头必备的《国外中国学》《苏俄中国学家手册》《日本中国学家手册》等工具书。与此同时,他们还致力于该研究方向的学科化努力之中。在此期间,严绍璗先生的贡献和成就最为突出,不仅成为日本中国学研究的奠基者,也成为整个国际汉学和中国学研究的引领者,他的思路与方法至今仍具有极大的示范意义,有的理论还具有超越时代的独创性价值。此外,北京大学的李明滨先生、中国社会科学院的耿昇先生则分别在俄苏汉学和法国汉学的研究领域做出了世人瞩目的贡献和努力,阎纯德先生则关注汉学研究日久,以学者和诗人的双重身份,倾尽个人之力,开创《汉学研究》、北京语言大学汉学研究所以及"列国汉学书系",勉励同仁、提携后辈、才德兼备、遍受赞誉。

学术无法独立于时代之外，国内学者关注国际汉学（中国学）领域并取得开拓性的成绩，不仅源于个人之努力，更是与中国在改革开放的新时期，面向世界，渴望与世界沟通交流的政策和姿态联系在一起的。在新的时期，从事国际汉学（中国学）研究的早期学者无不在献身学术的同时，也将个人的学术情怀与责任融入了民族与时代，通过汉学和中国学的研究，阐发了中国文化的当代价值与世界性意义，他们的学术研究也由此成为当代国家学术的重要组成部分。

作为国际汉学（中国学）研究领域的参与者和推动者，北京外国语大学国际中国文化研究院（原中国海外汉学研究中心）成立于1996年，以《国际汉学》和比较文学与跨文化研究学科为依托，以在世界范围内的中国文化研究为己任，整合北京外国语大学的整体学术力量，以全球史的眼光探索和研究中国文化在世界传播的历史与轨迹，取得了一系列重大学术成果，在国内外学术界也产生了较大的影响。2012年，北京外国语大学又以国际中国文化研究院为实体核心，筹建了中国文化"走出去"协同创新中心，与国内高校、国家机关、学术团体等联合展开了中国文化走出去的战略新研究，深入展开中外优秀文化的交流与对话。

2016年适逢北京外国语大学国际中国文化研究院成立二十周年，为回顾新时期国际汉学（中国学）研究的历程，进一步推动国际汉学（中国学）的深入研究，国际中国文化研究院与《中国高校社会科学》编辑部，联合主办了"中国文化的世界性意义高层论坛——全国高校国际汉学（中国学）学术研讨会"。在本次会议上，我们面向未来、怀揣理想，作为后来学人，更没有遗忘学界前辈们筚路蓝缕、寂寞孤苦的时光。几经商讨、慎重决议，本次会议决定设置"国际中国文化研究终身成就奖"，谨以此种方式和活动，向该领域的开拓者们表达敬意与感谢。

四位国际中国文化研究终身成就奖的获得者分别是北京大学的李明滨教授、北京语言大学的阎纯德教授、北京大学的严绍璗教授以及中国社会科学院的耿昇研究员，他们的授奖词及学术简介如下：

一、李明滨先生

【授奖词】

北京大学教授、中俄比较文学研究会会长李明滨先生，犹如及时之雨，中苏解冻之后，李先生连推三部俄苏汉学研究著作，勾勒清晰、内容翔实，成为该领域必读之作。

他勤于笔耕，著译双丰；他提挈后学，热心助人；他尊重知识，崇尚学问；成为新时期俄苏汉学与中俄文化交流研究的奠基者与开拓者。

鉴于李明滨先生世所瞩目的贡献与成绩，特颁发"国际中国文化研究终身成就奖"。

【学术简介】

李明滨（1933—），侨眷，台北人，北京大学教授、博士生导师。1957年，毕业于北京大学俄罗斯语言文学系，留校任教至今。师承著名文学翻译家曹靖华，曹靖华主编《俄苏文学史》三卷本（1989年）时，其作为副主编，协助组织编撰和统稿。该书经国家教委审定为高校通用教材，其中第一卷《俄国文学史》1992年获国家级优秀教材特等奖（最高奖）。全三卷获全国高校外国文学优秀奖。

李明滨教授长期从事俄罗斯语言文学、俄罗斯国情学与中俄比较文学的教学和研究，是我国著名的俄罗斯文学专家，曾任北京大学俄罗斯语言文学系教授、博士生导师、系主任、俄罗斯学研究所所长、中俄（苏）比较文学研究会会长、普希金研究会会长，国家教委高校外语专业教材编审委员会委员和教学指导委员会委员，为国务院"政府特殊津贴"专家。

主要代表著作有《俄罗斯文化史》（北京大学出版社，2013）、《俄罗斯汉学史》（大象出版社，2008）、《中国文学在俄苏》（花城出版社，1990）、《中国文化在俄罗斯》（新华出版社，1993）、《中俄文化交流志》（上海出版社，1998）等。

二、阎纯德教授

【授奖词】

他是一位诗人，也是一位学者，既长于创作，又长于研究；且对汉学情有独钟，持之以恒，默默耕耘，提携后进，理论上亦有创新。

他创办汉学研究所、《中国文化研究》《汉学研究》等学术重镇，事无巨细，日夜辛勤，又开创"列国汉学史书系"之大业，天下名闻。

鉴于阎纯德先生世所瞩目的贡献与成绩，特颁发"国际中国文化研究终身成就奖"。

【学术简介】

阎纯德（1939—），河南濮阳人，教授。1963 年，毕业于北京大学中文系。历任北京师范大学中文系教师，北京语言文化大学外国语言文学系和语言文学系主任，《中国文化研究》杂志主编，汉学研究所所长，北京语言文化大学杂志社社长，中国作家协会会员，巴黎龙吟诗社副社长，中华文学史料学学会、中外关系史学会常务理事，炎黄文化研究会、中国实学研究会、当代文学研究会理事。

曾赴法国巴黎第三大学、马赛第一大学、巴黎东方语言文化学院、波尔多第三大学、意大利波伦亚大学、都灵大学讲授中国文学和语言。这也是他结缘汉学的动力和重要起点。

1993 年创刊《中国文化研究》，开设"汉学研究""汉学家论坛""汉学家研究""中外文学比较研究""中国文化与世界""中国文学在国外"等栏目。在创刊号上，发表了其第一篇关于汉学研究的文章《汉学与西方汉学世界》，之后又在《文史哲》发表《从"传统"到"现代"：汉学形态的历史演进》（2004 年 10 月《文史哲》第 5 期）等论文，从历史和文化的演进与嬗变的视角论述汉学的前世与今生，认为当下的"汉学"与"中国学"都可以用西方人传统的称谓"Sinology"来表述。

1995 年，阎纯德先生成立了北京语言文化大学汉学研究所，出版《汉学研究》。后又以"列国汉学史书系",成为国内汉学研究的先行者与组织者。

三、严绍璗教授

【授奖词】

严绍璗先生是海外中国学研究在新时期的开拓者、奠基者和引路人。他开创了日本中国学研究领域,并集诸多"第一"于一身;他硕果累累、著述等身;他基于原典实证,独创"文学发生学""变异体"等理论,惠及来者,金针度人。有诗为证:

跨海东渡三十载,日藏汉籍见苦辛;

原典实证变异体,跬步斋里游古今。

鉴于严绍璗先生世所瞩目的贡献与成绩,特颁发"国际中国文化研究终身成就奖"。

【学术简介】

严绍璗(1940—),北京大学中国语言文学系教授。曾任比较文学与比较文化研究所所长(1998年7月至2014年9月)、北京大学中国语言文学系学术委员会主任。现为北京外国语大学荣誉教授、北大外国语学院"东方文学研究中心"(教育部人文社科研究重点基地)学术委员会主任、北京外国语大学国际中国文化研究院学术委员会主任、全国古籍整理与出版规划领导小组成员、国际中国文化研究学会名誉会长、国家宋庆龄基金会日本学研究奖励基金专家委员会主任。

严绍璗教授长期从事以中国文化为基本教养的"东亚文化"研究,由对象国的"汉学"和"中国学"的研究达于对象国本体文化的研究,从而进入"跨文化"研究的学术体系,以"多元文本细读"与"观念综合思考"互为犄角,相互透入的"新知识生产经验",逐步形成了以"多元文化语境""不正确理解的中间媒体"和"变异体生成"的具有内在逻辑的理性观念,并以"多层面原典实证方法论"作为实际操作手段和表述逻辑,组合成一个"自我学术理念系统",被称之为"文学的发生学"。自80年代以来曾先后获得北京大学人文社科研究成果数届优秀成果奖,中国比较文学会首届优秀图书著作一等奖,改革开放三十年北京大学人文社科研究百项精品成果奖,北京市第十届哲学社会科学优秀成果一等奖,国家教育部第五届人文社会科学研究优秀成果一等奖,以及"北京大学人文社科研究优秀工作者"称号。2011年,获日本第23届"山片蟠桃文化奖"(每三年世界研究者中评定一人)。2015年4月,中国比较文学学会授予"中国比较文学终身成就奖"。

严绍璗先生的学术业绩,世所瞩目,在跨文化研究以及国际中国学研究领域内,其主要的成就如下:一、"变异体""发生学"等概念和理论的提出与实践。二、比较文学及国际中国学的学科建设。三、以日藏汉籍为中心的原典实证研究。

主要代表著作有:《中日古代文学关系史稿》(湖南文艺出版社,1987年初版;福建教育出版社2016年2月再版)、《日本中国学史》(江西人民出版社,1991年)、《中国与东北亚文化关系志》(与刘渤合著,上海人民出版社刊印,1999年;北京大学出版社,2016年再版印刷)(初版荣获中国国家图书最高奖荣誉奖)、《日藏汉籍善本书录》(3卷)(中华书局,2007年)、《比较文学与文化"变异体"研究》(复旦大学出版社,2010年)等。

四、耿昇研究员[①]

【授奖词】

译坛骁将耿昇先生,以翻译法国汉学为主业,长期致力于中外关系史著述的译介。36年间翻译出版法国汉学相关著作60余部、评论文章120余篇、译文200多篇,近2000余万字,其数量于当今译坛无可匹敌。

他辛勤耕耘,埋身陌生的世界,丰富历史研究方法和内容,开阔国内学界的视野。面对他的努力与贡献,我们应如季羡林先生所言:"十分感谢"。

鉴于耿昇先生世所瞩目的贡献与成绩,特颁发"国际中国文化研究终身成就奖"。

[①] 2018年4月10日10时耿昇先生不幸于北京逝世,享年73周岁。他也是本次国际中国文化研究终身成就奖的四位获奖者中最年轻的一位先生,令人扼腕!耿昇先生作为译介法国汉学学术著作与思想的先驱,泽被后世,名留千古!

【学术简介】

耿昇（1944—2018），1968 年，毕业于北京外国语大学法文系。自 1980 年由外交部调入中国社会科学院历史研究所之后，便从事有关中法关系史、法国汉学诸方面的翻译与研究工作。任中国社会科学院历史研究所的研究员。在社会工作方面，曾任中国中外关系史学会会长、中国敦煌吐鲁番学会和中国蒙古史学会理事、中国海交史学会理事，被聘任为中国敦煌研究院、北京外国语大学、中国海交史博物馆、华东师大海外汉学中心、北京师范大学历史文化学院、兰州大学敦煌研究院兼职研究员或教授。本人是法国亚细亚学会的国外籍会员，1995 年获得法国政府文学艺术勋章（officier des arys et lettres）。

耿昇研究员主要从事中法关系史研究，侧重于明清之际入华耶稣会士与中西文化交流方面的翻译与研究。在西域史方面，涉及了敦煌学、突厥学、藏学、蒙古学、中国与阿拉伯—波斯关系史诸领域。在法国汉学方面，主要是译介法国当代汉学家的名著与研究动态。在中西文化交流方面，主要从事耶稣会和天主教其他修会的入华史、具体工作成果及其在中西方的影响。

主要代表著作：《法国汉学史论》（著）、《中法文化交流史》（著）、《丝绸之路》（译著）、《西藏史诗和说唱艺人的研究》（译著）、《法国学者敦煌学论文选萃》（译著）、《中国社会史》（译著）、《中国和基督教》（译著）等。

编后记

本册入选论文，均选自于 2016 年 6 月 23—24 日在北京外国语大学召开的"中国文化的世界性意义高层论坛——全国高校国际汉学（中国学）学术研讨会"之会议论文，既有会议征集的论文，也有在会议上发表的主旨演讲。

本次会议得到了国内外专家学者的热烈响应，陆续收到来自美国、加拿大、中国台湾等国家和地区，以及北京大学、中国社会科学院、复旦大学、南开大学等海内外 60 余家高校科研机构提交的近百份稿件，参会学者也逾百人。有的不远千里，有的已近耄耋，大家带着对学术的热情和希望，也带着对学术的思考，在夏日炎炎的北京相聚。

光阴如梭，会议召开转眼已是两年前的往事。这两年的时间，也给论文集编辑出版的计划带来了一些改变。其中之一，就是有部分会议论文相继在刊物上发表，有部分作者明确提出会议论文不参选文集，也有部分作者至今未能取得联系，以上种种，客观上使得选编过程有所延误。

也正是基于对本次会议纪念和总结、对学界同仁致敬和感谢的想法，我们决定择稿单独刊印，以期推动国内外学界对国际汉学（中国学）及相关研究领域的进一步关注和探讨。

目前入选的 24 篇文章，按照主旨内容，我们大致划分为三类，即国际汉学研究、典籍外译研究和跨文化研究。

本次会议文集的编辑定有不足之处，敬请大家理解并期指正。

2018 年 6 月 21 日